ペトロ文庫

教皇フランシスコ講話集
9

カトリック中央協議会

ペトロ文庫

教皇フランシスコ講話集 9

カトリック中央協議会

目次

本書は文庫オリジナルです。

文中、聖書の引用は原則として日本聖書協会『聖書　新共同訳』（二〇〇〇年版）を使用しました。ただし、漢字・仮名の表記は本文に合わせています。他の引用につきましても、用字等、一部変更を加えた箇所があることをお断りいたします。

教皇フランシスコ

教皇フランシスコ講話集 9

カトリック中央協議会事務局　編訳

世界平和の日

愛する兄弟姉妹の皆さん、こんにちは。そして新年おめでとうございます。

今日の典礼は、神の母であるマリアを祝います。聖マリアの母なる、そして愛あるまなざしのもとに身を寄せて、この年を始めましょう。すべてを整えてくださるこのかたにわたしたちの不安と苦しみをゆだね、時の流れとともに歩む旅路を新たに始めてまいりましょう。マリアは、御子イエスに注いだ母なる優しさのまなざしで、わたしたちを見つめておられます。ですから、このプレゼピオ（訳注：教皇のいる部屋に置かれたプレゼピオは、マリアがイエスを抱いている）を見ると、揺りかごにイエスの姿はなく、聖母が「わたしの子、この子を少しはわたしに抱かせて」といっているのが分かります。聖母はわたしたちにもそのようになさっています。御子を大切に守り愛されたように、わたしたちの世話をなさるため、その腕にわたしたちを抱きたいと思っておられます。安心と慰めをもたらす聖母のまなざしは、主が与えておられるこの時を、人間的・霊的成長の時として過ごしなさい、あまりに多い憎悪と分断を取り除く時としなさい、皆がもっと兄弟姉妹だと実感する時としなさい、互いと被造物とを大切にし、壊すのではなく築く時としなさい、と励ましています。成長のための時、平和のための時です。

隣人と被造物へのケアこそが、今日記念する世界平和の日のテーマ「平和の道のりとしてのケアの文化」に掲げるものです。昨年の、人類の歩みに刻まれた痛ましい数々の出来事が、とりわけパンデミックが教えてくれたのは、他者の問題に関心を寄せ、彼らの心配事を共有することがどれほど大事かということです。そのような姿勢は兄弟関係に立脚する社会の構築を促進させるので、平和につながる道を体現しています。今を生きるわたしたち一人ひとりが、平和を実現するよう呼ばれています。わたしたちめいめいがです。このことに無関心であってよい人はいません。わたしたちのだれもが、平和の実現を求められています。日々、それぞれの生活環境の中で、慰めのことば、温かな行為、連帯ゆえの支援を必要とする兄弟に手を差し伸べることをもって、平和を実現するよう求められています。そしてそれが、わたしたちにとって、神から与えられた務めです。主は、平和の担い手となる任務をわたしたちに与えておられるのです。

ですから平和は、わたしたち自身の心の安らぎから、内的平安、心の平安から、身近な人との和解から、そして貧しく困窮する人のケアからわたしたちを隔てる障害を取り除くところから始めることで築かれうるのです。無関心を打ち破るため、排斥や対抗意識を打ち破るために、「気遣う」という精神風土と文化とを広げていくことが要《かなめ》となります。悲しいことに、無関心、排斥、対抗意識が蔓延しています。そうした態度はやめることです。ですから平和とは、単に戦争がない状態のことではありません。平和は、無菌室とはまったく違うものです。キロファノ（訳注：スペイン語で「手術室」の意）で作られる平和なんてありません。平和は生活の中にあるものです。戦争していないだけではなく、個人の充実と他者との兄弟的分かち合いに依拠し、それによって生きる、意味のある豊かな暮らしのことです。これほどまでに希求されながら、暴力とエゴイズムと悪のためにつねに危機にある平和は、危機にあるその平和は、その実現を神から与えられた自分の務めとすれば、可能となり、手にできるのです。

「平和の君」（イザヤ9・5）を産み、深い優しさでその子を腕の中であやしておられるおとめマリアが、平和という尊い善を、わたしたちのために天から受け取ってくださいますように。それは、人の力だけでは十分に追求されえないものなのです。人間の力だけでは足らないのです。平和とは、何より贈り物、神からの贈り物であるからです。平和は、不断の祈りをもって希求され、辛抱と敬意ある対話をもって守られ、真理と正義とに開かれた協働をもって築かれ、個人の、そして民の正当な願望につねに配慮されるべきものです。わたしの望みは、人の心の中に、家庭の中に、仕事や遊びの場に、共同体の中に、国の中に、平和が君臨することです。家庭、職場、国に、平和、平和です。今こそ、現代の生活が、戦争によって、敵意によって、破壊を招く多くのものによって織り成されていることに気づくべきです。平和を求めてください。平和は授かるものなのです。

二〇二一年が皆さんにとって幸せで穏やかな年となりますよう、新年の門出に心よりお祈り申し上げます。すべての人にとって兄弟の連帯と平和の年となるよう、確信できる期待と希望に満ちた年となるよう、わたしたちそれぞれが努めなければなりません。この年を、神の母でありわたしたちの母であるマリアの保護にゆだねましょう。

一月一日（金）正午に、教皇公邸書斎内からライブ配信で行った二〇二一年最初の「お告げの祈り」で、祈りの前に述べたことば（原文イタリア語）。坐骨神経痛のため、前年十二月三十一日に行われた神の母聖マリアの祭日の前晩の祈りと、元日午前のミサは、それぞれ首席枢機卿のジョヴァンニ・バッティスタ・レ枢機卿、国務省長官ピエトロ・パロリン枢機卿が司式し、説教では、教皇が事前に用意した原稿が読み上げられた。しかしこのライブ配信では、教皇は元気な姿を見せた。

イタリアは前年末のクリスマス直前から始められたロックダウン中で、サンピエトロ広場も封鎖されていた。

「お告げの祈り」の後、イタリア語で次のように呼びかけた。

「愛する兄弟姉妹の皆さん。

オンラインで結ばれた皆さんに、新年の平和と安寧を祈ります。

昨晩、年の瀬の祝賀を頂戴したイタリア共和国大統領、セルジョ・マッタレッラ氏に感謝し、わたしからもご多幸をお祈りいたします。

パンデミックによる制約にもかかわらず、世界各地で、今日の世界平和の日のために祈りや考察の行事を準備してくださった皆さんに感謝します。なかでも、イタリア司教協議会、パックス・クリスティ、カリタス、カトリックアクション共催の、大晦日のオンラインでのデモ行進、そして聖エディジオ共同体が発起人の、元日の行進のことを思います。人々の間に和解と和合を広めるための、こうした、また他のさまざまな活動にかかわる皆様に感謝いたします。

このような中、無数の罪なき犠牲者を生み出している、イエメンで拡大する暴力行為に心を痛め、憂慮していることをお伝えします。苦しみにあるこの民に平和を取り戻すべく、解決を見いだす努力がなされるよう祈ります。兄弟姉妹の皆さん。イエメンの子どもたちのことを考えてみてください。学校に通えず、治療も受けられず、飢えに苦しんでいます。イエメンのために、ともに祈りましょう。

また、先日連れ去られた、モーゼス・チクウェ司教とその運転手のため、ナイジェリアのオウェリ大司教区での祈りに皆さんも加わってください。この二人と、ナイジェリアでの同様の被害者が無事に解放され、このいとしい国に安心と安定と平和を取り戻してくださるよう主に祈りましょう。

直接家を訪れることができない中、ご降誕の喜びの知らせを家々に届け、困っている仲間のために寄付を集める方法を工夫してくれた、シュテルンジンガー（星の歌人）の皆さん、ドイツとオーストリアの少年少女と若者の皆さんにごあいさついたします。

神の母聖マリアの加護のもと、皆様にとって平和で希望ある年となりますように。そしてどうか、わたしのために祈ることを忘れないでください」。

イタリアでは毎年大晦日に、カトリック諸団体主催で平和のためのデモ行進が行われる。前年二〇二〇年はパンデミックの影響により、第五十三回目にして初のオンライン開催となった。元日には、聖エディジオ共同体の平和の行進が行われるが、これもオンラインでの開催となった。

二〇一五年から内戦が続くイエメンでは、二百万人以上の五歳未満の子どもが急性栄養不良に苦しんでいることが報告されている。また、就学年齢の子ども二百万人以上が学校に通えず、これは紛争開始時に就学できずにいた子の二倍に当たる。イエメンの内戦は「世界最大の人道危機」と目されていながら、国際社会の関心が低いことで、「忘れられた内戦」とも呼ばれている。

二〇二〇年十二月二十七日、銃をもった暴漢に襲われ、ナイジェリアのオウェリの補佐司教が運転手とともに拉致された。要求された身代金は支払われなかったが、一月一日深夜に運転手とともに解放された。補佐司教が司教叙階前に十五年ほど司牧をしていた米国カリフォルニアの信者も、解放のために祈りをささげていた。ナイジェリアでは、国内外に勢力をもついくつもの武装集団が活動しており、各地でテロや誘拐・拉致事件が多発している。

ヨーロッパには、降誕祭から主の公現の祭日にかけて、東方の三博士に扮した子どもたちの行列が星の飾りをもって家々を巡り、聖歌を歌い、家の扉にチョークで、三博士の名であるカスパー、メルキオール、バルタザールのイニシャルと同一の、「キリストが、この家を祝福しますように（Christus mansionem benedicat）」の頭文字である「C+M+B」の三文字と十字のしるしに、その年の西暦を組み合わせた記号を記して祝福する風習がある。とくにドイツ圏ではチャリティ事業として広く浸透しているが、新型コロナのためこの期間に厳しいロックダウンや行動規制を導入していたドイツやオーストリアでは、オンライン等を利用して行われた。

みことばの受肉

愛する兄弟姉妹の皆さん、こんにちは。

降誕節第二主日の今日、みことばは、イエスの生涯の出来事ではなく、誕生前のイエスについて語っています。わたしたちのもとに来られる前のイエスについて明らかにするために、時をさかのぼります。とくに、ヨハネによる福音書の冒頭がそれを語ります。「初めにことばがあった」（ヨハネ1・1）。初めに――、これは聖書の最初のことばで、天地創造の物語も同じことばで始まっています。「初めに、神は天地を創造された」（創世記1・1）。今日の福音は、ご降誕にわたしたちが見つめた、幼子であられたかた、イエスは、その以前から存在していたことを伝えています。物事が始まる前から、万物より先に、あらゆるものより先んじて存在しておられたことを伝えています。イエスは時空に先だって存在しておられました。いのちが現れるよりも前から、「ことば（訳注：ギリシア語原文は auto［そのかた］。ほか各言語とも同様の代名詞を当てている）の内にいのちがあった」（ヨハネ1・4）のです。

聖ヨハネはそのかたをロゴス、つまりみことばと呼びます。これはどういうことでしょうか。ことばは、伝えるために用いられます。人は、一人では話しません。だれかに対して話します。必ずだれかに対して話します。道で独り言をいっている人を見ると、「あの人、どうしたのだろう」となるでしょう。わたしたちは、必ずだれかを相手に話しているのです。さて、イエスは初めのときからみことばであったということは、神は初めのときからわたしたちとのやり取りを望んでおられ、わたしたちに語ることを望んでおられたということを意味しています。御父の独り子（14節参照）は、神の子らとなるすばらしさを、わたしたちに語りたいと望んでおられるのです。そのかたは「まことの光」（9節）であり、わたしたちを悪の闇から遠ざけたいと望んでおられます。そのかたは「いのち」（4節）であり、わたしたちのいのちのことをご存じで、初めからずっと愛してくださっているとお伝えになりたいのです。わたしたちすべてを愛しておられます。今日のすばらしいメッセージは次のとおりです。イエスはみことば――、わたしたちのことをたえず考えておられ、わたしたちに伝えたいと欲する神の、永遠のみことばです。

そのためにイエスは、ことばを超え出たのです。わたしたちは、まさに今日の福音の中心で、みことばが「肉となって、わたしたちの間に宿られた」（14節）ことを聞きます。みことばは肉となられました。聖ヨハネは、なぜ「肉」という表現を用いたのでしょうか。もっと上品に、人となられたことを言い表せなかったのでしょうか。そうではありません。肉ということばを用いたのは、それがわたしたち人間の、その弱さのすべて、その脆《もろ》さのすべてをひっくるめた境遇を指し示しているからです。神がご自分を脆いものとなさったのは、わたしたちの脆さに近づいてそれに触れるためなのだと伝えているのです。ですから、主が肉となられたそのときから、わたしたちの人生のいかなることにも、主に無縁なものはないのです。主が軽く見ておられるものは何もありません。わたしたちは、すべてを主と分かち合っています。何もかもです。愛する兄弟、愛する姉妹よ。神が肉となられたのは、わたしたちの脆さにおいて、あなたの脆さにおいて、わたしたちを、あなたを愛しているのだと伝えるためです。わたしたちがもっとも恥じる部分、あなたがもっとも恥じている、まさにその部分においてです。これは斬新です。神の決断は、思い切ったものなのです。神は、わたしたちが何度も恥じ入る部分で、まさしく肉となられました。わたしたちの恥に加わってくださるのは、わたしたちの兄弟になるため、人生の歩みをともにするためなのです。

主は肉となられ、元に戻りはしませんでした。脱ぎ着のできる上着のように、わたしたちの人間性を身に着けたのではありません。違います。主は決して、わたしたちの肉からご自分を引きはがすことはなさいません。今も、とこしえに、天の国で、人間の肉をご自分のからだとしておられます。永遠にわたしたち人間と結ばれておられ、「婚姻を結んだ」といえるかもしれません。わたしは次のように考えるのが好きです。主がわたしたちのために御父に祈ってくださるとき、口で語るだけでなく、肉に刻まれた傷も御父に見せておられる、わたしたちのために受けた傷を御父にお示しになられているのだと。ご自分の肉をもって執り成してくださるかた、苦しみのしるしまでも担いたいと望まれるかた、それがイエスです。イエスはご自分のものとなった肉をもって、御父のみ前におられます。まさに福音が、このかたはわたしたちの間に宿られたと語っています。わたしたちのもとを訪ねてから去られたのではありません。わたしたちとともに住まい、わたしたちとともにとどまっておられます。それで、わたしたちに何を望んでおられるのでしょうか。濃密な関係を望んでおられるのです。わたしたちが、ご自分とともに、喜びも苦しみも、願いも恐れも、希望も悲しみも、人についても境遇も、分かち合うのを願っておられます。信頼をもって、そういたしましょう。主に心を開きましょう。主に何もかも話しましょう。わたしたちに近しい者となり、人となられた神の優しさを感じられるよう、プレゼピオの前でしばし静かな時間をもちましょう。そして恐れずに、神をわたしたちのもとに、わたしたちの家に、家庭に迎え入れましょう。そしてまた、皆さんもよくお分かりのように、わたしたちの弱さの中に迎え入れましょう。このかたを招き、わたしたちの傷を見ていただきましょう。このかたはきっと来てくださり、そうして人生は変わるでしょう。

人となったみことばを宿された神の聖母の助けをもって、わたしたちとともに住まうために、心の扉を叩いておられるイエスを迎え入れることができますように。

一月三日（日）正午に、教皇公邸書斎内からライブ配信で行った「お告げの祈り」で、祈りの前に述べたことば（原文イタリア語）。

「お告げの祈り」の後、イタリア語で次のように呼びかけた。

「愛する兄弟姉妹の皆さん。

始まったばかりのこの年のご多幸を、あらためて皆さんにお祈り申し上げます。キリスト者であるわたしたちは、運勢やお守りの類を信じたりはしません。もっとも脆弱な人や社会的に不利な立場にある人を中心にして、神の助けをもって共通善のためにともに働くことで、運は開くと知っています。二〇二一年に何が待ち受けているのかは分かりませんが、わたしたち一人ひとりが、皆でともになしうることは、互いをいたわり合い、ともに住む家である被造界を大切にするため、いま少し力を尽くすことです。

自分の利益にかまける誘惑、争いに加わり続ける誘惑、たとえば経済的な採算性ばかりに執着する誘惑、享楽的に暮らす、つまり自分の快楽を満たすことだけを追求する誘惑があるのは事実です。そうした傾きがあるのです。非常にがっかりする記事を新聞で読みました。どこかは覚えていませんが、どこかの国では、ロックダウンを逃れて休暇を過ごすために、午後だけで四十機以上飛行機が飛び立ったそうです。その人たちは悪い人たちではないのでしょうが、家にとどまる人たちのことを考えなかったのでしょうか。ロックダウンによって倒されてしまった、多くの人の経済状態に思い至らなかったのでしょうか。患者たちのことを考えなかったのでしょうか。バケーションを過ごすだけだし、自分たちは楽しませてもらうよ、と。とてもショックでした。

困難の中で新年を迎えた人、病気の人、失業中の人、虐げられたり搾取を受けたりして暮らす人たちに、特別なあいさつを送ります。また、すべての家庭に、なかでも幼い子をもつご家族、出産を控えるご家族に、心からのあいさつを申し上げます。子の誕生は、いつだって希望のしるしです。そうしたご家庭に心を寄せています。主の祝福がありますように」。

降誕節第二主日に当たるこの日のミサの福音朗読箇所は、ヨハネ1・1―18。

主の洗礼

愛する兄弟姉妹の皆さん、こんにちは。

今日は主の洗礼の祝日です。数日前のイエスはまだ、占星術の学者たちの訪問を受けた幼子でしたが、今日はもう、ヨルダン川の岸辺で成人になっておられます。典礼は三十年も時を飛ばします。三十年間について唯一分かっているのは、それが家族とともにひっそりと過ごした年月だったということです。最初の数年は、ヘロデによる迫害から逃れた移民としてエジプトで、その後の数年はナザレで、ヨセフから大工仕事を学びました。家族のもとで、両親に従い、学び、働いておられました。驚くことに主は、地上での時のほとんどを、このように目立つことなく、普通に暮らしておられたのです。福音書によれば、説教し、奇跡を起こし、多くのことをなさったのは、たった三年の間だったのだということを考えてください。三年です。あとはずっと、目立たずに家族と過ごしておられたのです。このことは、わたしたちにすばらしいメッセージを伝えています。日常生活の大切さ、そして、神の目には、暮らしの中の一つ一つの行いと一瞬一瞬が大事であること、たとえそれが単純なことでも、だれも顧みないようなことでも、大事なのだということを示しています。

この目立つことのない三十年の後、イエスの公生活が始まります。ヨルダン川で洗礼を受けたことが、まさにその始まりです。それにしても、イエスは神であるのに、どうして洗礼を受けるのでしょうか。ヨハネから受ける洗礼は悔い改めの儀式であり、回心への、よりよい者となることへの意欲の表れで、己の罪のゆるしを求めるものでした。もちろん、イエスにその必要はありません。実際、洗礼者ヨハネは、イエスを思いとどまらせようとしますが、イエスは強くお望みになります。なぜでしょうか。イエスは罪人とともにありたいと望んでおられるからです。ですから、罪人たちの行列に加わり、彼らと同じことをなさいます。イエスは、民と同じ姿勢で、聖歌にあるように「裸の心と、裸足で」来ていた彼ら（民）の姿勢でそうなさるのです。裸の心とは、いっさい覆いのない、このような罪人の心です。これが、イエスのなさった振る舞いで、そうしてイエスは川に向かい、わたしたちと同じ境遇の中にご自分を浸されるのです。実際のところ洗礼は、まさに「浸水」を意味します。このように、公生活の初日に、イエスはご自分の「計画の宣言書」といえるものを示しておられます。

わたしたちを高みから、勅令や司令、命令をもって救うのではないと教えておられます。そうではなく、わたしたちのもとに来て、わたしたちの罪を背負うことで救ってくださるのです。そうなのです。神が世の悪を打ち負かすやり方は、身を低くすること、悪を引き受けることです。これは、わたしたちが他者を救い出すときの方法でもあります。裁くことではなく、なすべきことを指図することでもなく、近づくことが、ともに味わうことが、神の愛を分かち合うことが、方法となるのです。近くにいることが、わたしたちに対する神の流儀です。まさに神は、そのことをモーセにいわれました。「考えてみなさい。あなたたちほど、近しい神のいる民族がほかにいるだろうか」。近くにいること――それが、わたしたちに対する神の流儀です。

イエスによるこうしたあわれみの行為の後、特別なことが起こります。天が裂けて、ついに三位の神が明らかにされます。聖霊が鳩のように降《くだ》ってきて（マルコ1・10参照）、御父がイエスにこういわれます。「あなたは、わたしの愛する子、わたしの心にかなう者」（11節）。いつくしみが現れるとき、神はご自分を現されるのです。神は、いつくしみが現れるとき、ご自分を現される、このことを覚えていてください。いつくしみが神のみ顔だからです。イエスは罪人たちのしもべとなられ、そして御子であると宣言されます。イエスがわたしたちのもとまで身を低くされ、聖霊がイエスに降《くだ》ります。愛なるかたが愛を求めておられます。このことは、わたしたちにも当てはまります。わたしたちが行う、奉仕一つ一つに、あわれみのわざそれぞれを通して、神はご自身を現しておられ、世界に目を注いでおられます。これは、わたしたちにも当てはまることなのです。

　しかし、わたしたちが何かを行う前から、わたしたちのいのちには、わたしたちにすでに注がれたいくつしみが刻まれています。わたしたちは無償で救われています。救いは無償です。わたしたちに注がれた、神の無償のいつくしみのわざです。秘跡としては、これは洗礼のときに注がれますが、洗礼を受けていない人も、つねに神のいつくしみを受けています。神はそこにいてくださり、待っておられるからです。人々が心の扉を開くのを待っておられるからです。神は近づいてきてくださり、いつくしみをもってわたしたちを、あえての表現ですが、愛撫しておられるのです。

　この後祈りをささげる聖母の助けによって、わたしたちが信者としてのアイデンティティを大切に持ち続けられますように。信仰と生活の基盤となる、「いつくしみを受けた者」というアイデンティティです。

一月十日（日）正午に、教皇公邸書斎内からのライブ配信にて行った「お告げの祈り」で、祈りの前に述べたことば（原文イタリア語）。

「お告げの祈り」の後、イタリア語で次のように呼びかけた。

「愛する兄弟姉妹の皆さん。

先日、衝撃的な連邦議会議事堂占拠の起きたアメリカ合衆国の民に、心からのごあいさつをいたします。渦中でいのちを落としたかたがた、亡くなった五人のためにお祈りいたします。繰り返しますが、暴力はいつだって自滅への道です。米国の政府と全住民に訴えます。暴力で得られるものはいっさいありませんし、多くを失うだけです。心を鎮め、国内の和解を進め、アメリカ社会の基盤となっている民主主義的価値観を守るためにも、強い責任感を失ってはなりません。米国の保護者である無原罪のおとめが、共通善を皆で築くためのいちばんの道である出会いの文化、ケアの文化を活性化させ続けるべく、支えてくださいますように。マリアは、あの国に暮らすすべての人とともに、それを続けてくださるはずです。

ここで、メディアを通じてつながるすべてのかたがたに、思いを込めてごあいさつ申し上げます。ご承知のように、パンデミックのため、今日は例年行っているシスティーナ礼拝堂での洗礼式がかないませんでした。ですが一員となった子どもたち、その親御さんたち、祖父母の皆さんのために祈ることを約束します。また、この間に洗礼を受け、キリスト者としてのアイデンティティを授かり、ゆるしの恵み、あがないの恵みを得たすべての子どもたちのためにも祈ります。皆さんに神の祝福がありますように。

さて愛する兄弟姉妹の皆さん。降誕節が終わり明日から年間の歩みとなります。聖霊の光と力をたゆまず願い求めましょう。普段のことがらを、愛をもって生きられるよう、そしてそうすることで、それらが特別のことになるよう支えてくださいます。変えてくれるもの、それは愛です。普段のことがらは変わらず普段どおりでも、愛をもって行うことで、特別なことがらとなるのです。聖霊に対して開かれて、素直でいられたら、このかたはわたしたちの日々の思いと行いに霊感を注いでくださいます」。

一月六日、前年に行われた大統領選挙の結果を確定させる議事の最中、米国連邦議会の周辺では、選挙結果に異を唱える現職大統領の支持者たちが、大規模な抗議デモを行っていた。その参加者の一部が武装して暴徒化し、警官隊の制止を振り切って議事堂内に侵入。これにより議事進行は中断し、五名の死者が出た。現職大統領は、選挙には不正があり、実際の勝者は自分であると主張していた。

主との出会い

愛する兄弟姉妹の皆さん、こんにちは。

年間第二主日の今日の福音（ヨハネ1・35―42参照）は、イエスと最初の弟子たちとの出会いについて伝えています。場面は、イエスが洗礼を受けた翌日の、ヨルダン川の岸辺です。「見よ、神の小羊だ」（36節）のことばをもって、その中の二人にメシアを指し示した人物が洗礼者ヨハネです。洗礼者ヨハネのあかしを信じ、その二人はイエスに従います。イエスはそれに気づき、「何を求めているのか」とお尋ねになります。彼らは、「ラビ――『先生』という意味――どこに泊まっておられるのですか」（38節）と問います。

イエスは「カファルナウムか、ナザレにいる」とはいわず、「来なさい、そうすれば分かる」（36節）とお答えになります。名刺を差し出すのではなく、出会いへと招かれます。二人はイエスについて行き、その日の午後はイエスと過ごします。彼らが腰掛けて、イエスに質問を投げかけ、熱心にその話に聞き入り、師なるかたが語るにつれ、ますます心が燃え立つのを感じている様子が容易に想像できます。彼らは、自分たちの最大の望みにこたえてくれるイエスのことばのすばらしさに気づきます。そして、次第に日が暮れて暗くなるのに、己の内に、自分たちの心に、神しかお与えになれない光が輝いていることに、突然気づきます。一つ注目したいのは、そのうちの一人が、六十年かそれ以上後に、福音書にこう書きつけたことです。「（それは）午後四時ごろのことである」（ヨハネ1・39）。時刻を記しているのです。イエスとの真の出会いはどれも、生きた記憶としていつまでもとどまり、決して忘れ去られたりはしないことを、この箇所は考えさせてくれます。人は多くの出会いを忘れてしまいますが、イエスとの真の出会いはいつまでも残り続けます。だからこの二人は、何年も経った後でも、時刻まで覚えていました。自分たちの人生を変えることになるほどの、幸せで、満ち足りた出会いを、忘れることなどできませんでした。そしてこの出会いの後、彼らが兄弟たちの元に戻ると、その喜び、その光は、あふれ出る川のように、彼らの心からほとばしります。一方のアンデレは、兄弟シモン――イエスと出会ったときに、イエスからペトロと呼ばれることになる人物――にいいます。「わたしたちはメシアに出会った」（41節）。彼らは、イエスがメシアだと確信したのです。

ご自分のもとにとどまるよう呼びかけておられるキリストとの、こうした出会いの体験について少し考えてみましょう。神の呼びかけ一つ一つが、神の愛から発動したものです。先に動かれるのは、つねに神です。神があなたを呼ばれるのです。神は、いのちへ、信じることへと呼んでおられ、そして、それぞれ固有の生き方へと召し出しておられます。「あなたには、ここにいてほしい」と。神の最初の呼びかけは、いのちへの呼びかけです。その呼びかけにより、わたしたちは人となります。それは個々人への呼びかけです。神は大量生産方式を取られないからです。それから、信じることへと、ご自分の子として、ご自分の家族の一員になることへと招いておられます。最後に神は、それぞれ固有の生き方へと召し出し、結婚生活の道、司祭職の道、あるいは奉献生活の道をお与えになります。神がわたしたち一人ひとりのために立てておられる計画——どれも愛の計画です——を知る方法はさまざまです。神はたえず呼びかけておられます。その呼びかけにこたえ、神と兄弟姉妹に仕えるために己のすべてをささげることこそが、信者一人ひとりにとっての最大の喜びなのです。

兄弟姉妹の皆さん。人々を通して、うれしいことや悲しいことを通して、ありとあらゆるかたちでわたしたちのもとに届く主の呼びかけを受けて、時には「できません。怖いのです」と拒むこともあるかもしれません。拒むのは、自分の望みとは異なるように思えるからで、怖いのは、とても難しくて大変そうに思えるからです。「だめです。とてもできそうにありません。やめたほうがよさそうです。何事もなく暮らすほうがよいのです。神ははるか遠くに、わたしはここにいるのです」。けれども神の呼びかけは愛なのです。それぞれの呼びかけの内にある愛を見いだすよう、わたしたちは努めなければなりません。そして、その呼びかけは、愛をもってのみこたえるものです。このように言い表すこともできます。愛から生まれる呼びかけへの応答は、愛のほかにはありえません。最初に出会いが、すなわちイエスとの出会いがあります。御父のことを語り、神の愛を教えてくださるイエスとの出会いです。次にわたしたちには、親しい人たちにそのことを伝えたいという思いが自然にわき上がります。「わたしは愛であるかたに出会いました」、「わたしはメシアに出会いました」、「神に出会いました」、「イエスに出会いました」、「自分のいのちの意味を見いだしました」と。一言でいえば、「わたしは神を見つけました」と。

　神の呼びかけにこたえることにより、また、み旨を謙虚に、喜びをもって行うことにより、生き方が神への賛歌となるよう、おとめマリアが助けてくださいますように。わたしたち一人ひとりには、人生で、神が、呼びかけを通してご自身をはっきりとお示しになる出来事がありました。そのときのことを忘れずにいてください。覚えていてください。その出来事に立ち帰りましょう。そうすれば、そのときの思い出が、イエスとの出会いにとどまるわたしたちを、つねに新たにしてくれるでしょう。

年間第二主日の一月十七日（日）正午に、教皇公邸書斎内からのライブ配信にて行った「お告げの祈り」で、祈りの前に述べたことば（原文イタリア語）。

「お告げの祈り」の後、イタリア語で次のように呼びかけた。

「強い地震に見舞われたインドネシアのスラウェシ島の住人にお見舞い申し上げます。亡くなったかた、負傷したかた、家や仕事を失ったかたがたのために祈ります。このかたがたに主の慰めがもたらされますように。支援者のかたがたの努力を、主が支えてくださいますように。スラウェシの兄弟姉妹のために、また同じインドネシアで先の日曜日に起きた飛行機事故の犠牲者のために、皆で祈りましょう。アヴェ・マリア……。

イタリアは今日、カトリックとユダヤ教の対話の深化と促進のための日です。三十年以上続いてきたこの取り組みをうれしく思い、友愛と協働の豊かな実りがもたらされることを願います。

明日は大切な日です。キリスト教一致祈禱週間が始まります。今年のテーマは、イエスの戒めです。「わたしの愛にとどまりなさい。そうすれば、あなたがたは豊かに実を結ぶ」（ヨハネ15・5―9参照）。一月二十五日（月）に、サンパオロ・フォリ・レ・ムーラ大聖堂で、ローマにある他教派の代表者らと行う、晩の祈りで締めくくられます。この期間、一つになって祈ることで、イエスの願いが実現しますように。「すべての人を一つにしてください」（ヨハネ17・21）。一致は、いかなるときにあっても、対立に勝るのです」。

インドネシアのスラウェシ島では、一月十四日のマグニチュード（M）五・九の地震に続き、翌十五日未明にM六・二の地震が発生した。地震による地滑りや家屋倒壊によって、死者一〇五人、負傷者六、〇〇〇人に上る被害が発生した。同地は二〇一八年九月にも、死者四、三〇〇人以上を出すM七・五規模の地震に見舞われていた。

時と回心

愛する兄弟姉妹の皆さん、こんにちは。

今日の主日の福音箇所（マルコ1・14―20参照）は、洗礼者ヨハネからイエスへの、いわば「バトンタッチ」の場面を描いています。ヨハネはイエスの先駆者です。ヨハネがイエスのために地を固め、道を整えました。そうして今、イエスは宣教を始め、救いがついに訪れたことを知らせることができました。救いとは、イエスご自身のことでした。イエスが話されたことは、次のことばに要約されます。「時は満ち、神の国は近づいた。悔い改めて福音を信じなさい」（15節）。簡潔なことばです。イエスは、曖昧な言い方はされません。このことばは、時間と回心という、二つの重要なテーマについて考えるようわたしたちを招いています。

福音記者マルコによって記されたこのテキストでは、時を、神が行われた救いの物語の連続として捉えています。ですから、時が「満ちた」ということは、この救いのわざが頂点に達し、完全に実現したということです。神が御子をこの世にお遣わしになり、神の国がかつてないほど「近づいた」歴史的瞬間です。イエスの到来により、救いの時は満ちたのです。しかし、救いは自動的に生じるものではありません。救いは愛の贈り物であり、人間の自由のもとに差し出されるものです。愛のことを語るときには必ず、自由について語られます。自由のない愛は、愛ではありません。おもしろそうなことだったり、怖そうなことだったり、さまざまなこととして言い表せるでしょう。しかし、愛はつねに自由であり、自由であるがゆえに、自由な応答を求めます。すなわち、わたしたちの回心を求めます。つまり、考え方を改めること——考え方を改めることが回心です——、生き方を変えることです。世の様式に従うのではなく、イエスという神の様式に従うこと、イエスに倣うこと、イエスがなさったように、イエスが教えてくださったように行うことです。見方や姿勢を抜本的に変えるのです。罪、とりわけ世俗の罪は、空気のようにあらゆるものに充満して、他者よりも自分、さらには神よりも自分だと主張しようとする考え方を生じさせます。どうでしょうか。あなたのアイデンティティはどんなものですか。自己のアイデンティティを、「〇〇ではない」という表現で表すことがよくあります。世俗的な精神のもとでは、自己のアイデンティティを救いの観点の肯定表現で表すことが難しいのです。自分に対立し、他者に対立し、神に対立するのです。それゆえ、罪にまみれた考え方、世俗の考え方では、欺きと暴力がためらいもなく用いられます。欺きと暴力です。欺きと暴力から何が生まれるでしょうか。強欲であり、仕えることより支配を欲する欲望であり、戦争であり、人間の搾取といったものです。これは欺きにまみれた考え方であり、その源はもちろん、欺きの父、大嘘つき、悪魔です。イエスが呼ぶように、悪魔は偽りの父なのです。

これらはすべて、イエスの教えとは正反対です。イエスはわたしたちに対し、神とその恵みを必要としている者としての自覚をもちなさい、地上の財に対して賢明な姿勢でいなさい、だれをも受け入れ、だれに対しても謙虚でありなさい、他者に出会い、仕えることを通して己を知り、自己実現しなさいと招いておられます。わたしたち一人ひとりにとって、あがないを受け入れることのできる時間は、ほんのわずかです。それは、この世に生きている期間です。短いものです。長く感じられるかもしれませんが……。非常に人のいい、とても善良なあるご老人に、病者の塗油の秘跡を授けたときのことを覚えています。そのかたは、聖体と病者の塗油を受ける前に、こんなふうにいっておられました。「人生はあっという間だった」。永遠に続くかに思っていたのに、といおうとするかのように、ただ「飛ぶように過ぎた」と。わたしたち年寄りは、人生はあっという間だったと感じているのです。瞬く間に過ぎ去ってしまいます。人生は神の永遠の愛からの贈り物ですが、それはまた、わたしたちの神への愛を証明する時間でもあります。ですから、人生のどんな時期も、どんな瞬間も、神を愛し、隣人を愛する貴重な時間です。神と隣人を愛することで、永遠のいのちにあずかるのです。

わたしたちの人生の物語には、二つのリズムがあります。一つは、計測しうる、時間、年月で作られているもので、もう一つは、誕生、幼児期、思春期、成年期、老年期、死といった、段階で構成されるものです。どの時間にも、どの段階にも独自の価値があり、そのどれもが、主と出会う特別な機会であるはずです。信仰は、そうした時間の霊的な意味を見いだせるよう助けてくれます。どの時にも、主からの固有の呼びかけがあります。わたしたちはその呼びかけに、肯定的にも、また否定的にもこたえることができます。福音書には、シモン、アンデレ、ヤコブ、ヨハネがどのようにこたえたかが示されています。彼らは立派な大人で、漁師という職もあり、家庭もありました。それでもイエスが通りかかり、自分たちをお呼びになると、「すぐに網を捨てて従った」（マルコ1・18）のです。

愛する兄弟姉妹の皆さん。気づかないままにイエスが通り過ぎてしまわれることがないよう、注意深くいましょう。聖アウグスティヌスは、「神が通られるときに、わたしは恐れる」といいました。何を恐れるのでしょう。神に気づかないことで神に会えないことを、神に気づかずにいることを恐れるのです。

わたしたちが一日一日を、一瞬一瞬を、救いの時として生きることができるよう、おとめマリアが助けてくださいますように。救いの時、主が通られ、それぞれの人生を通してご自分に従うよう呼びかけてくださる時です。また、わたしたちが世俗の考え方から、花火のような世俗の幻想から、愛と奉仕に基づく考え方へと回心できるよう、マリアが助けてくださいますように。

神のことばの主日である年間第三主日の一月二十四日（日）正午に、教皇公邸書斎内からのライブ配信にて行った「お告げの祈り」で、祈りの前に述べたことば（原文イタリア語）。

「お告げの祈り」の後、イタリア語で次のように呼びかけた。

「愛する兄弟姉妹の皆さん。

今日の主日は、神のことばにささげられています。わたしたちの時代の大きな恵みの一つは、教会生活のあらゆるレベルで聖書が再発見されていることです。今日ほど、すべての人にとって聖書が身近になった時代はありません。あらゆる言語で、しかも今では、AV機器やデジタル機器にも対応しています。先日、没後一六〇〇年を記念した聖ヒエロニモは、聖書を知らないことは、キリストを知らないことだといっています（「イザヤ書註解序文」参照）。片や、人となられ死んで復活したみことばであるイエス・キリストが、聖書を悟るようわたしたちの心を開いてくださいます（ルカ24・45参照）。これは、とくに典礼の中で起こることではありますが、独りで、あるいはグループで祈りをささげる際にも、しかも聖書、詩編をもって祈る際にはなお、同じことが起きています。神のことばに耳を傾ける学びの取り組みを続けている小教区に、感謝と励ましをお送りします。福音の種蒔きの喜びを、決して失いませんように。いつものことばをもう一度伝えます。ポケットに、鞄に、小型の聖書を入れて、いつでも、せめて数節、読むことができるよう、持ち歩くことを習慣にしてください。福音はいつもわたしたちとともに。

去る一月二十日、サンピエトロ広場からわずか数メートルの場所で、ナイジェリア出身の四十六歳のホームレスのかたが、凍死して発見されました。彼の名前はエドウィンでした。その人生は、ローマで、ここ数日同じように悲惨な状況で亡くなった幾人ものホームレスの人生に重なります。エドウィンのために祈りましょう。聖大グレゴリオの戒めを思い出しましょう。凍死した物乞いを見て、聖金曜日と同じく、ミサをささげることはできないといった聖人です。エドウィンを心に留めましょう。四十六歳のこの人が、すべての人から、わたしたちからさえも、ないがしろにされ、見捨てられ、寒さに凍えていたことを考えてみてください。彼のために祈りましょう。

明日の午後、サンパオロ・フォリ・レ・ムーラ大聖堂で他教会や他教派の代表者らと集い、キリスト教一致祈禱週間の締めくくりに、聖パウロの回心の祝日の前晩の祈りを執り行います。この祈りに、皆さんも心で参加してください。

今日は、ジャーナリストの保護聖人である聖フランシスコ・サレジオの記念日でもあります。昨日、世界広報の日のメッセージが発表されました。テーマは「来て、見なさい――人々と、彼らのいる場で、そのままの彼らと会って、伝えなさい」です。すべてのジャーナリスト、報道関係者に強く申し上げます。「来て、見なさい」。だれも行かない場所にまで行って、見てください。そして、真実を証言してください」。

この日教皇は、午前十時からサンピエトロ大聖堂内にて、第二回となる神のことばの主日のミサをささげる予定であったが、坐骨神経痛悪化のため、新福音化推進評議会議長のサルヴァトーレ・フィジケッラ大司教が司式を代行し、教皇が準備した説教も、同大司教が読み上げた。

イエスの権威

愛する兄弟姉妹の皆さん、こんにちは。

今日の福音朗読（マルコ1・21―28参照）は、イエスの公生活の典型的な一日を伝えています。その日はまさに安息日で、祈りと休息の日、人々が会堂に行く日のことです。カファルナウムの会堂でイエスは聖書を読み、お教えになりました。そこにいた人々はイエスの話し方に心を引き寄せられました。律法学者とは異なる権威をお示しになったので、とても驚いたのです（22節）。しかもイエスは、ご自分をわざにおいても力ある者として明らかになさいました。実際、会堂にいた男がイエスに向かって、神の聖者なのだな、と詰め寄ってきます。イエスは汚れた霊がいることに気づき、その人から出て行くよう命じ、その霊を追い払うのです（23―26節参照）。

この箇所には、イエスの行いの二つの特徴的な要素が表れています。教えることと、いやしをもたらす奇跡のわざです。イエスは教えて、いやしておられます。どちらの要素も、マルコによる福音書の中では目立つものですが、教えることのほうが強調されています。悪霊を追い払ったことは、イエスに唯一の「権威」とその教えを揺るぎないものとするために示されています。イエスは、ご自身を源とする教えを所有するかたとして、固有の権威をもってお教えになります。既存の伝統や継承されてきた律法を繰り返すだけの律法学者とは違います。彼らは、いうだけ、口だけで、ことばだけで、偉大な歌手ミーナ・マッツィーニの歌にあるとおりです（訳注：「あまい囁き」、イタリア語原題は *Parore Parore*。教皇は好んでこの歌を比喩に用いる）。ことばだけ――、それが律法学者たちです。一方、イエスのことばには権威があり、イエスご自身が権威あるかたです。そしてそれが、人心に触れるのです。イエスの教えには、語っておられる神と同じ権威があります。だからこそ、一言命じただけで、悪霊に取りつかれた人をすぐに解放し、いやすことができたのです。どうしてでしょうか。イエスがいわれたことは、そのとおりになるからです。イエスは最後の預言者だからです。ではなぜ、イエスが最後の預言者だというのか。モーセの約束を思い起こしてください。モーセはいいます。「わたしの後に、いずれいつの日か、わたしのような――わたしのようなです――預言者が現れ、あなたがたに教えるであろう」（申命記18・15参照）。モーセは、最後の預言者であるイエスのことを伝えています。このように、イエスは最後の預言者、すなわち、わたしたちを救い、皆をいやしてくださる神の御子としての力をもっておられるので、人間の権威ではなく、神の権威をもって話されるのです。

二つ目の要素であるいやしは、イエスの教えが、人々や世界の中にある悪を滅ぼすことを目指しているのを示しています。イエスのことばは、悪魔の支配に鋭く向けられ、悪魔を追いつめ、退却させ、この世からの失脚を迫ります。悪霊に取りつかれたこの男に、主の命令は及び、この人は解放され、新しい人となります。しかもイエスの教えには、この世や悪魔の理屈とは正反対の理屈があります。イエスのことばは、物事の誤った秩序を覆します。取りつかれていた男の中にいた悪魔は、イエスが近づくと、まさしくこう叫びます。「ナザレのイエス、かまわないでくれ。われわれを滅ぼしに来たのか」（24節）。このことばは、イエスと悪魔がまったく相いれないことを物語っています。完全に異なる次元にいます。両者に共通点はまったくありません。相反しています。イエスは、その権威をもって人々を引き寄せる権威あるかたで、同時に、解放をもたらす預言者、いやしをもたらす神の御子である、約束された預言者でもあります。わたしたちは、権威あるイエスのことばに、耳を傾けているでしょうか。イエスの権威あることばに触れられるよう、いつも忘れずに、小型の福音書を鞄やポケットに入れて持ち歩きましょう。とにかく、わたしたちはだれもが問題を抱え、だれもが罪を犯し、皆心を病んでいます。イエスにこう求めましょう。「イエスよ。あなたは預言者、神の子、わたしたちをいやすよう約束されたかたです。どうかわたしをいやしてください」。わたしたちの罪、わたしたちの悪をいやしてくださるよう、イエスに願い求めましょう。

おとめマリアは、イエスのことばと行いを大切に心に納め、全面的に、役立ちたいという意欲と忠実さをもってイエスに従いました。わたしたちもまた、イエスに耳を傾け、イエスに従い、実生活の中でイエスの救いのしるしを味わえるよう、マリアが助けてくださいますように。

年間第四主日の一月三十一日（日）正午に、教皇公邸書斎内からのライブ配信にて行った「お告げの祈り」で、祈りの前に述べたことば（原文イタリア語）。

「お告げの祈り」の後、イタリア語で次のように呼びかけた。

「愛する兄弟姉妹の皆さん。

明後日の二月二日は、イエスが神殿でささげられたことを記念する、主の奉献の祝日です。どちらも老いていたシメオンとアンナが、聖霊に導かれ、イエスがメシアであると気づいた日です。聖霊は今日も、高齢の人たちから、知恵に満ちた考えやことばを引き出してくれます。高齢者の声はかけがえのないものです。神への賛美を歌い、人々のルーツを守っているからです。この二人が思い出させてくれるのは、歳を重ねることは恵みであり、おじいさん、おばあさんは、人生や信仰の経験を若者に伝えるための、世代間の連結リングであるということです。おじいさん、おばあさんは忘れられがちですし、このようにルーツを守り継承するという宝もないがしろにされています。そのためわたしは、「祖父母と高齢者のための世界祈願日」を制定し、教会全体で毎年、七月の第四日曜日に祝うことにしたのです。イエスの「祖父と祖母」に当たる聖ヨアキムと聖アンナの記念日（七月二十六日）の近くになります（訳注：日本では敬老の日に合わせ、二〇二四年より九月の第三日曜日に移動）。祖父母が孫と会うのは大事なことですし、孫にとっても祖父母と会うのは大切なことです。預言者ヨエルが語っているように、祖父母は孫に夢を描き、大きな期待を寄せていて、若者は、祖父母から力を受けて前に進み、預言するのです。二月二日はまさに、祖父母と孫が会うための祝日です。

今日は世界ハンセン病デー（一月最終日曜日）です。六十年以上前に、ラウル・フォルロー氏（一九〇三―一九七七年）によって始められ、とくに、その人道活動から生まれた諸団体の尽力で続けられています。この病気によって苦しんだ人々に心を寄せていることをお伝えします。また、自身の役務に懸命に尽くす宣教師、医療従事者、ボランティアのかたがたに励ましを送ります。パンデミックは、もっとも脆弱な人々の健康権を保護する必要性を裏づけました。国の指導者には、一丸となって、ハンセン病で苦しんだ人々のケアと、彼らの社会復帰のために尽力していただきたいと思います」。

イエスのいやし

愛する兄弟姉妹の皆さん、こんにちは。

ようやくこの広場に戻ってきました。今日の福音（マルコ1・29―39参照）は、イエスによる、ペトロのしゅうとめのいやしと、その後の、集まってきた大勢の病者と苦しむ人のいやしを伝えています。ペトロのしゅうとめのいやしは、マルコによって語られる最初の肉体のいやしです。しゅうとめは熱を出して寝ていました。彼女に対するイエスの態度と行為は象徴的です。「そばに行き、手を取って起こされる」（31節）、そのように福音記者は記しています。この自然で何気ないしぐさには、深い優しさが込められています。「熱は去り、彼女は一同をもてなした」（同）。イエスのいやしの力は何の抵抗にも遭うことなく、いやされた当人は普段の生活を取り戻し、すぐに、自分のことではなく他の人のことを考えます。これは意味深いことです。それこそが、真に「健康であること」のしるしです。

その日は安息日でした。町の人々は日が沈むのを待って、つまり安息すべき日が終わるのを待って、病人や悪霊に取りつかれた人をこぞってイエスのもとに連れて行きます。イエスはそれらの人々をいやし、悪魔に物をいうことを禁じます（32―34節参照）。このようにイエスは最初から、肉体の苦しみを負う人と心に苦しみを負う人を、とりわけ大切にしておられます。肉体や精神の病に苦しむ人々の近くに行くことは、イエスが特別大切にしておられることです。イエスが人となられ、ことばと行いで示されたのは、御父の特別の愛です。弟子たちはその目撃者です。彼らはそれをその目で見、その後そのことを証言したのです。しかしイエスは彼らに、ご自分の使命の単なる観客でいてほしくはありませんでした。イエスは弟子たちを巻き込み、遣わし、そして病人と悪霊に取りつかれた人をいやす権能をお授けになりました（マタイ10・1、マルコ6・7参照）。このことは今日に至るまで、教会生活の中で絶え間なく続けられてきたことです。ですから、次のことはとても重要です。教会にとって、どんな病であれ、患者を世話することは「任意の活動」ではありません。違います。副次的なものではありません。そうではないのです。何であれ、病んでいる人の面倒を見ることは、イエスの使命においてそうであったように、まぎれもなく教会の使命です。それは、苦しんでいる人々に神の優しさを届けるという使命です。数日後の、二月十一日の世界病者の日に、わたしたちはこのことを思い起こすでしょう。

このパンデミックによって世界中で経験されている状況は、このメッセージを、教会に欠かせないこの使命を、まさに現実のものとします。今日の典礼で響いたヨブの声は、わたしたち人間の境遇を今一度言い表しています。まことに崇高な尊厳を備えつつも――わたしたち人間には、実に尊い尊厳が備わっています――、同時に、実に脆弱《ぜいじゃく》であるのだと。この現実を前にすれば、必ずや、「なぜなのか」という問いが心に生じます。

この問いに対し、受肉したみことばであるイエスは、説明をもっておこたえになりはしません。崇高な尊厳がありながら、なぜわたしたちはきわめて脆弱な境遇にあるのかというこの問いに対し、イエスは説明によってではなく、愛の現存をもっておこたえになられます。愛は身をかがめること、手を取って起き上がらせること、まさに、ペトロのしゅうとめになさったことです（マルコ1・31参照）。相手を起き上がらせるために、身をかがめることです。いいですか。人を上から見下ろしてもいいのは、相手が起き上がるのを助けるために手を指し伸べるときだけです。その場合のみです。そして、これこそが、イエスから教会が託された使命です。神の御子は「上から下へ」ではなく、遠く離れたところからではなく、身をかがめ、手を伸ばすことで、ご自分の支配権を示しておられます。その主権をお示しになるのは、近づくこと、優しさ、あわれみを通してです。近しさ、優しさ、あわれみこそが、神の流儀です。神は近くに来てくださいます。優しさとあわれみをもって近づいてくださいます。身体の問題や、なんであれ他の問題に対する「(主は）あわれに思った」という表現を、福音書でどれだけ目にすることでしょう。イエスがあわれんでくださること、イエスにおいて神が近づいてくださること、それが、神の流儀です。今日の福音は、このあわれみが御父との親しい結びつきに根ざしていることも伝えています。どういうことでしょうか。イエスは、朝早くまだ暗いうちに、人里離れたところに行かれて、独り祈っておられます（35節）。そこから、教え、いやすことでご自分の使命を果たす、力を得ていたのです。

イエスにいやしていただけるよう――わたしたちには必ず必要なこと、例外なく皆に必要なことです――、おとめマリアが助けてくださいますように。そうして今度はわたしたちが、いやしに満ちた神の優しさをあかしできますように。

年間第五主日の二月七日（日）正午に、教皇公邸書斎の窓から、サンピエトロ広場に人数が制限されてまばらに集った信者とともに行った「お告げの祈り」で、祈りの前に述べたことば（原文イタリア語）。前週まで日曜日の「お告げの祈り」は、前年のクリスマス前に再び始まったロックダウンによって、公邸書斎内からのライブ配信で行われていた。

「お告げの祈り」の後、イタリア語で次のように呼びかけた。

「愛する兄弟姉妹の皆さん。

このところのミャンマー情勢の先行きについて、わたしは深い憂慮をもってニュースを追いかけています。二〇一七年の司牧訪問以来ずっと、この国に対し深い愛を寄せてきました。危険な局面にある今、わたしの心はミャンマーの人々の元にあり、祈りと連帯をあらためてお約束いたします。この国に責任を負う人々が、真摯な心で共通善への奉仕に献身し、調和の取れた民主的共存のために、社会正義と国の安定に努めてくださるよう祈ります。ミャンマーのために祈りましょう。（黙禱）

同伴者のいない未成年の移民たちのために、助けを求めたいと思います。たくさんいます。悲しいことに、さまざまな理由から祖国を離れるしかない人々の中には、家族と離れ、幼い子どもや少年少女だけになり、多くの危険にさらされている者たちがいます。最近わたしは、「バルカンルート」と呼ばれるルートで来る者たちの惨状を知りました。もちろん、どの「ルート」にもそうした子どもたちはいます。そうした脆弱で身を守るすべをもたない幼い者たちに、適切なケアと、優先的な人道回廊を欠かすことなく用意しましょう。

今日イタリアは、いのちを守るための日（プロライフデー）で、テーマは「自由といのち」です。イタリアの司教団に賛同し、自由は、生活の基本的善益から始め、自己と他者の善益を求め獲得できるように、神がわたしたちに授けてくださった大きなたまものであることを思い起こしたいと思います。いのちがすべての段階で守られるよう、この社会は、いのちに対するあらゆる攻撃からの回復への助けを必要としています。もう一つ、わたしが憂慮していることにも触れておきたいと思います。それは、イタリアの人口統計学的な冬のことです。イタリアでは出生数が減り、将来は危機的です。この懸念にしっかり向き合い、現在の人口統計学的な冬が終わり、子どもたちが生まれ出る新しい春の訪れを確かにしていきましょう。

典礼暦で明日は、奴隷の屈辱と苦しみを味わったスーダン出身の修道女、聖ヨゼフィーナ・バキタ（一八六九―一九四七年）の記念日で、世界人身取引に反対する祈りと啓発の日に当たります。今年の目標は、そうした卑しい取引を、間接的にであっても助長することのない経済を、すなわち人間を決して商品、物とみなさず、必ず、対象として扱うような経済を作るために働くことです。人間に仕えるものであって、人間を商品として扱うことはできないのです。聖ヨゼフィーナ・バキタに助けられ、この務めを果たしていけますように。

ローマの皆さんと巡礼者の皆さんに、心からごあいさつ申し上げます。再び広場の皆さんにお会いできてうれしく思います。常連の皆さんもいます、そちらのスペインのシスターたちです。お元気そうですね、いつもありがとう。雨でも晴れでも、皆さん来てくださいます。無垢な少年少女も……皆さんそうです。とてもうれしいです。よい日曜日を過ごしてくださいね。そしてわたしのために祈ることを忘れないでください」。

二〇一一年以降民主化が進められてきたミャンマーで、二月一日、国軍によるクーデターが発生した。前年十一月に行われた同国連邦議会の総選挙では、アウンサンスーチー国家最高顧問率いる与党、国民民主連盟（ＮＬＤ）が改選議席の八割を占める勝利を収めた。コロナ禍で選挙活動が制限されたことや、少数民族の投票権が百万人分以上剝奪されたことなどの問題を抱えながらも与党が圧勝したことで、敗北した国軍系の野党は選挙結果を不服としていた。二月一日から議会が開かれる予定であったことから、同日未明に国軍は大統領、アウンサンスーチー国家顧問、与党幹部や地方トップら四五人以上の身柄を拘束し、今後一年にわたる国家非常事態を宣言した。これに対し、翌二日には各地で多くの市民による抗議活動が広がっていたが、軍による発砲などで多数の犠牲が出ていた。

二〇一六年に欧州連合（ＥＵ）とトルコの間で、トルコから海を渡って非正規にギリシャに流入する移民をトルコに送り返すという「ＥＵ－トルコ協定」が締結され、バルカン諸国を通過するルートは表向き閉ざされた。しかし、これまで以上の危険が伴うにもかかわらずこのルートを通る移民が後を絶たず、二〇二〇年の前半にはその一部であるセルビアで、前年のおよそ三倍となる約三万人が移民・難民と登録された。そのうち、保護する大人なしに移動してきた子どもは千二百人に上る。最年少は七歳だったと報告されている。複数の国境を越え、約四千キロの距離をほぼ徒歩で移動した者すらいる。国境なき医師団のデータによると、セルビアを経由して一人移動する子どものおよそ三分の一が、身体的・精神的・性的虐待を経験しているという。

重い皮膚病の人のいやし

愛する兄弟姉妹の皆さん、こんにちは。

日差しを浴びて、広場がとても美しく見えます。すばらしい光景です。

今日の福音（マルコ１・40―45）には、イエスが重い皮膚病を患っている人と出会ったときのことが記されています。この病を患っている人は、汚《けが》れた者とみなされ、律法のおきてにより、人々が住んでいる地域の外にとどまらなければなりませんでした。彼らは、人間的、社会的、宗教的なあらゆるかかわりから排除されていました。たとえば、どんなに信仰が篤《あつ》くても、会堂に入れず、神殿にも行けませんでした。ところがイエスは、この人を近くに来させ、心が動かされ、さらには手まで差し伸べてその人に触れたのです。これは、当時では考えられないことです。主はこのように、告げておられる福音を実現しておられます。神は、わたしたちの生の近くに来ておられ、傷をもつ人間の宿命をあわれんでおられ、そして、ご自分との、他者との、自分自身との交わりを生きるのを阻むあらゆる障壁を打ち破ってくださる、という福音です。神は近いものとなってくださったのです。近しさ、近しい――。このことばを胸に刻んでおきましょう。次にあわれみです。福音によれば、イエスは重い皮膚病を患っている人をご覧になり、深くあわれまれました。それから優しさです。近しさ、あわれみ、優しさ――、この三つの単語は神の流儀を表しています。この物語には、交差する二つの「違反」があります。イエスに近づいた――してはならないことです――皮膚病患者の違反と、あわれみに心動かされて、その人をいやすために優しく触れた――してはならないことです――イエスの違反です。どちらも違反行為です。二つの違反です。

一つ目の違反は、重い皮膚病を患っている人によるものです。律法で禁じられていたにもかかわらず、この人は隔離されていた場所から出て、イエスのもとに行きました。この病は神の罰と考えられていましたが、彼はイエスを通して、神の別のみ顔に触れます。罰する神ではなく、あわれみと愛の御父、罪から解放してくださり、ご自分のあわれみから決してわたしたちを締め出すことはなさらないかたです。こうして、自分の痛みを分かち合ってくださる神をイエスにおいて見いだしたからこそ、この人は隔離から抜け出すことができたのです。自分と痛みを分かち合ってくださる神を、イエスのうちに見いだしたからです。イエスの姿勢が彼を引き寄せ、自分の殻から出て、つらい過去をイエスにゆだねるよう駆り立てたのです。

ここで、そうした姿勢をもつ、多くの優れた聴罪司祭のことを考えてみたいと思います。罪のために、自分は何の意味もない者だという気持ちになり、「どん底にいる」と感じている大勢の人を引き寄せる姿です。しかも、優しさをもって、あわれみの心で……。鞭《むち》を手にすることなく、ひたすら人々を受け入れ、耳を傾ける聴罪司祭、神は優しいかた、神は必ずゆるしてくださる、神はゆるすことに倦《う》むことはない、そう語る聴罪司祭は立派です。広場に今日お集まりの皆さん。こうしたあわれみ深い聴罪司祭に、皆で盛大な拍手を送りましょう。

二つ目の違反は、イエスによるものです。おきてによりこの病の患者に触れることは禁じられていましたが、イエスは心を揺り動かされ、この人をいやすために手を差し伸べ、触れるのです。この人は罪を犯した、律法に背いた、この人は違反者だ、そういう人もいたでしょう。違反者であることに間違いはありません。イエスはことばをかけるだけでなく、その人に触れておられるのです。愛を込めて触れることは、関係を築くこと、交わること、その人の傷をともに担うほどに相手の人生にかかわることを意味します。神は無関心になることのないかた、「安全地帯」に身を置くことのないかた、それどころか、あわれみをもって近づき、優しくいやすためにわたしたちの人生に触れてくださるかた――。イエスはこのことを、行動で示しておられます。近しさ、あわれみ、優しさ、これこそが神の流儀です。神による違反。神は、その意味では、重大な違反者です。

兄弟姉妹の皆さん。今日も、世界中には、この病、ハンセン病のために苦しむ人や、悲しいことですが、社会からの偏見が消えない他の病や状態によって苦しんでいる人が大勢います。「あの人は罪ある人なのだ」と指を指されるのです。一人の女性が、食事の最中に入ってきて、イエスの足に香油を注いだときのことを思い出してください（ルカ7・36―50参照）。「この人がもし預言者ならきっと気づくだろう、この女が罪人であることが分かるはずだ」と人々は話していました。侮蔑です。ところがイエスは、彼女を受け入れ、それどころか、感謝なさいます。「あなたの罪はゆるされた」。イエスの優しさです。そして社会には、「あの人は汚れた人だ、この人は罪ある人だ、この人は詐欺師だ……」といったことばをもって追い払う偏見があります。確かに、それが本当である場合もあるでしょう。しかし、決めつけはいけません。わたしたちのだれもが、傷、失敗、苦しみ、利己心の体験があるはずです。そうした体験は、神や他者に心を閉ざすことになります。神はわたしたちの心を開こうとされますが、罪は、わたしたちを自分の内に閉じこもらせます。恥ずかしいから、辱めを受けたくないからです。そうした状況を前に、イエスがわたしたちに告げておられるのは、神とは概念でも抽象的な教義でもなく、わたしたち人間の負う傷でご自分を「汚《よご》される」かたであり、わたしたちの傷に触れるのを恐れないかたであるということです。「しかし神父様。どういうことですか。神がご自身を汚くなさるとは、何のことですか」。これはわたしがいったのではなく、聖パウロが語ったことです。「このかたは、ご自分を罪となさいました」（二コリント5・21参照）。罪と何のかかわりもないかた、罪など犯すはずのないかたが、ご自分を罪とされたのです。わたしたちに近づくために、わたしたちをあわれむために、ご自分の優しさに気づかせるために、神がいかにご自分を汚されたのか、考えてください。近しさ、あわれみ、優しさです。

世間体と社会の慣習を気にするあまり、わたしたちはしばしば痛みを押し殺したり、隠すために装ったりします。利己心による打算と不安という心の行動規範でバランスを図るため、他者の苦しみに深くかかわらなくなります。そうではなく、今日の福音にある二つの「違反」を生きる恵みを、主に願い求めましょう。重い皮膚病を患う人の違反によって、孤立した状態から抜け出す勇気をもち、自己嫌悪に陥ったり、自分の失敗を嘆いたり、悔んだりしているのではなく、「主よ、これがわたしです」といって、ありのままの姿でイエスのもとに向かうことができるようになる、重い皮膚病を患う人の違反です。そうすれば、イエスにしっかりと優しく抱きしめられていると感じられるでしょう。そしてもう一つ、イエスによる違反です。それは、しきたりを物ともしない愛、偏見や、他者の人生にかかわることへの不安を乗り越える愛です。重い皮膚病を患う人とイエス、この二人のように、「違反者」となることを覚えましょう。

これからお告げの祈りでわたしたちが祈りをささげるかた、おとめマリアが、この歩みに寄り添ってくださいますように。

年間第六主日の二月十四日（日）正午に、教皇公邸書斎の窓から、サンピエトロ広場に集まった信者とともに行った「お告げの祈り」で、祈りの前に述べたことば（原文イタリア語）。「お告げの祈り」の後、イタリア語で次のように述べた。

「愛する兄弟姉妹の皆さん。

移民のために協力してくださっているかたの取り組みを、わたしはいつも感謝をもって拝見しています。移民のための行動のすべてを、皆さんに感謝します。今日はとくに、国内にいるベネズエラ移民の一時保護措置を導入し、彼らの受け入れ、保護、融合を促進したコロンビア当局の決断に対し、コロンビア司教団が謝意を表明したことに、賛同の意を表します。

これを実行しているのは、きわめて裕福な超先進国ではなく、発展途上で、貧困や治安など、山ほど問題を抱え、およそ七十年もゲリラ戦の内戦状態にある国です。こうした問題を抱えながらも、この国は勇気をもって移民に目を向け、この措置を講じてくれました。コロンビアに感謝します。ありがとう。

今日は聖チリロ（八二七頃―八六九年）と聖メトディオ（八一五頃―八八五年）の記念日です。二人は、スラブ民族に福音を伝え、聖ヨハネ・パウロ二世の宣言によって欧州の保護者となっています。両聖人が宣教した地にある共同体の皆さんに、心よりごあいさつ申し上げます。二人の執り成しによって、福音を伝える新たな方法を見いだすことができますように。二人は、福音を伝えるのに躊躇なく新しい方法を用いました。二人の執り成しにより、違いを尊重しながらも完全な一致に向けて歩む強い意欲が、キリスト教の教会の中に生まれてくることを願います。

それから今日はバレンタインデーですから、婚約中のカップル、恋人がいるかたがたにもひと言メッセージを忘れてはいけませんね。彼らに祈りと祝福を送ります。

今週水曜日から四旬節になります。この（パンデミックという）危機に、信仰と希望の感覚を強めるのにふさわしい期間となるでしょう。

それから、神の流儀を理解する三つのことばを忘れないでください。覚えてください。近しさ、あわれみ、優しさです。皆で声に出してみましょうか。近しさ、あわれみ、優しさ」。

豊かな資源を誇り、かつて南米随一の移民受け入れ国であったベネズエラは、二〇一四年以降、治安や経済情勢の悪化による食糧難と人道危機のため、シリアに次ぐ世界で第二位の国民流出国になっている。その数は年々増加し、二〇二〇年現在で五二〇万人に上るとされている。避難民の多くの滞在先は隣国諸国で、なかでもコロンビアは一七〇万人を受け入れているが、そのほとんどが法的地位もなく、支援へのアクセスが制限され、さらにコロナ禍でいっそう厳しい状況に置かれていた。そうした中コロンビア政府は、二月にベネズエラ移民に対し一時保護資格を付与することを決定した。

灰の水曜日ミサ説教

四旬節の歩みが始まりました。従うべき道を示す、預言者ヨエルのことばで幕開けとなりました。神の心から生まれる招きがあります。腕を広げ、懐かしさを呼ぶまなざしで、「今こそ、心からわたしに立ち帰れ」（ヨエル2・12）と請う声です。わたしに立ち帰れ——。四旬節は、神に立ち帰る旅路です。忙しさにかまけ、あるいは無関心から、どれほど神にこういったでしょうか。「主よ、後でまいります、お待ちくださ い。しばし……。今日はちょっと無理ですが、明日こそ祈ります、人々のためのわざを始めます」。そうしてまた次の日になるのです。今、神はわたしたちの心に訴えておられます。生活していれば、いつだって用事はありますから、ちょっと失礼して……となるでしょう。いいですか、兄弟姉妹の皆さん。今日こそ、神に立ち帰る時です。

心から、わたしに立ち帰れ——そういっておられます。四旬節は、生活全体に、わたしたちのすべてに及ぶ旅です。自分の歩んでいる道を検証し、家路に立ち帰り、すべてを左右する土台となる、神とのきずなを再確認する機会です。四句節は、小さな禁欲という花々を集める時なのではなく、心を向ける先を確認する時です。自分の心をどこに向けているか、それを確認するのが四句節の中心です。自分に聞いてみてください。わたしのナビは、わたしをどこへ向かわせているのだろうか。神のもとだろうか、自己だろうか。主を喜ばせるべく生きているだろうか。それとも、注目され、称賛を得、気に入られ、筆頭であろうとして生きてはいないだろうか。主をちょっと愛して、世をちょっと愛するといったように、一歩進んで一歩下がる「バレリーナのような」心になっていないだろうか。神にしっかりと結ばれた心だろうか。己の偽善に目をつぶってはいないだろうか。心を息苦しくさせる、二枚舌や偽善から解き放つために努めているだろうか。

四句節の旅は、脱出（エクソドス）、奴隷から自由への出エジプトの旅（エクソドス）です。四十日間は、神の民が故郷に帰るために砂漠を旅した四十年を思い起こすものです。実際エジプトを去ることは、とても大変なことだったでしょう。エジプトの地を離れることよりも、神の民の心の中のエジプト、いつも心の内にあったエジプトを離れることのほうが困難でした。エジプトを離れることは、大変なことなのです。旅の間、たまねぎが恋しくなり、引き返し、過去の思い出や偶像に執着する、そうした誘惑がつねにありました。わたしたちも同じです。神のもとへ帰る旅は不健全な執着心に妨害され、魅惑的な悪徳の罠《わな》、お金や見た目という偽りの安心、自分は動かないくせに吐かれる被害妄想の泣き言、こうしたものに阻まれます。この旅をするには、これら幻想の正体を暴かなければなりません。

では、考えてみましょう。神に向かう道を歩むには、どうしたらよいのでしょうか。神のことばが語る帰還の旅が、わたしたちを導いてくれます。

放蕩息子のことを思えば、今こそわたしたちもまた、御父のもとに帰るべきだと気づかされます。この息子のように、わたしたちも家の匂いを忘れて、大切な財産をつまらないものに浪費してしまい、空っぽの手と満たされない心があるばかりです。わたしたちは転んでしまいました。わたしたちは転んでばかりいる子どもで、歩こうとしてもすぐ尻もちをつく幼児のようなもので、毎回お父さんに抱き起こしてもらわなければなりません。立ち直らせてくれるのは、いつも御父のゆるしなのです。神のゆるし、告解は、わたしたちの帰還の旅路の第一歩です。告解と申しましたが、聴罪司祭には、ぜひとも、鞭《むち》を手にせず、抱擁をする父になってほしいと思います。

それから、イエスに感謝するために戻ってきた、重い皮膚病がいやされた人のように、イエスのもとに帰らなければなりません。十人がいやされたのに、この人だけが救われました。イエスのもとに戻ったからです（ルカ17・12―19参照）。わたしたちは皆、だれもが霊的に病んでいます。自分一人でそれを治すことはできません。皆、一人では根絶できない、根深い悪徳をもっています。わたしたちは皆、一人では打ち勝てない、思考を停止させる恐怖心をもっています。イエスのもとに戻ってひれ伏した、重い皮膚病だった人に倣わなければなりません。わたしたちにはイエスのいやしが必要で、自分たちの傷をイエスの前に差し出して、こういわなければなりません。「イエスよ、わたしはあなたの前にいます。罪とみじめさそのままに。あなたは医者です。わたしを解放することがおできになります。わたしの心をいやしてください」。

今一度申し上げます。神のことばはわたしたちに、御父のもとに戻るよう求めています。また、聖霊に立ち帰るようにも呼びかけています。頭に置かれた灰は、わたしたちが塵《ちり》であり、塵に帰ることを思い起こさせます。ですが塵であるわたしたちに、神はいのちの霊を吹き込んでくださったのです。ですから塵を追いかけて、今日はあっても明日には消えてしまうようなものを追い求めて、生きることはもうできません。聖霊に、いのちの与え主のもとに帰りましょう。わたしたち灰をよみがえらせる火であるかた、愛を教えてくださる炎であるかたのもとに、戻りましょう。わたしたちは必ず塵となりますが、典礼の賛歌にあるように、愛に焦がれた塵なのです。聖霊に祈ることへと立ち帰りましょう。嘆きとあきらめの灰を焼き尽くす、賛美の炎を再度見いだしましょう。

兄弟姉妹の皆さん。わたしたちが神のもとに帰る旅ができるのは、神がわたしたちのもとに来てくださる旅があったからにほかなりません。それがなければ不可能なのです。わたしたちが神のもとに向かうより前に、神がわたしたちのもとに来てくださったのです。わたしたちに先立って、神はわたしたちに会いに来られたのです。わたしたちのために、神はわたしたちが想像するよりも、はるかにご自分を低い者となさり、罪となさり、死となさったのです。聖パウロはこういって思い出させてくれます。「罪と何のかかわりもないかたを、神はわたしたちのために罪となさいました」（二コリント5・21）。わたしたちを見捨てるのではなく旅路に寄り添うために、神はわたしたちの罪と死に至るまで身を低くなさり、罪に触れ、死に触れてくださいました。ですからわたしたちの旅は、手を取っていただくということです。わたしたちに帰ってきなさいと呼んでおられる御父は、家を出てわたしたちを捜しに来るかたです。わたしたちをいやす主は、十字架上で苦しみを担われたかたです。わたしたちの生き方を変えてくださる聖霊は、塵であるわたしたちに力強く優しく息を吹き込んでくださるかたです。

これこそ、使徒が懇願していることです。「神と和解させていただきなさい」（同20節）。和解させていただきなさい。この旅は、わたしたちの力によるものではありません。自力で神と和解できる人はいません。だれもできません。心からの回心には、それを表す行為や実践が伴い、神の働きを優先するところから始めてのみ可能となります。能力や功績をひけらかすのではなく、神の恵みを受け入れることで、神のもとに帰ることができるのです。恵みによって救われるのです。救いはただただ恵みであり、百パーセント無償です。イエスは、福音書ではっきりといっておられます。わたしたちを正しい者とするのは、人に対して行う義ではなく、御父との偽りのないかかわりです。神への帰還は、神を必要とし、あわれみを必要とし、神の恵みを必要とする自分に気づくところから始まります。それが、正しい道、謙遜の道です。助けが必要だと自覚しているのか、自分の力だけで十分だと思っているのか――。

今日、わたしたちはこうべを垂れて灰を受けます。聖週間の終わりには、さらに身を低くして、兄弟姉妹の足を洗います。四旬節は、心の内でも他に対しても、謙虚に身を低くする時です。救いは栄光へと駆け上ることではなく、愛ゆえに身を低くすることだと理解する時です。わたしたちが小さくなる時です。この旅路で道を見失わないよう、イエスの十字架の前に身を置きましょう。十字架は、神の沈黙の座です。イエスの傷について、イエスがそのままに天に上り、執り成しの祈りの中で日々御父に見せておられるその傷について、わたしたちも毎日思い巡らしましょう。イエスの傷を、毎日思い巡らしましょう。その釘跡にわたしたちが見るのは、自分の空虚さ、欠点、罪の傷、自分を苦しめた殴打です。ですがまさにそこに、わたしたちに対して指を指すのではなく、両手を広げておられる神をも見ているのです。その傷口はわたしたちのために開いたものであり、その傷を通してわたしたちはいやしを得たのです（一ペトロ2・25、イザヤ53・5参照）。その傷に口づけしましょう。そうすれば、まさにそこで、人生でもっとも苦しかった傷の中で、神がその無限のあわれみをもってわたしたちを待っておられると理解できます。わたしたちのもっとも脆弱《ぜいじゃく》な場所、もっとも恥じる場所、まさにその場所において、神はわたしたちに会いに来てくださったからです。わたしたちに会いに来てくださった神は今、ご自分のもとに帰るよう、愛される喜びをもう一度味わうようにと、わたしたちを呼んでおられます。

二月十七日（水）午前九時半からサンピエトロ大聖堂で行われた、灰の式を伴うミサの説教（原文イタリア語）。伝統的に灰の水曜日のミサは、夕刻にアヴェンティーノの丘にあるサンタ・サビーナ聖堂でささげられ、ミサの前には近くのサント・アンセルモ教会からの悔悛の行列が行われるが、この年には新型コロナウイルス感染拡大予防措置として行列は行われなかった。ミサは、サンピエトロ大聖堂の最奥にあるペトロの司教座祭壇で、百二十人ほどの参加者とともにささげられた。灰の式は、一月十二日付で典礼秘跡省が出したガイドラインに沿って執り行われた。推奨されたマスク着用については、教皇を除き、共同司式者も会衆もこれに従った。

荒野の誘惑

愛する兄弟姉妹の皆さん、こんにちは。

先週の水曜日、悔い改めのしるしである灰の式をもって、わたしたちの四旬節の旅が始まりました。典礼の季節の最初の主日である今日、みことばは、復活祭という年に一度の祭儀までの四十日間を実り豊かに過ごすための道を示しています。イエスが歩まれた道とは、教えを説く前に、荒れ野に四十日間とどまり、そこでサタンから誘惑を受けたと、マルコの本質を捉えた表現によって福音書が伝え、要約しているものです（1・12―15参照）。福音記者は、「〝霊〟はイエスを荒れ野に送り出した」（12節）と強調しています。ヨルダン川でヨハネから洗礼を受けるとすぐに、聖霊がイエスのもとに降《くだ》りましたが、その同じ霊が、今度はイエスを荒れ野に導き、誘惑に遭わせ、サタンと闘わせます。イエスの存在のすべてが、ご自分に活力を吹き込み、鼓舞し、導く、神の霊のしるしのもとにあります。

さて、荒れ野について考えてみましょう。聖書の中でとても重要な、この象徴的な自然環境について、少し考えてみましょう。荒れ野は、神が人間の心に語りかける場所、祈りへの応答がほとばしる場です。つまり、心が他のものから隔絶された、孤独という荒れ野で、その孤独の中で、神のことばに開かれます。しかしそこは、試練と誘惑の場でもあります。誘惑者である悪魔が、人間の弱みと欲につけ込み、悪魔の偽りの声、神の声に代わる声、別の道に、別の偽りの道にあなたの目を向けさせる別の声を吹き込む場所です。誘惑者がそそのかしているのです。実際、イエスと悪魔の闘いは、荒れ野で過ごした四十日間に始まり、受難と十字架刑で終わります。イエスの宣教活動全体が、病者をいやし、悪霊を追い払い、罪をゆるすといった、さまざまなかたちを取った、悪魔との闘いです。イエスが、神の力をもって語り、わざを行っていることを示した最初の段階を経て、神の御子が拒否され、捨てられ、ついには捕らえられて死刑に処せられると、悪魔が優勢となったかのように見えます。勝者はサタンであるかのようです。実は、死こそがサタンを決定的に打ちのめし、わたしたちすべてをサタンの支配から解放するために通られる最後の「荒野」なのです。そうしてイエスは、復活において勝利するべく、死という荒れ野において勝利されたのです。

毎年、四旬節が始まるたびに、イエスの荒れ野での誘惑を記したこの福音箇所は、キリスト者の生活は、主の道に続くもので、悪霊との闘いであることを思い起こさせます。この箇所は、イエスが進んで誘惑者に立ち向い、打ち勝ったことを伝えるとともに、悪魔は誘惑によって、わたしたちにも働きうるということにも気づかせてくれます。わたしたちの永遠の断罪、わたしたちの過ちを望んでいる、この抜け目のない敵の存在に気をつけなければなりませんし、悪魔から身を守り、これと闘うために備えなければなりません。神の恵みは、信仰と祈りと悔悛があれば、この敵に勝利できることを約束しています。ここで一つ、強調したいことがあります。イエスは、誘惑を受けている間、決して対話をしないということです。イエスは生涯、悪魔を相手には、決して対話をしませんでした。絶対にしません。悪霊に取りつかれた人からそれを追い払ったり、それを叱責したり、その狡猾さを暴いたりすることはあっても、決して対話の相手ではありません。荒れ野では、サタンが三つの提案をし、イエスが答えているので、対話をしているかに見えます。けれどもイエスは、ご自分のことばでは答えていません。神のことばで、聖書の三つの箇所を用いて答えています。わたしたちも皆、同じようにすべきです。誘惑者は近づくと、「しかし、こんなふうに考えてみてはどうでしょう、……こうしたらどうですか」といってそそのかします。エバがそうであったように、誘惑は、誘惑者との対話を通して行われます。悪魔と対話を始めたら、わたしたちは負けてしまいます。このことを頭と心にしっかり刻んでください。悪魔を相手に決して対話をしないこと、話をすることがあってはなりません。神のみことばで応じるのみです。

四旬節の間、聖霊はわたしたちをも、イエスと同様に荒れ野に入るよう駆り立てます。それは、わたしたちが思っているような物理的な場所ではなく、「わたしたちが真に回心するため」（『ローマ・ミサ典礼書（イタリア語第二版）』四旬節第一主日集会祈願B）の、静寂に包まれ、神のみことばに耳を傾ける、実存的次元の場所です。荒れ野を怖がらないでください。恐れてはなりません。自分の心を見つめるために、静かに祈る時間を増やしましょう。どうか恐れないでください。わたしたちは神の進んだ道を行くよう招かれており、洗礼の約束を新たにします。悪霊とその働きといざないをすべて退けます、という約束です。気をつけてください。敵はそこに潜み待ち伏せています。しかし、決して悪魔と対話をしてはなりません。おとめマリアの母なる執り成しにゆだねましょう。

四旬節第一主日の二月二十一日（日）正午に、教皇公邸書斎の窓から、サンピエトロ広場に集まった信者とともに行った「お告げの祈り」で、祈りの前に述べたことば（原文イタリア語)。

「お告げの祈り」の後、イタリア語で次のように述べた。

「愛する兄弟姉妹の皆さん。

ローマ市民と巡礼者の皆さんを心から歓迎します。とくにポーランドの信者の皆さん。今日わたしは、主イエスが、九十年前に聖ファウスティナ・コヴァルスカ(一九〇五―一九三八年)に出現し、神のいつくしみについての特別なメッセージを託した場所である、ポーランドのプウォツクの聖堂を思い起こしています。聖ヨハネ・パウロ二世により、このメッセージは世界中に伝えられましたが、それは死んで復活したイエス・キリスト、御父のいつくしみをわたしたちにもたらしたかたの福音にほかなりません。イエスに心を開き、信仰をもっていいましょう。「イエスよ、わたしはあなたに信頼します」」。

この日から、教皇および教皇庁の要職を務める高位聖職者らは四旬節の黙想に入った。このところ毎年、ローマ郊外のアリッチャで黙想会が行われてきたが、この年はパンデミックのために参集せず、各自で黙想を行うこととなった。

主の変容

愛する兄弟姉妹の皆さん、こんにちは。

四旬節第二主日の今日わたしたちは、山上で、弟子たちの目の前で、イエスの姿が変容したことを見つめるよう招かれています（マルコ9・2—10参照）。この場面の直前にイエスは、ご自分がエルサレムで多くの苦しみを受け、拒絶され、殺されることになっていると予告されました。そのとき、イエスの友人や親しい人、弟子たちがどう思ったかは容易に想像できます。力強い勝利者としてのメシアのイメージが覆され、彼らの夢は打ち砕かれ、信じていた師が、極悪の犯罪者として殺されることを思い、苦悩に包まれていたはずです。まさしくそうした苦しみの時に、イエスはペトロとヤコブとヨハネを呼んで、一緒に山に登られます。

「イエスは彼らを連れて、高い山に登られた」（2節参照）と、福音にはあります。聖書では、山にはつねに特別な意味があります。それは天と地が接する高い場所、モーセと預言者たちが、神と出会うという、とてつもない体験をしたところでもあります。山に登ることは、神に少しでも近づくことです。イエスは三人の弟子とともに山に登り、山頂にとどまります。その場所でイエスの姿が、弟子たちを前にして変わります。復活したかたの姿を予感させるような、まばゆい光を放つ顔と真っ白に輝く服が、おびえている三人に光を、希望の光を、闇を貫く光を放ちます。死は、もはやすべての終わりではなくなります。主の復活の栄光に開かれるからです。ですからイエスは、ご自分の死を予告し、彼らと一緒に山に登った後に起こること、つまり復活を示されるのです。

使徒ペトロが叫んだように(5節参照)、主とともに山にとどまり、四旬節の心で、この光の「予見」を味わうのはすばらしいことです。それは、主は復活し、闇が最終決定権をもったままにはなさらないということを、過酷な試練をくぐるときにこそ――試練にあるときのつらさは、多くのかたがご存じかと思います――思い出しなさいという呼びかけです。

時にわたしたちは、私生活、家庭生活、社会生活において闇の中に置かれ、そこから出られないのではないかという不安に襲われることがあります。病気、罪なき苦しみ、死の神秘といった大きな謎を前にすると、おびえてしまいます。信仰の道さえも、十字架刑の過酷さや福音の要求――自分の人生を、自分のために使い、守るのではなく、仕えるためにささげ、愛をもって投げ打つよう求めています――に、つまずくことも少なくありません。ですから、これまでとは異なる視点をもつ必要があります。いのちの神秘を深く照らす光が、自分のこれまでの考えから抜け出てこの世的な基準を越え出る助けとなる光が必要です。わたしたちもまた、山に登り、復活した主の美を見つめるよう呼びかけられています。復活したかたが、わたしたちの人生の隅々を明るく照らし、復活の勝利から始まる歴史を理解できるよう助けてくださるのです。

しかし、「わたしたちがここにいるのは、すばらしいことです」というペトロのような気持ちが、霊的な怠惰にならないよう気をつけてください。山頂にとどまって、その出会いの恵みに自分だけ浸っていてはいけないのです。イエスご自身がわたしたちをふもとへと、兄弟姉妹のもとへと、日常の生活へと連れ戻してくださいます。霊的に怠惰にならないよう気をつけなければなりません。祈り、典礼にあずかっているから大丈夫だなどと、決して思ってはなりません。そうではないのです。山に登ることは、現実を忘れることではありません。祈ることは、人生における労苦から逃れることではありません。信仰の光は、優美な霊的感動を与えるためのものではありません。違います。イエスのメッセージはそのようなものではありません。わたしたちがキリストと出会う体験へと招かれるのは、キリストの光に照らされたわたしたちが、今度はその明かりをあらゆるところに運び、輝かせるためなのです。人々の心に小さな炎をともすこと、ささやかに愛と希望をともす福音の小さなともし火となること、それこそがキリスト者の使命です。

キリストの光を驚きをもって受け、その光を守り、分かち合えるよう、至聖なるマリアがわたしたちを助けてくださるよう祈りましょう。

四旬節第二主日の二月二十八日（日）正午に、教皇公邸書斎の窓から、サンピエトロ広場に集まった信者とともに行った「お告げの祈り」で、祈りの前に述べたことば（原文イタリア語）。

「お告げの祈り」の後、イタリア語で次のように述べた。

「愛する兄弟姉妹の皆さん。

ナイジェリアの司教団に声を合わせ、同国北西部のジャングルで、三一七人の少女が学校から連れ去られるという卑劣な拉致事件を非難します。少女たちが一刻も早く家に戻れるよう祈っています。家族と、そして少女たちに心を寄せています。彼女たちを守ってくださるよう、聖母に祈りましょう。アヴェ・マリア……。

今日は、世界希少・難治性疾患の日（二月最終日）です。（広場を見渡して）おられますね。この分野に取り組んでおられる諸団体の皆さん、この広場にも来ておられる皆さんにごあいさついたします。希少疾病の場合、こうした団体が支援している、家族間の連帯ネットワークがますます重要になってきます。自分たちだけで抱え込まなくてよいよう、また経験談やアドバイスのやり取りができるよう、支援してくれます。調査活動やケアの取り組みを支持します。また、患者とご家族、とくに幼い子どもたちに心を寄せていることをお伝えしたいと思います。幼い患者たち、つらい思いをしている子どもたちに寄り添い、彼らのために祈り、子どもたちが、神の愛の温もり、優しさを感じられますように。祈りをもって、子どもたちのケアに取り組みましょう。たとえ原因不明の病だとしても、将来の見通しがよくないとしても……。こうした希少疾病のすべての患者のため、とくに苦しむ子どもたちのために祈りましょう。

ローマ市民とさまざまな国からの巡礼者の皆さんに、心よりごあいさつ申し上げます。この四旬節の間、すべての人がよい歩みができるよう願っています。皆さんに断食を勧めますが、それはお腹を減らす断食ではありません。うわさ話や悪口を断つというものです。特殊なやり方の断食です。この四旬節は、人の悪口をいわない、うわさ話に首を突っ込まない、というものです。これは、だれもができることです。皆できます。とてもいい断食です。それから、毎日福音の一節を読むことも助けになりますので、忘れないでください。ポケットや鞄に入れて小型聖書を持ち歩き、機会を見つけてそれを開き、箇所はどこでもよいので読んでください。そうすることで、主に心が開かれるのです」。

二月二十六日、ナイジェリアの女子中学校で、武装集団に三一七人の生徒が連れ去られた。同国では、武装集団による身代金目的の連れ去りが頻発しており、正確な数は分かっていないものの、二〇二〇年の被害者数は二、八〇〇人に上るとされている。

イラク司牧訪問を振り返って

愛する兄弟姉妹の皆さん、おはようございます。

先日イラクを訪問して、聖ヨハネ・パウロ二世が思い描いたことを果たす恵みを主は与えてくださいませんでした。これまで、アブラハムの地を訪れた教皇はいませんでした。神のみ摂理は、長年にわたる紛争とテロが続く中、また悲惨なパンデミックの最中に、希望のしるしとしてこの訪問が実現することを望まれたのです。

訪問を終え、感謝の気持ちで胸がいっぱいです。神と、この訪問の実現に尽力してくださったすべての皆さんに感謝します。イラクの大統領と政府当局、この国の主教と司教たち、諸教会の聖職者と信者の皆さん、大アヤトラのアリ・アルシスタニ師（訳注：シーア派イスラームの最高位聖職者）はじめ諸宗教代表者のかたがた、皆さんに心から感謝します。アリ・アルシスタニ師とは、ナジャフのご自宅で忘れがたい会談を行いました。

わたしは、この旅には贖罪的意味合いがあると感じていました。カトリック教会の名のもと、この身に、彼らが何年も担わされてきた重い十字架を、カラコシュの町の入り口に立つ十字架のような大きな十字架を背負うことなしには、あのひどい苦しみを負った人々に、あの迫害を受けた教会に、近づくことはできないと思っていました。いまだいえない破壊の傷跡を目にし、また、暴力、迫害、避難生活を生き延びた人々に会い、彼らの話を聞くにつれ、その思いは痛切に深まりました。けれども同時に、わたしを取り囲む、キリストの使者を迎える喜びにも触れることができました。また、この訪問のモットーとなったイエスのことば、「あなたがたは皆兄弟なのだ」（マタイ23・8）に集約されている、兄弟愛と平和の地平へと開く希望を感じました。この希望を、大統領のスピーチからも感じましたし、交わした多くのあいさつのことばや証言からも、人々の歌や姿からも感じました。若者の輝く顔からも、お年寄りの明哲なまなざしからも、その希望が伝わってきました。人々はわたしが来るのを五時間も立ったまま待っていました。子どもを抱いた女性もいました。その目に希望をたたえ、待っていてくれました。

イラクの人々には、平和に暮らす権利があります。自分たちのものである尊厳を、取り戻す権利があります。彼らの宗教と文化のルーツは、何千年も前にさかのぼります。メソポタミアは文明の揺籃《ようらん》の地です。バグダッドは、歴史を通して非常に重要な都市であり、何世紀にもわたって世界でもっとも豊富に文書資料を所蔵してきました。それらを破壊したのは何でしょうか。戦争です。戦争はいつだって怪物です。時代によってその姿を変えつつも、人類を食い尽くし続ける怪物です。しかし、戦争の解決策は、別の戦争ではありません。武器への対処法は、別の武器ではありません。わたしは考えています。テロリストに武器を売ってきたのはだれなのか、テロリストに今日武器を売るのはだれなのか、別の地域で、たとえばアフリカで、虐殺を行っているのはだれなのか。どなたかこの質問に答えていただきたいものです。解決策は戦争ではなく、兄弟愛です。これは、イラクだけの挑戦ではなく、多くの紛争地域の挑戦であり、究極的には全世界にとっての挑戦です。兄弟愛です。わたしたちの間に兄弟愛をはぐくむことができるでしょうか。兄弟姉妹の文化を築けるでしょうか。それとも、カインが始めた論理で争い続けるのでしょうか。肝心なのは友愛、兄弟愛です。

そのために、わたしたちは、キリスト者、ムスリム、そして諸宗教代表者で、約四千年前にアブラハムが神の呼びかけを受けた地であるウルに集まり、ともに祈りをささげました。アブラハムは、わたしたちの信仰の父です。子孫をお与えになると約束された神の声に従い、すべてを捨てて出発したからです。神はご自分の約束に忠実でおられ、今日もなお、わたしたちの平和の道を導いておられます。まなざしを天に向けつつ、地上を歩む者たちの足取りを導いておられます。そしてウルで、明るい空、わたしたちの父祖アブラハムが、子孫であるわたしたちを見下ろしているその空の下に集うと、あのことばが再びわたしたちの心に響いた気がしました。――あなたがたは皆兄弟なのだ。

バグダッド市内の、シリア典礼カトリック教会のカテドラルで行われた教会関係者の集いから、兄弟愛のメッセージが生まれました。そのカテドラルでは二〇一〇年、ミサが執り行われている最中に、二人の司祭を含む四八人が殺害されています。イラクの教会は殉教者の教会です。そして、殉教者の記憶が石に刻まれたその聖堂には、集えたことの喜びが響いていました。彼らの中にいるという夢のようなわたしの思いと、自分たちのもとに教皇を迎えるという彼らの喜びとが溶け合っていました。

わたしたちは、古代ニネベの遺跡近くの、チグリス川沿いの町モスルとカラコシュから、兄弟愛のメッセージを発信しました。過激派組織ＩＳＩＳに占領され、さまざまな教派の多くのキリスト教徒や、ヤズィディー教徒をはじめとする迫害を受けた少数民族を含め、数えきれないほどの住民が避難を余儀なくされました（訳注：カラコシュは人口五万人のうち九割がキリスト教徒という、同国最大のキリスト教都市だった。二〇一四年にＩＳＩＳに掌握された際、キリスト教徒約四・五万人が着の身着のままで町から追放された。二〇一六年に解放されるまで、多くのキリスト教徒が殺害され、教会施設、十字架、聖像や聖書等が破壊された。復興や住人帰還の道のりは遠く、現在の人口はおよそ三・五万人）。これらの都市の古くからのアイデンティティは台なしにされました。今、懸命に復興が進められています。ムスリムはキリスト教徒に帰還を呼びかけ、力を合わせて教会やモスクを修復しています。これこそが兄弟愛です。どうか、懸命に努力しているわたしたちの兄弟姉妹のために、彼らが新たにやり直す力を得られますよう祈り続けてください。また、国外に避難したイラクの人々のことを思い、彼らにこう伝えたいと思います。皆さんは、アブラハムのようにすべてを捨てました。ですからどうか、アブラハムのように、信仰と希望を持ち続けてください。どこにいても、友愛と兄弟愛の作り手となってください。そして戻れるようになったら、どうか帰って来てください。

二つのミサからも、兄弟愛のメッセージが伝えられました。バグダッドでのカルデア典礼のミサ、そしてアルビルでのミサです。アルビルでは、当地（訳注：クルド人自治区）の大統領と首相、政府の皆さん――受け入れてくださったことを深く感謝しています――、そして人々から歓迎を受けました。アブラハムとその子孫の希望は、御子イエスにおいて祝う神秘の中で実現しました。父なる神が、惜しむことなく、すべての者を救うためにも与えてくださったかたです。イエスはその死と復活により、約束の地への道を、涙が乾き、傷がいえ、兄弟姉妹が和解する、新しいいのちへの道を開いてくださったのです。

愛する皆さん。この歴史的な訪問を実現させてくださった神を賛美し、この国のため、そして中東のために祈り続けましょう。イラクでは、破壊と兵器の轟音の中でも、ナツメヤシの木は育ち、実を結び続けています。ナツメヤシは国のシンボルであり、この国の希望の象徴でもあります。兄弟愛も同じです。ナツメヤシの実のように、音を立てることなく、実をつけ、大きくなるものです。平和そのものである神が、兄弟愛にあふれる未来を、イラクに、中東に、そして世界中に与えてくださいますように。

三月十日（水）午前九時十五分から、教皇公邸書斎内からのライブ配信にて行った一般謁見での講話（原文イタリア語）。イラク司牧訪問（三月五—八日）を振り返った。ローマ教皇によるイラク訪問は史上初。教皇の国外訪問はパンデミック禍のため延期や中止が続き、タイと日本への訪問（二〇一九年十一月末）以来のこととなった。

中東にあるイラク共和国は、人口約四千万人のうち、九五パーセントをムスリムが占め、次いでキリスト教徒とヤズィディー教徒がそれぞれ一・二五パーセント、残りがヒンドゥー教徒やその他である。キリスト教の最大教派はローマ・カトリックで、カルデア典礼、シリア典礼、アルメニア典礼、ラテン典礼、メルキト典礼によって構成されている。第一次世界大戦でイギリスの占領下に置かれたが、一九三二年に王国として独立、一九五八年の軍事クーデター後に共和制が敷かれた。一九七九年からはサダム・フセインによる独裁体制となるが、二〇〇一年の米国同時多発テロ後にテロ支援国家と名指しされ、大量破壊兵器の廃棄を名目とした米軍の攻撃を受けて二〇〇五年にフセインは失脚。それに伴い、国民投票による政府が樹立し、民主制が敷かれた。しかしながらその後も、宗派間闘争、イスラム過激派勢力ＩＳＩＬなどの台頭により、安定しているとはいえない状況が続いている。

聖ヨハネ・パウロ二世教皇は、二〇〇〇年の大聖年の前年に、イラク訪問の強い意向を明かした。イラク政府からの正式な招待もあり、一九九九年十二月二日から五日という具体的な日程も公表され、国連も一時的に同国を飛行禁止区域から除外することを約束していた。しかし懸念を表明していたアメリカに配慮して、イラク側の準備も遅延気味になったことで、最終的に訪問は見送られた。大聖年が明けてすぐに、教皇の名代として二名のフランス人司祭がイラクを訪問している。

イエスのもたらす喜び

愛する兄弟姉妹の皆さん、こんにちは。

四旬節第四主日の今日のエウカリスチアの典礼（感謝の祭儀）は、「エルサレム……、喜び祝え……」（イザヤ66・10参照）という呼びかけで始まります。どうして喜ぶのでしょう。四旬節の最中に、なぜそのように喜ぶのでしょう。今日の福音はこう告げています。「神は、その独り子をお与えになったほどに、世を愛された。独り子を信じる者が一人も滅びないで、永遠のいのちを得るためである」（ヨハネ3・16）。この喜びの知らせは、キリスト者の信仰の核心です。神の愛は、弱く罪深い人間に独り子をお与えになることにより頂点に達しました。神はわたしたちに、わたしたちすべてに、御子をお与えになったのです。

これは、ある夜に交わされたイエスとニコデモの会話にあるもので、同じ福音書の一節に記されています（ヨハネ3・14―21参照）。ニコデモは、イスラエルの人々が皆そうであったように、権能をもって世を裁く強いメシアを待ち望んでいました。しかし、イエスは三つの姿でご自分を示すことにより、その期待を裏切ります。十字架に上げられる人の子という姿、救済のために世に遣わされた神の子の姿、そして真理に従う者と嘘に従う者とを分ける光としての姿です。この三つの姿について考えてみましょう。人の子、神の子、そして光です。

イエスはまず、ご自分を人の子として示されます（14―15節）。この箇所は、民が毒蛇に襲われたときに、モーセがみ旨に従い、荒れ野で掲げた青銅の蛇（民数記21・4―9参照）を想起させます。蛇にかまれた者は、その青銅の蛇を仰ぐと救われました。同じように、イエスは十字架に掲げられ、イエスを信じる人は罪から救われ、いのちを得るのです。

次に神の子の姿です（16―18節参照）。御父である神は、独り子を「お与えになる」ほどに人間を愛しておられます。受肉によって御子を与え、死に渡されることを通して御子を与えてくださいました。人が永遠のいのちを得るために、神がお与えになったのです。実際、神が独り子をこの世にお遣わしになったのは、世を断罪するためではなく、イエスによって世が救われるためです。イエスの宣教《ミッション》は救済の使命《ミッション》です。すべての人を救うことです。

イエスがご自分に与えた三つ目の名は、「光」です（19―21節参照）。福音はこう告げています。「光が世に来たのに、人々はその行いが悪いので、光よりも闇のほうを好んだ。それが、もう裁きになっている」（19節）。この世にイエスが来られたことにより、一つの選択が生じます。闇を選ぶ人は、有罪の裁きを受け、光を選ぶ人は、救いの裁きを受けます。裁きはつねに、各人の自由な選択の結果として下されます。悪い行いをする人は闇を求めます。悪はいつも身を潜め、自らを隠しています。真理を行う人、つまり善を行う人は、光へと向かい、いのちの道を照らします。光の中を歩む人、光に向かっていく人は、よい行いをせずにはいられません。光は、よい行いをするようわたしたちを導くからです。わたしたちが四旬節の間に尽力するよう求められているのは、良心の中に光を受け入れること、そして、神の永遠の愛に、優しさといつくしみに満ちた神のあわれみに、神のゆるしに、心を開くことです。謙虚にゆるしを請うなら、神は必ず、間違いなくゆるしてくださることを、どうか忘れないでください。ゆるしを請うだけで十分です。そうすれば、神はゆるしてくださいます。そうして、わたしたちは真の喜びを味わうのです。生まれ変わらせ、いのちを新たにしてくださる神からのゆるしを、喜ぶことができるのです。

イエスがわたしたちを「危機に陥っている」ままになさるのではないかと恐れるこ

とのないよう、至聖なるマリアが助けてくださいますように。それは、わたしたちのためになる健全な危機で、わたしたちが改めるため、喜びに満たされるためにあるのです。

四旬節第四主日の三月十四日（日）正午に、教皇公邸書斎の窓から、サンピエトロ広場に集まった信者とともに行った「お告げの祈り」で、祈りの前に述べたことば（原文イタリア語）。

「お告げの祈り」の後、イタリア語で次のように述べた。

「愛する兄弟姉妹の皆さん。

十年前、シリアで血みどろの紛争が始まり、現代でもっとも深刻な人道危機の一つを引き起こしました。数を確定できないほど膨大な死者と負傷者、何百万もの避難民、数千人に上る行方不明者、破壊、ありとあらゆる暴力、全国民、なかでも子ども、女性、高齢者のようなもっとも弱い人々に及んだはかりしれない苦しみ――。紛争にかかわるすべての人に対し、もう一度心から訴えます。苦しみに疲弊しきった国民に希望の光が射すよう、善意のしるしを示してほしいのです。同時に、国際社会による、建設的で連帯ある、決定的で新たな取り組みを願います。武器を置き、その後に社会基盤を修復し、復興を開始し、経済を回復させていく取り組みです。主に祈りましょう。愛するシリアの、拷問のような苦しみを受けたシリアの、おびただしい苦しみが、忘れ去られてしまいませんように。わたしたちの連帯が、希望をよみがえらせることができますように。わたしたちの愛する、苦しみに苛まれるシリアのために、ご一緒に祈りましょう。アヴェ・マリア……。

『愛のよろこび』家庭年が、この金曜日、三月十九日の聖ヨセフの祭日から始まります。この年は、家族の愛を深めるための特別年です。教会と社会からの関心を家庭に集めるための、新たな、そして創造的な司牧への情熱を求めます。それぞれの家庭が、自分たちの家にナザレの聖家族が生き生きと息づくことを実感できるよう祈っています。また聖家族が、わたしたちの小さな家庭共同体を誠実で寛大な愛で満たし、その愛が試練や苦境にあっても喜びの源となりますように。

愛するローマ市民と愛する巡礼者の皆さん、心よりごあいさついたします。そしてとくに、フィリピンへの宣教五百年を祝うために来られた、大勢のフィリピン人の皆さんにごあいさつ申し上げます。おめでとうございます。福音の喜びを携え、宣教を続けてください」。

この日の翌日、民主化を求める市民革命、アラブの春に始まるシリア内戦勃発から十年を迎えた。初期はデモやハンガーストライキなどの市民運動が中心で、戦闘は反政府派勢力の民兵と政府軍の衝突が中心だったが、反政府勢力間での戦争や、混乱に乗じた過激派組織による勢力拡大のための参戦などに加え、独裁政権打倒と過激派組織掃討のためにアメリカやフランスなどの多国籍軍と、政府軍を支援するロシアやイランも大規模軍事活動を展開し、双方の複数勢力に大国を含む国々が資金援助や軍事援助を続け、泥沼の様相を呈している。

無差別に市民を巻き込む大規模空爆、クラスター爆弾、生物化学兵器の使用も指摘されている。死者数の推計を国連は中止しており、シリアの人権監視団は四十九万人と推計している（二〇二一年六月時点）。二〇二一年十一月時点で国内避難民は約六七〇万人、周辺諸国への難民は五七〇万人とされ、今世紀最大の人道危機といわれる状況が続いている。

『愛のよろこび』家庭年は、使徒的勧告『愛のよろこび』（*Amoris laetitia*、二〇一六年三月十九日）の公布五周年を記念し、二〇二一年三月十九日から二〇二二年六月二十六日（ローマで開催の第十回世界家庭大会の閉幕）にかけて開催された。パンデミックの終息が見えない中にあり、教皇庁からは、『愛のよろこび』の各章を教皇自身が十回に分けて解説するビデオや、障害を抱えた人の信仰体験を伝えるビデオなどのデジタル資料が提供された。

教皇はこの日の午前、サンピエトロ大聖堂で、フィリピン宣教五〇〇年を記念したミサを、福音宣教省長官で同国出身のアントニオ・タグレ枢機卿との共同司式でささげた。ミサには、新型コロナ感染拡大予防措置で百人ほどに制限されたものの、ローマ在住のフィリピン人共同体も参加した。

キリストの十字架

愛する兄弟姉妹の皆さん、こんにちは。

四旬節第五主日である今日の典礼は、聖ヨハネが、キリストの生涯の最後の日々、受難の少し前に起きた出来事を伝える福音箇所を読み上げます（ヨハネ12・20―33参照）。イエスが過越祭にエルサレムにおられると、イエスがなさっておられたことに興味をもった何人かのギリシア人が、イエスに会いたいと言い出します。使徒フィリポのもとに来て、「お願いです。イエスにお目にかかりたいのです」（21節）と頼みます。「イエスにお目にかかりたいのです」。この願望を忘れないようにしましょう。「イエスにお目にかかりたい」。フィリポはアンデレに話し、二人は連れ立って、師なるイエスにそのことを伝えます。このギリシア人たちの要望には、どの地でも、どの時代でも、多くの人が、教会に、そしてわたしたち一人ひとりに求めている要求が垣間見られます。「イエスにお目にかかりたいのです」。

　そしてイエスは、この要望にどうおこたえになったのでしょう。それは、ある意味、分かりやすいものではありません。イエスはこういわれます。「人の子が栄光を受ける時が来た。……一粒の麦は、地に落ちて死ななければ、一粒のままである。だが、死ねば、多くの実を結ぶ」（23―24節）。このことばは、ギリシア人たちが伝えた要求にはこたえていないかのようです。実に、その先にまで及んでいます。イエスは、ご自分を探し求めるすべての人にとって、ご自身こそが、多くの実を結ぶために死の覚悟ができた、埋められている種であることを明らかにされます。まるでこういっておられるかのようです。わたしのことが知りたいなら、わたしを理解したいなら、土の中で死んだ一粒の麦を見なさい。十字架を見なさい。

　幾世紀もの間、キリスト者の最大のシンボルであり続けている十字架を思い浮かべます。今日でも、キリスト教があまり知られていない国や文化圏に生まれ、「キリストを見てみたい」と望む人が、最初に目にするものは何でしょうか。彼らがもっともよく見るマークは何でしょうか。磔刑《たっけい》像、十字架です。教会にも、信者の家にもありますし、人が身に着けていることもあります。大切なことは、このマークが福音と一致しているということです。十字架はひたすら、愛を、奉仕を、惜しみなく自分を差し出すことを表しています。そうして初めて、十字架は真に「いのちの木」、豊かないのちの木となるのです。

今日でも、多くの人が、口には出さなくても、心の中で「イエスを見てみたい」、イエスに会いたい、イエスを知りたいと思っています。そこから、わたしたちキリスト者と、わたしたちの共同体が担う大きな責任が分かります。わたしたちもまた、奉仕する生き方、神の流儀——近しさ、あわれみ、優しさ——を身に着け、自らをささげて尽くすという生き方をあかしすることで、その願いにこたえなければなりません。はかなく消えることばではなく、具体的で、飾らない、勇気にあふれる模範をもって、また、理論での断罪ではなく愛の行いをもって、愛の種を蒔《ま》くということです。そうすれば主は、恵みによって、わたしたちに豊かな実を結ばせてくださいます。たとえ畑が、無理解、苦難、迫害、あるいは律法主義的な主張、聖職者主義的倫理観によって干からびてしまっても——不毛の地であっても——、実を結ばせてくださいます。試練や孤独に直面し、種が死ぬ時こそ、やがて熟した実を結ぶために、いのちが花開く瞬間なのです。死といのちの交錯する中でこそ、愛がもたらす喜びと真の実りを味わうことができます。何度もいいますが、それはつねに、近しさ、あわれみ、優しさという、神の流儀によってもたらされます。

おとめマリアに願います。わたしたちがイエスに従い、奉仕の道を力強く喜びをもって歩めるよう助けてください。そうしてキリストの愛が、わたしたちの取る態度一つ一つの中で輝き、キリストの愛がわたしたちの日常の流儀としてますます確立していきますように。

四旬節第五主日の三月二十一日（日）正午、バチカン市国の新型コロナ感染拡大予防策に従い、再び教皇公邸書斎内からのライブ配信にて行われることになった「お告げの祈り」で、祈りの前に述べたことば（原文イタリア語）。

「お告げの祈り」の後、イタリア語で次のように呼びかけた。

「愛する兄弟姉妹の皆さん。

イタリアは今日、マフィアによる無辜の犠牲者をしのび、追悼と決意を新たにする日です。マフィアは世界各地に存在し、パンデミックを悪用し、不正行為によって金儲けをしています。聖ヨハネ・パウロ二世は彼らを「死の文化」と非難し、またベネディクト十六世は「死の道」と断罪しました。こうした罪の組織、マフィア組織は、キリストの福音の対局にあり、信仰を偶像崇拝に置き換えています。今日、すべての犠牲者を追悼し、反マフィアの決意を新たにしましょう。

明日は、神からのすばらしい、かけがえのない贈り物である水の価値について考えるよう呼びかける「世界水の日」です。わたしたち信者にとって、「姉妹である水」は物品ではありません。いのちと健康の普遍のシンボルであり、それらの源です。あまりに多くの兄弟姉妹が、非常に、非常にたくさんの人が、ごくごくわずかの水にしかアクセスできずにいますし、できたとしても、それが汚染水だという状況にあります。すべての人に飲み水と衛生設備（トイレ）を保証する必要があります。この非常に重要な目的のために、種々の専門技術によって、責任をもって働いているかたがたに感謝し、エールを送ります。たとえば思い浮かぶのが、わたしの祖国（アルゼンチン）にある「水の大学」のことで、水問題についての活動や、水の大切さの理解増進に当たる人々のことです。この「水の大学」で活動するアルゼンチンの皆さんに、心から感謝しています」。

イタリアでは、反マフィア団体リベラ（Liebera）が、一九九六年より三月二十一日に組織犯罪被害者を追悼してきた。二〇一七年より、この日は国の記念日として制定された。

アルゼンチンを本拠地とする「水の大学」（Universidad del Agua）は、非営利で活動する民間のフォーラム。

受難の主日ミサ説教

毎年、この典礼は、わたしたちに驚きをもたらします。エルサレムに来られるイエスを迎える喜びが、死刑を言い渡されて十字架に架けられるイエスを目の当たりにする悲しみへと一変するからです。聖週間の間中、その驚きは続きます。では、その驚きの中に分け入ってみましょう。

最初から、イエスはわたしたちを驚かせます。イエスの民はそのかたを盛大に迎えますが、イエスは小さなろばの子に乗ってエルサレムに入られます。群衆は、過越祭に力ある解放者が来ると期待していますが、イエスはご自分をいけにえにすることで過越をなし遂げるために来られます。群衆は剣《つるぎ》でローマ人に打ち勝つことを望みますが、イエスは十字架によって神の勝利を祝うために来られます。ほんの数日の間に、「ホサナ」と歓声を上げていた姿から、「十字架につけろ」と叫ぶ姿へと変わっていった群衆に、何が起こったのでしょう。何があったのでしょうか。彼らは、メシアその人ではなく、メシアのイメージを追っています。彼らはイエスを称賛しましたが、イエスに驚かされはしませんでした。驚きは称賛とは別物です。称賛は、自分の好みや期待が反映されるので世俗的になりえます。一方、驚きは、他なるものやその新しさに対して、むき出しの状態です。今日でも、イエスを称賛する人は大勢います。すばらしいことをお話しになったから、愛を行ったから、ゆるしを行ったから、その模範が歴史を変えたから、などといって称賛するのです。そうした人々は、イエスを称賛はしても、自分の生き方は変わりません。イエスを称賛するだけでは十分ではないのです。イエスの道をイエスに従って歩むこと、イエスに問いただされるようにすること、称賛から驚きへと転じることが必要なのです。

主とその過越において、もっとも驚かされる点は何でしょうか。辱められることによって栄光に入られるということです。イエスは、苦しみと死という、称賛や成功の亡者であるわたしたちには避けたいと思うものを、受け入れることによって勝利しておられます。聖パウロが記しているように、イエスは「かえって自分を無にして、……へりくだって」（フィリピ2・7、8）おられました。全能であるかたが無になられるのを目の当たりにすること――、それは驚きです。すべてを知っておられる、ことばであられるかたが、十字架の座で沈黙を通してわたしたちに教えておられるのを見ること。王の中の王が、処刑台を王座とされたのを目撃すること。すべてを治められる神が、何もかもはぎ取られるのを目にすること。栄誉ではなく、茨《いばら》でできた冠をつけられているのを目にすること。人となられたいつくしみが、侮辱され踏みにじられているのを目の当たりにすること、それは驚きです。どうして、そのように辱められたのでしょうか。主よ、どうしてあなたは、それらすべてがなされるままに任せたのですか。

イエスがそうされたのは、わたしたちのため、わたしたち人間の現実に余すところなく触れるために、わたしたちの存在のすべてを、わたしたちの悪のすべてを通るためです。わたしたちに近づき、わたしたちを痛みや死の中に置き去りにしないためです。わたしたちを回復させ、わたしたちを救うためです。イエスは、わたしたちの苦しみにまで下るために、十字架上に高く上げられます。イエスは、挫折、すべての人からの拒絶、友からの裏切り、神からさえも見捨てられるという、わたしたちにとって最悪の状態に身を置かれます。イエスはご自分の肉をもって、わたしたちの引き裂かれるような苦しみを味わい尽くし、そうしてそれらをあがない、変えてくださいます。イエスの愛は、わたしたちの弱さに近づき、わたしたちがもっとも恥じているところに達しています。そして今、わたしたちはもう、独りではないと分かります。神は、傷の一つ一つにあって、それぞれの恐怖にあって、わたしたちに寄り添っておられます。どんな悪にも、どんな罪にも決定的な力はありません。神は勝利されますが、勝利をたたえる棕櫚《しゅろ》の枝は、十字架の木を通過します。ですから、棕櫚の枝と十字架は切り離せないのです。

驚く恵みを願い求めましょう。驚きがなければ、キリスト者の生活はぼんやりしてしまいます。わたしたちをゆるしてくださり、再びやり直させてくださる、そんな胸を突くようなイエスの愛に日々はっとさせられることなく、イエスと出会った喜びをあかしすることなど、どうしてできるでしょうか。信仰がその驚きを失えば、鈍いものになります。信仰は恵みのすばらしさを感じられなくなり、いのちのパンやみことばの味も分からなくなり、兄弟姉妹の美や被造物という贈り物にも鈍感になります。そして、律法主義や聖職者至上主義など、マタイによる福音書の23章でイエスが非難しておられる、そうしたあらゆるものに逃げ込むしかなくなるのです。

この聖週間の間、驚く恵みを受けるために、十字架を仰ぎ見ましょう。アッシジの聖フランシスコは磔刑像を見つめながら、仲間の兄弟たちが泣いていないことに驚きました。わたしたちはどうでしょうか。今も神の愛に心を揺り動かされているでしょうか。主のみ前にあって、なぜもう驚けないのでしょうか。どうしてなのでしょうか。おそらく、慣れてしまって、わたしたちの信仰が鈍感になったからなのでしょう。おそらく、後悔の念にとらわれ、不満によって身動きができなくなっているからなのでしょう。おそらく、何もかも信じられなくなって、自分は思い違いをしたとさえ思うようになったからなのでしょう。ですが、こうした「おそらく」の背後には、驚く恵みをくださるかた、聖霊がお与えになるものに心を開いていないという事実があるのかもしれません。

さあ、驚くことから始めましょう。十字架上のイエスを見つめて、こういいましょう。「主よ、あなたがこれほどにわたしを愛しておられるとは！　あなたにとってわたしは、こんなにも大切な存在なのですね」。イエスによって驚かされましょう。そうすれば、やり直すことができます。人生の価値は、所有物や獲得した地位によって決まるのではなく、愛されている存在だという気づきにあるからです。人生の価値は、自分は愛されている存在だという発見です。人生の価値は、まさに愛の美にあります。十字架につけられたイエスに、わたしたちは卑しめられた神、ごみ屑《くず》のように切り捨てられた全能の神を見ます。そして驚く恵みを得られるならば、切り捨てられた人を迎え入れるとき、尊厳を奪われた暮らしをする人に近づくとき、自分はイエスに愛を行っているのだと気づきます。主は、もっとも小さくされた人々の中に、拒絶された人々の中に、ファリサイ派的なわたしたちの文化が断罪する人々の中におられるからです。

今日の福音は、イエスが息を引き取られた直後に、最高峰の驚きのイコンを明らかにしています。それは、「イエスがこのように息を引き取られたのを見て、「本当に、この人は神の子だった」といった」（マルコ15・39）百人隊長の場面です。彼は、愛に驚かされました。彼は、どのようにイエスの死を見たのでしょう。愛のために死ぬ姿を見、それに驚かされたのです。イエスは苦しみ果てても、なおも愛し続けました。そこに、死さえも愛で満たされる神を前にしての驚きがあるのです。無償の、かつてないこの愛に、異教徒であった百人隊長は、神を見いだすのです。本当に、この人は神の子だった――。このことばが、主の受難を締めくくります。福音書で彼より先に登場した大勢の人は、奇跡や不思議なわざを行ったことでイエスを称賛し、神の子だと認めました。ところがイエスは、それについて口にしないよう彼らにいわれていました。強くて恐ろしいかたとして、あがめられ畏敬を受ける神という考えによって、世俗的な称賛に終わってしまう危険があったからです。もう、それはありません。十字架のもとに誤解はありません。神はご自身を明らかにされ、愛という、無防備で相手に敵意を抱かせない力によってのみ、治めておられるのです。

兄弟姉妹の皆さん。神は今も、わたしたちの頭と心を驚かせておられます。十字架に架けられた主を見つめながら、驚きに浸りましょう。そしてわたしたちもいいましょう。「あなたは本当に神の子です。あなたこそわたしの神です」。

三月二十八日（日）午前十時半から、サンピエトロ大聖堂内のペトロの司教座祭壇でささげられた、受難の主日（枝の主日）のミサでの説教（原文イタリア語）。

バチカンは、新型コロナ感染拡大予防基準に照らし、聖週間の典礼は、参加人数を制限して執り行うことを発表していた。

前年まで三十四年の間、受難の主日に祝われてきた世界青年の日は、この年より、王であるキリストの祭日に移動した。

聖香油のミサ説教

福音書は、主に耳を傾けていた人々の心の変化を示しています。変化は劇的で、迫害と十字架が、福音を告げることとどれほど強く結びついているかを示しています。イエスの口から語られた恵みのことばが生み出した称賛は、ナザレの人々の心に長くはとどまりません。ある人が小さくつぶやいた一言「だけどこの人は、ヨセフの子だろ」（ルカ4・22参照）。この一言が、陰湿に「ウイルス化」します。そして皆に広がります。「だがこの人はどこの出だ。ヨセフの子じゃないか」。

瞬間的に口を突く、曖昧表現の一つです。これを、「生まれがいいわけでもないのに、このように権威あることを語るとは、なんてすばらしいのだろう」と喜ばしい表現として使う人もいます。他方、「どこの家の者なんだか。自分を何者だと思っているのか」と侮蔑的な意味で使う人もます。お気づきでしょうか、このことばは、使徒たちが五旬祭の日、聖霊に満たされて福音を伝え始めたときにも繰り返されています。ある人のことば、「話をしているこの人たちは、皆ガリラヤの人ではないか」（使徒言行録2・7）です。神のことばとして喜び受け入れる人もいれば、使徒たちを酔っ払いだと思った人もいたのです。

はっきりと判断はできませんが、実際その後に起きたことへの影響を考えれば、このことばにはイエスに対する暴力が、すでに芽生えていると理解できます。

「もうたくさんだ」といって相手を攻撃する場合や、あるいはそういって立ち去る場合の、「牽引力をもつ一言[1]」のことです。

主は、口をつぐむことや、立ち去ってしまうこともありますが、このときは意見するのをためらうことなく、町の些細《ささい》なうわさ話にひそむ、悪意のある見解を暴かれたのです。「あなたがたは、『医者よ、自分自身を治せ』ということわざを引いて、『カファルナウムでいろいろなことをしたと聞いたが、郷里のここでもしてくれ』というにちがいない」（ルカ4・23）。「自分自身を治してみろ……」。

「自分を救うがよい」。このことばに毒があります。これは、十字架に至るまで主について回ることばです。「他人を救ったのだ。……自分を救うがよい」（ルカ23・35）。

「それと、われわれのことも救ってみろ」、――こう付け足すことになるのは、二人の犯罪人の一人です（39節参照）。

主は、相変わらず悪魔とは対話しません。聖書のことばでこたえるだけです。預言者エリヤとエリシャも自分の故郷では歓迎されず、フェニキア人の未亡人と、重い皮膚病を患ったシリア人、二人の異邦人、異教徒の二人が受け入れたと。この事実は、カリスマを備えた老シメオンが預言したことが的中し、それが実現したということを示しています。イエスは「反対を受けるしるし（ギリシア語 semeion antilegomenon）[2]」（ルカ2・34）となる定めだということです。

イエスのことばには、人が心にもっているものを明るみに出す力があります。麦と毒麦のように、それは普通ごちゃ混ぜの状態です。そしてそれが、霊的闘いとなります。主が行うたくさんのあわれみの行為を見て、主が福音書で語る幸いな者たちと「あなたたちは不幸だ」のことばに耳を傾け、わたしたちは識別と決断を迫られるのです。この場面でいえばイエスのことばは受け入れられず、そのため群衆は激怒して、イエスのいのちを奪おうとします。けれどもまだ「時」ではなく、福音書にあるように、主は「人々の間を通り抜けて立ち去られた」（ルカ4・30）のです。

まだその時ではなかったのです。それでも、激しい怒りが爆発した速度と、その場で主を殺しかねないほどの盲目的残忍さは、いつだってその時であることを示しています。これが、今日、愛する司祭の皆さんと分かち合いたいことです。喜びを告げる時と、迫害と十字架の時とは、同時に進んでいるのです。

福音宣教はつねに、具体的な十字架を受け入れることと結びついています。みことばの柔らかな光は、覚悟のある人には明晰さをもたらし、そうでない人には混乱と拒否感をもたらします。このことは、福音書に何度も出てきます。畑に蒔《ま》かれたよい種は、一粒から百倍、六十倍、三十倍と実を結びますが、敵のねたみも呼び起こし、夜のうちに毒麦がしつこく蒔かれてしまいます（マタイ13・24―30、36―43参照）。

あわれみ深い父親の優しさは、放蕩息子をどうしようもなく家へと引き寄せますが、しかしそれは、兄の憤慨と恨みを引き起こします（ルカ15・11―32参照）。

ぶどう園の主人の寛大さは、最後の一時間だけ働いた労働者にはありがたく思えることでも、先に来ていた者たちにしてみれば酷で、彼らは主人の優しさに腹を立てます（マタイ20・1―16参照）。

罪人と食卓をともにするイエスの近しさは、ザアカイやマタイ、サマリアの女といった人の心をつかみますが、自分は正しいと思い込んでいる人には、侮蔑の気持ちを抱かせることになります。

ぶどう園の農夫たちのもとに、敬ってくれるだろうと思って息子を遣わした主人の懐の深さは、しかしながら、彼らのはかりしれない残虐性を解き放つことになります。

わたしたちは、正しいかたを殺めることになる、悪意の不思議を前にしているのです（マタイ21・33―46参照）。

愛する兄弟である司祭の皆さん。これらすべてが教えてくれるのは、福音の告知は、迫害と十字架に不可思議に結ばれているということです。

聖イグナツィオ・デ・ロヨラ（一四九一―一五五六年）は、主の降誕についての観想を通して――（独身の皆さんに）家庭についての宣伝になってしまい恐縮ですが――、ご降誕の観想の中で、次のような福音的真理を述べて、わたしたちに聖ヨセフと聖母がしていることをよく見て、考えるよう促しています。「主がこのうえなく貧しい状態の中で生まれ、飢え渇き、暑さや寒さ、辱めやさげすみの数々の労苦を忍ばれたあげく、十字架上で死ぬこととなる。そして、このすべては、わたしのためである。次いで（とイグナチオは加えます）自分に目を向け、何らかの霊的利益を収める」（『霊操』116〔ホセ・ミゲル・バラ訳、新世社、一九九二年改訂版、一〇〇頁〕）。主の降誕の喜び、十字架の苦しみ、迫害。

福音宣教の初めと、まさにその中心にある、無理解、拒絶、迫害という、先だって現れた十字架を観想することで、わたしたち司祭の生き方に益となる、どんな考察ができるでしょうか。

二つの考察が思い浮かびます。

一つ目。十字架が主の生涯において、宣教の初めから、それどころか誕生の前からあったものだということです。天使のお告げを受けるマリアの動揺の中に、すでに十字架はあります。婚約者と別れなければならないと思ったヨセフの眠れぬ夜の中にもあります。ヘロデの迫害の中に、そして聖家族が経た苦難――祖国から避難せざるをえない、多くの家族が味わうものと同じです――の中に、十字架はあります。

こうした事実が、「初めから」存在している十字架の神秘にわたしたちを開いてくれます。十字架は、後から起きることが決まったもの、主の生涯のある局面に偶然生じた出来事ではないということが分かります。確かに歴史上、十字架に架ける側は皆、十字架を巻き添え被害であるかに見せようとしますが、そうではありません。十字架は事情次第ではありません。人類の数々の重い十字架、小さな十字架、いわばわたしたちの十字架、わたしたち一人ひとりの十字架は、事情によって変わるものではないのです。

主はなぜ、十字架をそのまま完全に受け入れたのでしょうか。イエスはなぜ、受難をすべて受け入れたのでしょうか。最後の晩餐《ばんさん》後の友からの裏切りと見捨てを受け入れ、違法逮捕、即決裁判、過剰な裁定、侮辱や不当な唾棄《だき》といった理不尽な嫌がらせ……、それらを受け入れました。仮に、十字架の救いの力が種々の事情で決まるのであれば、主は何もすべてを受け入れる必要はなかったはずです。けれどもご自分の時が来たとき、主は十字架をそのまま受け入れたのです。十字架には、曖昧さがありません。十字架には交渉の余地がないのです。

二つ目の考察に入ります。十字架には、わたしたち人間の条件、限界や脆弱《ぜいじゃく》さの一端がかかわっているのは事実です。ただ、十字架において起きたことは、人間の脆弱さに付随したものではなく、むしろ十字架の上にいる無防備の主を嚙《か》んで毒し、主のわざをすべて台なしにしようと、主を見つめている蛇の一嚙みであることも事実です。スキャンダルを起こそうとしての一嚙み——今はスキャンダルにあふれた時代です——、他者への奉仕や愛ゆえの犠牲をことごとく無力化し、無意味にしようとする一嚙みです。執拗に迫り続ける悪魔の毒です。自分を救うがよい——。

そして、死に追いやるこの残酷で痛ましい一嚙みにおいてこそ、最後に神の勝利が現れるのです。証聖者聖マクシモ（五八〇―六六二年）は、十字架につけられたイエスによって逆転が起きたことをわたしたちに教えています。悪魔は主の肉を嚙んだことで、主を毒すことはなく——主の中には、無限の優しさと御父のみ旨に対する従順さしか見いだせなかったのです――、かえって十字架のわなにかかって主の肉を飲み込み、それは悪には毒となり、わたしたちにとっては悪の力を無にする解毒剤となったのです。(3)

以上がわたしの考察です。この教えを役立てることができるよう、主の恵みを願いましょう。福音を告げることには十字架が付きもので、それは確かであっても、その十字架が救いをもたらすのです。イエスの血によって和解したことで、十字架は、悪に打ち勝ち、悪からわたしたちを解放する、キリストの勝利の力を備えます。イエスとともに、イエスのように、十字架を受け入れることで、宣教にあたって「初めから」あるスキャンダルの毒を見極め、拒否できるようになります。わたしたちの人生に予期しなかった十字架が現れると、悪魔はそのスキャンダルの毒をもって、わたしたちを毒そうとするのです。

「しかし、わたしたちは、ひるんで滅びる者（hypostoles）ではない」（ヘブライ10・39）と、ヘブライ人への手紙の著者は述べています。「しかし、わたしたちは、ひるんで滅びる者ではない」、これはわたしたちに与えられた助言です。貧しい人にもたらされた救いの福音が響かず、イエスのみことばを聞きたくない者や、それを律法主義（道徳主義、聖職者主義）に矮小化《わいしょうか》しようとする者たちの、がなり声や脅しの中で、イエスはスキャンダルに飲まれはしなかったのですから、わたしたちはそれにうろたえてはなりません。

善を行うたびに出てくる道徳主義的で、律法主義的で、聖職者主義的な論調の中で、病人をいやし、悪霊に取りつかれた人を解放することで、イエスはスキャンダルに飲まれはしなかったのですから、わたしたちはそれにうろたえてはなりません。

見なくていいように目を閉じたり、目を背けたりする人々の中で、目の見えない人の目を開くことで、イエスはスキャンダルに飲まれはしなかったのですから、わたしたちはそれにうろたえてはなりません。

主の恵みの年——その年とは、歴史のすべてを指します——を告げることが、今日であれば地方紙の三面に載るのがせいぜいの、世間のスキャンダルを招いたことにイエスは動じなかったのですから、わたしたちはうろたえてはなりません。

福音宣教が効力をもつのは、わたしたちのことばに説得力があるからではなく、十字架の力があるからなのですから（一コリント1・17参照）、わたしたちはスキャンダルにうろたえてはなりません。

福音を告げる——まず行いをもって。必要であれば、ことばを尽くして——ことで、わたしたちが十字架を受ける方法は、二つのことを明らかにします。福音がもたらす苦しみはわたしたちのものではなく、「キリストの苦しみが満ちあふれてわたしたちにも及んでいる」（二コリント1・5）のだということ、そして、「わたしたちは、自分自身をのべ伝えるのではなく、主であるイエス・キリストをのべ伝えています」。だから「わたしたち自身は、イエスのためにあなたがたに仕えるしもべ」（二コリント4・5）だということです。

最後に、一つわたしの思い出を話したいと思います。わたしはかつて、人生での暗い時期、つらく苦しい状況から救ってほしいと、主の恵みを祈っていました。つらい時期でした。わたしは、数名の修道女の霊操指導で講話をしにいき、最終日には、当時の慣例どおり告解がありました。とてもお年を召した、でもその目は澄んでいて、とても輝いていたシスターの番になりました。実に神の娘であったかたです。告解の終わりにわたしは、このシスターに助けてほしくなり、こういいました。「シスター。悔い改めのしるしとして、わたしのために祈ってください。わたしには恵みが必要なのです。主に祈ってください。あなたのようなかたが祈ってくださったなら、きっと主はわたしに恵みを与えてくださるはずです」。彼女は黙って、祈っているようにしばらくじっとしてから、わたしを見ていいました。「確かに、主はあなたに恵みをお与えになるでしょう。でも間違えてはいけません。主はそれを、ご自分の、神の方法で与えてくださいます」。はっとさせられました。主はわたしたちが求めるものを必ず与えてくださる。ただしそれは、神の方法で与えてくださる、それが分かりました。このなさり方には十字架も含まれます。被虐趣味《マゾヒズム》のためではなく、愛のために、最後までひたすら愛のためにです。(4)

注

（1）霊性の師であるクロード・ジュド神父（一六六一―一七三五年）の指摘と同様に、判断を下す際の、「決定的一言」となる言い回しの一つで、決断させ、人あるいは集団が行動を起こす引き金となる一言（C. Judde, *Œuvres spirituelles*, II, 1883 Instruction sur la connaissance de soi-même, 313-319, en M.Á. Fioritto, *Buscar y ballar la voluntad de Dios*, Bs. As., Paulinas, 2000, p. 248ss 参照）。

（2）Antilegomenon とは、ある人について褒めている人もいれば、悪くいう人もいるような、真っ向から対立するような言い方がされる状態を指す。

（3）『ケントゥリア』（*Centuria* 1, 8-13,〔『毎日の読書　第一巻』、一九八九年、九六―九八頁〕）参照。

（4）教皇フランシスコ「サンタマルタ館での朝ミサ説教（二〇一三年五月二十九日）」。参照聖木曜日の四月一日（木）午前十時から、サンピエトロ大聖堂のペトロの司教座祭壇でささげられた聖香油のミサでの説教（原文イタリア語）。新型コロナウイルスのパンデミックにより、前年の聖香油のミサは延期されていた。この年は感染拡大予防策にのっとり、参加するローマ教区司祭の人数が制限されて執り行われた。

なおフランシスコ教皇は就任以来、聖木曜日の夕刻に行われる主の晩餐のミサのほとんどを、刑務所あるいは養護施設を訪問して行っていたが、前年はサンピエトロ大聖堂で行い、この年は教皇司式ではなく首席枢機卿であるジョヴァンニ・バッティスタ・レ枢機卿がささげ、説教も同枢機卿が行った。また、前年に引き続き、洗足式も行われなかった。

復活徹夜祭ミサ説教

香油を塗るため亡骸《なきがら》を受け取るつもりだった女性たちは、その代わりに、空の墓に出くわしました。死者を弔いに来たのに、その代わりに、いのちの知らせを聞いたのです。ですから福音書には、彼女たちが「震え上がり、正気を失っていた」（マルコ16・8）と記されています。震え上がり、恐れ、正気を失っていた――。茫然自失、この場合は、喜びと恐ろしさが入り混じった状態です。墓をふさいでいた大きな石が脇に転がされ、白い衣を着た若者が中にいるのを見て、彼女たちの心を襲ったものです。そして、次のことばを耳にしての驚愕《きょうがく》です。「驚くことはない。あなたがたは十字架につけられたナザレのイエスを捜しているが、あのかたは復活なさった」（6節）。そして今度は「あのかたは、あなたがたより先にガリラヤに行かれる。……そこでお目にかかれる」（7節）との招きです。わたしたちもその招きを、復活の招きを受けましょう。ガリラヤに行きましょう。復活された主はわたしたちより先に行っておられます。それにしても、「ガリラヤに行く」とはどういう意味なのでしょうか。

　ガリラヤに行くとは、まず第一に、再出発することです。弟子たちにとってそれは、主が最初に自分たちを見つけ出して、ご自分に従うよう呼びかけた地に戻ることです。最初の出会いの場、最初の愛の場です。あのとき以来、弟子たちは網を捨て、イエスに従い、イエスの説教を聞き、イエスが行った奇跡に立ち会いました。ですが、つねにイエスと一緒にいても、イエスを完全に理解していたわけではありません。何度もイエスのことばを誤って受け取りましたし、十字架を前にして、イエスを見捨て、逃げ去りました。そうした過ちがあっても、復活した主は、今再び、彼らより先にガリラヤに行かれるかたとして登場します。イエスは彼らより先に行って、つまり、先回りして彼らを待っておられるのです。イエスは弟子たちを呼び出し、ご自分について来なさいと、再び呼び戻しておられます。復活した主は、彼らにこういわれます。「わたしたちが出発した場所からもう一度始めよう。再び始めよう。さまざまな過ちがあったが、それでも、わたしはまた、あなたがたに、わたしと一緒に始めてほしい」。そんなガリラヤでわたしたちは、自分たちの数々の失敗の道に新たな道を開いてくださる、主の無限の愛への驚きを学びます。わたしたちの失敗の道に新しい道を開いてくださるかた、主はそのようなかたです。主はそういうかたであり、そうしてくださるために、わたしたちをガリラヤへと招いておられるのです。

　皆さんにお伝えしたい、一つ目の復活祭のメッセージはこれです。必ず再出発できる、ということです。わたしたちには、あらゆる失敗を超えて、神が再び始めてくださる新たな人生が必ずあるからです。わたしたちの心にある瓦礫《がれき》――だれもが、自分の心にある瓦礫を知っています、分かっています――からさえも、神は芸術品をお作りになれます。わたしたち人類による破壊の残骸からも、新たな歴史を準備することがおできになります。神はいつだって、わたしたちより先に行っておられます。苦痛と苦悩と死の十字架において、また、復活するいのちの、変わる歴史の、よみがえる希望の栄光においても、先に行っておられます。パンデミックのこの暗い日々において、復活された主の声に耳を傾けましょう。主は、再び始めなさい、決して希望を失ってはならないと呼びかけておられます。

　ガリラヤに行くとは、第二に、新たな道を進むことです。墓とは反対の方向に向かうことです。女性たちは墓でイエスを捜す、つまり、イエスと過ごしてきたことを、そして今や永遠に失われてしまったものを、追憶しようとしています。自分たちの悲しみに浸ろうとしています。それは、すばらしいけれど終わってしまった、記憶にすぎないものの追悼と化した信仰の姿です。多くの人――わたしたちも――が「思い出の信仰」を生きています。イエスを過去の人物に、今は疎遠になった若き日の旧友、はるか昔の子どものころの要理教室でのことにしています。習慣、過去のことで、懐かしい子ども時代の思い出でしかない信仰は、もう心動かすこともなく、もはや胸に迫ることもありません。ガリラヤに行くとはその逆で、信仰が生きたものとなるには、再び道に戻らなければならないと知ることです。旅路の最初を、最初の出会いの驚きを、日々、よみがえらせなければなりません。そして、もうすべてよく分かっているという思い上がりを捨て、神のなさり方に驚かされる謙虚さをもって信頼するのです。わたしたちは、神に驚かされることを恐れています。概して、神に驚かされることにおびえています。だから今日、主は、驚かされなさいとわたしたちに呼びかけておられます。神は、子ども時代の思い出の中のものではなく、今生きておられ、つねに驚かせておられるのだと気づくために、ガリラヤに行きましょう。復活された主は、驚かせることを決してやめません。

復活祭の二つ目のメッセージはこれです。信仰は、思い出のアルバムではないということ、そして、イエスは終わった時代の人ではないということです。イエスは、今ここに生きておられます。毎日毎日あなたとともに、あなたが味わう境遇を、あなたがなめる辛酸を、あなたが胸に抱く夢を、歩んでおられます。思いもよらないときに新しい扉を開き、過去への郷愁や「もう知っている」という視点とは反対の方向に進むよう、あなたを押し出してくださいます。すべてが失われたように思えても、どうかイエスの斬新さに驚くことで、心を開いてください。イエスはあなたを驚かせてくださいます。

ガリラヤに行くとは、辺境に行くことでもあります。ガリラヤは遠く離れたところにあります。このいろいろなものが混ざり合った多様な土地の住人は、エルサレムのしきたりに沿う純潔とは懸け離れた人々でした。しかし、イエスが宣教を始められたのは、まさしくその地からです。そこでイエスは、日々必死で生きている人に知らせを伝えました。疎外された人、立場の弱い人、貧しい人に、神のみ顔となり存在となることで知らせを伝えました。神は、落胆した人、絶望した人を倦《う》むことなく探しておられるかた、実存の淵にまで行かれるかたです。神の目から見れば、後回しにされる人も、除《の》け者にされる人もいないからです。復活された主は弟子たちに自分を追ってくるよう求め、今日もなおわたしたちに、ガリラヤに、今ある現実の「ガリラヤ」に出向くよう求めておられます。それは、日常生活の場であり、わたしたちが毎日通る道であり、わたしたちの町の片隅です。そうした場所に主は、わたしたちより先に行かれ、まさにわたしたちのそばを通り過ぎる人々、時間、住まい、仕事、苦労や希望をともにする人の人生を通して、ご自分を示しておられます。ガリラヤでわたしたちが学ぶのは、わたしたちの兄弟姉妹の顔に、夢をもつ人の熱意に、失望した人のあきらめに、喜ぶ人の笑顔に、苦しむ人の涙に、そして何より、貧しい人と、社会の片隅に追いやられた人に、復活された主を見ることとです。神の偉大さは、なんと小さなものにおいて明かされることか、神の美は、なんと身分の低い人や貧しい人において輝くことか、わたしたちはそのことに驚かされるでしょう。

さて、復活祭の三つ目のメッセージは、復活されたかたイエスは、わたしたちを限りなく愛しておられ、わたしたちの生活のどの場面にも来ておられるということです。主はこの世界のただ中にご自分が現存するようになさり、わたしたちが日常の恵みに気づけるよう、日々、壁を乗り越え、偏見に打ち勝ち、隣人に歩み寄るよう招いておられます。わたしたちのガリラヤに、日常生活の中におられるイエスに気づきましょう。イエスとともにいれば、生活が変わります。失敗、過ち、暴力をことごとく超えて、あらゆる苦しみを越え、死を越えて、復活したかたは生きておられ、歴史を導いておられるからです。

兄弟姉妹の皆さん。もし今宵《こよい》、心に抱えた闇の、明けない夜の、消えそうな光の、砕かれた夢の苦しみがあるなら、行って、復活の知らせに驚くことで、心を開いてください。「驚くことはない。主は復活なさったのだ。主はガリラヤで、あなたを待っておられる」。あなたが待ち望むものはもたらされ、あなたの涙は乾き、あなたの恐れは希望に変わるでしょう。主はつねにあなたより先にいて、いつだってあなたの前を歩いておられるのですから。そして、主とともにいれば、いつも人生は新たに始まるのです。

四月三日（土）午後七時半から、サンピエトロ大聖堂のペトロの司教座祭壇でささげられた復活徹夜祭のミサでの説教（原文イタリア語）。主祭壇（告白の祭壇）のある内陣下で火の祝福が行われ、行列はそこから翼廊左奥の聖ヨセフの祭壇に沿って、ペトロの司教座祭壇まで進んだ。ミサの中では、洗礼式は行われず、水の祝福と洗礼の約束の更新のみが行われた。会衆や奉仕者はいまだ少人数に制限されたが、前年よりは規模は拡大された。

復活祭メッセージ（ローマと全世界へ）

愛する兄弟姉妹の皆さん、ご復活おめでとうございます。ブオナ・サンタ・セレナ・パスカ！（幸いなる聖なる平和の復活祭）

今日、教会の知らせは、世界各地で響き渡ります。「十字架につけられたイエスは、かねていわれていたとおり復活された。アレルヤ」。

復活祭のメッセージは、幻想を示すのでも、魔法の呪文を明かすのでも、わたしたちが経験しているこの苦境から逃れる道を指し示すのでもありません。パンデミックは今も猛威を振るっています。社会的、経済的な危機はいまだに深刻な状態にあり、とくに貧しい人に大きな影響を及ぼしています。それにもかかわらず、とんでもないことですが、武力紛争は止まず、軍備拡張はとどまることを知りません。今、こんなことがあっていいはずがありません。

復活祭のメッセージは、この複雑な現実を前にして、いえむしろそのただ中で、決して裏切られることのない希望をもたらす出来事を一言で表現しています。「十字架につけられたイエスは、復活された」。天使のことでも幽霊のことでもなく、顔も名前もある、生身の人間、イエスのことを伝えているのです。福音書はこのイエスが、神の子、キリストであるといわれたためにポンティオ・ピラトにより十字架刑に処せられ、聖書にあるとおり、またイエスご自身が弟子たちに事前にお伝えになったとおり、三日目に復活されたことを証言しています。

ほかでもなく、十字架に架けられたかたが復活されました。父なる神は、ご自分の独り子イエスを死者の中から復活させました。イエスは、御父の救いのみ旨を完全になし遂げたからです。イエスはわたしたちの弱さ、病、死さえも引き受け、わたしたちの痛みを身に受け、わたしたちの罪の重荷を担ってくださったからです。ですから、父なる神はイエス・キリストを高く上げ、今もこのかたは永遠に生きておられます。イエスこそが主です。

証人たちは、重要な詳細を伝えています。それは、復活したイエスの手と足と脇腹には傷があったということです。それらの傷は、イエスのわたしたちへの愛の、いつまでも消えないしるしです。身体や精神において過酷な試練に苦しんでいる人は皆、これらの傷を逃れ場とし、そこから、決して裏切られることのない希望の恵みを得るはずです。

復活したキリストは、このパンデミックのために今も苦しんでいる人、病者、そして最愛の人を亡くした人の希望です。主が彼らに慰めをもたらし、医師と看護師の働きを支えてくださいますように。すべての人、なかでもわたしたちの中でもっとも弱い人には支援が必要ですし、必要なケアを受ける権利があります。そのことはとくに、皆がこのパンデミックと戦うよう求められ、ワクチンがこの戦いに欠かせない手段となっている今日、いっそう明白です。「ワクチンを世界に行き渡らせる」という精神のもと、とくに貧困国に対し、ワクチン配給の遅れを解消し、供給の支援に努めるよう、国際社会全体に強く求めます。

十字架に架けられ復活された主は、仕事を失った人や、経済的困難の中でも社会から適切な支援を受けられない人の心の支えです。適切な生活水準を維持するのに必要な支援が、すべての人に、とくに困窮している家庭に提供されるよう、主が、各国政府を突き動かしてくださいますように。悲しいことに、このパンデミックにより、貧困者の数が激増し、数えきれないほど多くの人が絶望しています。

「あらゆるたぐいの貧困者が、希望を取り戻せるようにしなければなりません」。聖ヨハネ・パウロ二世は、ハイチを訪問した際にこう述べました。まさにそのハイチの愛する人々が困難に負けず、信頼と希望をもって未来を見つめられるよう、この日、思いと励ましを送ります。わたしは、愛するハイチの兄弟姉妹の皆さん、皆さんをとくに心配しています。わたしの心は、皆さんとともにあります。皆さんに寄り添っています。そして皆さんの問題が、抜本的に解決されるよう願っています。大切なハイチの兄弟姉妹の皆さんのために、そのことを祈っています。

復活されたイエスはまた、長い間、学校や大学に行けず、友達にも会えないでいる若者の皆さんの希望です。わたしたちは皆、バーチャルな人間関係だけではだめで、リアルな人とのかかわりを必要としていますが、人柄や性格が形成される時期にはなおのことそれが大切です。先日の金曜日に行われた子どもたちの十字架の道行（訳注：この年の教皇主宰の十字架の道行の黙想テキストは、ウンブリアのスカウトのメンバーとローマ教区の教会の少年少女によって準備された。パンデミックのため会場は例年のコロッセオではなく、昨年同様サンピエトロ広場で、規模を縮小して行われた）では、それを実感しました。わたしは世界中の若者に寄り添います。そして今この時、とくに、ミャンマーで民主主義のために奮闘し、自分たちの声を平和的に届けようと努めている若者のそばにいます。愛だけが憎しみをかき消すことができると、彼らは知っているのです。

復活されたかたの光が、紛争や貧困のために逃れてきた移住者の再起の力の源となりますように。彼らの顔には、カルワリオ（されこうべ）に向かう主の、苦しみでゆがんだ顔を見いだすことができます。人類の連帯と兄弟愛の目に見えるしるしが、死に対するいのちの勝利のあかしが、彼らに欠けることがありませんように。その勝利をわたしたちは今日、祝っているのです。避難先を探す苦しむ人々を寛大に受け入れている国々に、とくにシリア内戦からの避難民を大勢受け入れているレバノンとヨルダンに感謝します。

困難で先の見えない中にあるレバノンの人々が、復活した主の慰めを得、出会いと共存と多元主義の地となる召し出しのために、国際社会からの支援を受けることができますように。

わたしたちの平和であるキリストが、内戦により引き裂かれ、大勢の人が非人間的な生活を強いられている、愛するシリアの内戦に終止符を打ってくださいますように。また、おぞましい、いっさいの沈黙によって実情がもみ消されているイエメンでも、十年にわたる血にまみれた対立と争いから脱する道をようやく見つけたリビアでも、争いを終結させてくださいますように。すべての当事者が、争いを終わらせ、紛争で疲弊しきった人々が平和に暮らし自国で生活を立て直せるよう、具体的に取り組むことができますように。

主の復活は、わたしたちをおのずとエルサレムへと導きます。ですからわたしたちは、エルサレムの平和と安全を祈りましょう（詩編122参照）。この地が、だれもが互いに兄弟姉妹と感じることのできる出会いの地となるようにとの召し出しに、こたえることができますように。また、イスラエルとパレスチナの人々が、持続的な和解に到達するために対話する力を取り戻し、両国が平和と繁栄のうちに隣国として共存できますように。

この祭日にあたり、わたしの思いは、先月、喜びのうちに訪問したイラクに再び向かいます。人類家族が神のすべての子らをもてなし、受け入れるようにという神の夢が実現するよう、イラクが平和への道を歩み続けられるよう祈ります(1)。

復活された主の力が、アフリカの人々を支えてくださいますように。国内の暴力行為と国際テロにより将来が脅かされている地域、とくにサヘル地域やナイジェリア、またティグレ地方（エチオピア）、カボデルガド地方（モザンビーク）の人々を思います。紛争を平和的に終結させるための営みが、和解と真の連帯の精神で行われる前向きで兄弟愛に満ちた対話を通して、人権といのちの聖性に対する敬意をもって続けられますように。

世界には今なおあまりに多くの戦争が、あまりに多くの暴力があります。わたしたちの平和である主の助けによって、争いに傾きがちなメンタリティを克服していけますように。捕虜となった人々、とくにウクライナ東部とナゴルノ・カラバフでの捕虜が、無事に家族のもとに帰ることができますように。また、新たな武器開発競争に歯止めをかけるよう、世界中の指導者を力づけてくださいますように。今日、四月四日は国際地雷デーです。人の目を欺くこの恐ろしい爆弾は、大勢の無実の人を殺し、あるいはその手足を吹き飛ばします。地雷は、人類が「破壊と死の罠《わな》におびえることなく、いのちの道をともに歩むこと」(2)を阻んでいます。こうした死の武器がなければ、世界はどんなによくなることでしょう。

愛する兄弟姉妹の皆さん。今年もまた、さまざまな場所で、多くのキリスト者が厳しい制約のもとに復活祭を祝っています。典礼祭儀に行けないことすらあります。そうした制約と、また、世界における礼拝する自由や信教の自由への制約が解かれ、すべての人が自由に神に祈り、賛美をささげられよう祈りましょう。

多くの困難の中にあっても、わたしたちはキリストの傷によっていやされていること（一ペトロ2・24参照）を忘れないでください。わたしたちの苦しみは、復活された主の光に照らされ、変容します。死のあったところに、今はいのちがあります。死の悲しみのあったところに、今は慰めが満ちています。イエスは十字架を受け入れ、わたしたちの苦しみに意味を与えてくださいました。さあ、そのいやしの恵みが、世界中に広まるよう祈りましょう。ご復活おめでとうございます。ブオナ・サンタ・セレナ・パスカ！

注

（1）教皇フランシスコ「ウルでの諸宗教代表との集いでのあいさつ（二〇二一年三月六日）」参照。

（2）聖ヨハネ・パウロ二世「お告げの祈り（一九九九年二月二十八日）」。

四月四日（日）、午前十時からサンピエトロ大聖堂のペトロの司教座祭壇で行われた、復活の主日の日中のミサに引き続いて発表された、「ローマと全世界へ（ウルビ・エト・オルビ）」のメッセージ（原文イタリア語）。ウルビ・エト・オルビのメッセージは毎年、降誕祭と復活祭に、大聖堂のバルコニーから、サンピエトロ広場に集う信者らに向けて語られるが、感染拡大予防措置のため、この日は広場への立ち入りが認められていなかった。

バチカン市国内の医療センターでは、一月十三日からワクチン接種が開始されており、翌十四日、教皇と前教皇ベネディクト十六世は、すでに一回目のワクチン接種を終えたことが公表された。

ハイチは、西半球の最貧国とされ、長年の政情不安や頻発する自然災害の影響で、基礎的な社会基盤が整備されていない。そのために、安全な水や衛生施設が限られ、保健や教育サービスも不足している。国民の多くは農業従事者であるものの、農業技術や生産性の低さから食料自給率も低く、都市部だけでなく農村部も貧困状況が深刻で、強盗や連れ去りなど犯罪の増加も問題となっている。

ミャンマーでは、二月一日の軍によるクーデター後、民主化を支持する市民の大規模な抗議デモが続いていた。軍側はデモを抑え込むためにインターネット接続の遮断だけでなく、治安部隊による発砲を行い、多数の死者や拘束者が出続けていた。

アラブの春に始まるシリアの内戦は十年目に突入し、六六〇万人以上が国外へ避難、またほぼ同数の六七〇万人が国内避難民となり、難民危機が続いている。国外避難民の受け入れ国は一二〇を超えるが、全体の八割近くを隣国トルコ、レバノン、ヨルダンで受け入れている。

二〇一五年からの第二次イエメン内戦では、すでに三十七万人が犠牲となり、国民の半数以上が飢餓状態となっている。国連などが世界最悪の人道危機と呼ぶほどのきわめて悲惨な状況が続いているものの、国際社会からの関心が薄れていることが危惧されている。

リビアでは、二〇一一年のカダフィ政権の崩壊から内戦が続いていたが、暫定政権と国民軍の間で停戦合意が結ばれ、三月には統一政権が発足した。

アフリカサハラ砂漠南部のサヘル地域では、アルカイダやＩＳＩＬ（イスラム国）関連のテロ組織が活動を活発化させており、マリ、ブルキナファソ、およびニジェールの三か国における二〇一九年のテロ犠牲者は二〇一六年の五倍といわれ、ナイジェリアなどでは集団の拉致事件が頻発し、国外避難民三十四万人、国内避難民は三〇〇万人以上と報告されている。さらにエチオピア北部のティグレでは、前年十一月より内戦が勃発し、四年続く国内武力勢力の襲撃に苦しむモザンビークでは、港湾都市のあるカボデルガドに、イスラム過激派の迫害から逃れて、キリスト者ら約八十万もの避難民が押し寄せている。

ウクライナ東部ドンバス地方は、二〇一四年から、ロシアの支援を受けた親ロシア派武装勢力とウクライナ軍による内戦状態で、一万人以上の犠牲者を出しながら膠着状態が続いている。ナゴルノ・カラバフは、ソビエト連邦崩壊時に独立を宣言したことで成立した共和国（アルツァフ共和国とも）であるものの、実態はアルメニアに支配され、地理的にはアゼルバイジャンの内側にあり、両国の係争地となっている。

復活した主は生きておられる

愛する兄弟姉妹の皆さん、こんにちは。

復活節第三主日の今日、わたしたちはエマオの二人の弟子に導かれるかのように、エルサレムの高間に立ち戻ります。この二人は、道中、イエスのことばを聞いて心を震わせ、そのかたが「パンを裂いてくださったときに」（ルカ24・35）、イエスだと分かりました。さて、高間で、復活したキリストは、弟子たちの真ん中に立ち、「あなたがたに平和があるように」（36節）とあいさつします。ところが福音書によれば、弟子たちは恐れおののき、「亡霊を見ているのだ」と考えます（37節）。そこでイエスは、ご自分のからだにある傷を彼らに見せていわれます。「わたしの手や足を見なさい。まさしくわたしだ。触ってよく見なさい」（39節）。そして、彼らを納得させるために食べ物を求めると、驚いている彼らの目の前で出されたものを食べます（41―42節参照）。

この箇所は詳細に述べられています。福音書は、弟子たちは「喜びのあまりまだ信じられず」と伝えています。喜びが大きすぎて、それが本当だとは信じられないのです。そして続く描写は、彼らは驚き、不思議がっていた、です。神との出会いは、つねに驚きをもたらすからです。それは、興奮を飛び越え、喜びをも超える、新たな体験です。そこには喜びがありましたが、それは、まさかこんなことが起こるはずがないと思わせる喜びでした。神の現存による驚きです。この心の動きを忘れてはなりません。とても美しいものです。

この福音箇所では、とても具体的な三つの動詞が特徴的です。それらはある意味で、わたしたちの個人生活や共同体生活を映し出しています。見る、触れる、食べるです。生きておられるイエスとの真の出会いがもたらす喜びを示すことのできる、三つの行為です。

見る――。「わたしの手や足を見なさい」とイエスはいわれます。見るというのは、ただ眺める以上のことです。そこには意欲が、意志が伴います。だからこそ、それは愛を表す動詞の一つです。親はわが子を見守ります。恋人たちは互いに見つめ合います。よい医者は患者を注意深く見ます。見ることは、無関心に対抗する第一歩、他者の困難や苦しみから視線を逸らすことに対抗する、最初のステップです。見ることです。自分はイエスを見つめているでしょうか。

触れる――、これが二つ目の動詞です。イエスは弟子たちに、ご自分に触れて亡霊ではないことを確かめるよう、「わたしに触りなさい」と招きます。それによって弟子たちに、そしてわたしたちに示しておられるのは、ご自身との関係、また兄弟姉妹との関係は「離れていては」保てないこと、距離を取るキリスト教などないこと、見ているだけではキリスト教ではないということです。愛は、見ることを求めますが、近しさをも求めます。触れ合うこと、人生を分かち合うことが必要なのです。よいサマリア人は、半殺しにされて道に横たわっていた人を見ただけではありません。立ち止まり、かがみこんで、その傷を手当てし、その人に触れ、自分のろばに乗せ、宿屋に運びました。それは、イエスについてもまったく同じです。イエスを愛するということは、人生をともにするようになること、イエスと交わるということです。

　次は三番目の動詞、食べる――。それは、まさに本性的に欠乏している、わたしたち人間を見事に表しています。つまり、生きるためには食べなければならないのです。けれども、家族や友人などと一緒の食事では、食べることは、愛の表現、交わりの表現、お祝いの表現にもなります。福音書には、このように食卓を囲むイエスが何度、描かれていることでしょう。復活したイエスも、弟子たちとともに食事をされます。感謝の宴《うたげ》（エウカリスチア）は、キリスト教共同体を象徴するしるしにまでなっています。キリストのからだをともに食べること、それこそがキリスト者の生活の核です。

兄弟姉妹の皆さん。この福音箇所は、イエスは「亡霊」ではなく生きておられるかたであることを、そして、イエスはわたしたちに近づいては、信じられないほどに、怖いくらいに、大きな喜びを与えてくださることを伝えています。その驚きは、神の現存によってのみもたらされるものです。イエスは生きておられるからです。キリスト者であることにおいて第一であるのは、教義に精通することでもなければ、道徳的に鏡となることでもありません。それは、復活した主との生きた関係です。わたしたちは主を見つめ、触れ、主に触れ、主を食べ、主の愛によって変えられ、兄弟姉妹として他者を見つめ、触れ、食べ物を差し出します。こうした恵みの体験を味わうことができるよう、おとめマリアが助けてくださいますように。

復活節第三主日の四月十八日（日）正午に、約一月ぶりに教皇公邸書斎の窓から、サンピエトロ広場に集まった信者とともに行った「アレルヤの祈り」（復活祭から聖霊降臨の主日まで「お告げの祈り」に代わって唱えられる祈り）で、祈りの前に述べたことば（原文イタリア語）。

「アレルヤの祈り」の後、イタリア語で次のように述べた。

「昨日、カーサマーリ修道院（ラツィオ州にあるシトー会の修道院）で、シモーネ・カルドン（一七五九―一七九九年）と五人の同志殉教者が列福されました。一七九九年、ナポリから撤退していたフランス革命軍の兵士らが、教会や修道院で略奪行為を行った際、彼らキリストの柔和な弟子たちはこれに勇敢に抵抗し、いのちを賭して、聖体を冒瀆から守ったのです。彼らの模範が、神への忠実にいっそう熱心になれるようわたしたちを駆り立て、それによって社会が変革され、公正で友愛のあるものとなりますように。新しい福者たちに拍手を送りましょう。

そして悲しいことですが、わたしはウクライナ東部の地域でこの数か月に多発している停戦合意違反を強い懸念をもって注視しており、軍事行動が増えていることをとても心配しています。お願いです。緊張の高まりを避け、むしろ、相互信頼をはぐくみ、切実に必要とされかつ望まれている和解と平和を推進する行動を強く希望します。また、同地域の住民の人道上の深刻な事態を心に留めてください。わたしの心は彼らとともにあることを伝えます。彼らのために祈りましょう。アヴェ・マリア……。

今日イタリアでは、聖心カトリック大学を祝う日です。百年にわたり、次世代の教育のために価値ある働きを続けてきました。若者が、希望に満ちた未来の主役となれるよう、大学としての教育の使命をこれからも果たしていけますように。カトリック大学の教職員と学生の皆さんに心より祝福を祈ります」。

三月から四月にかけ、ウクライナ東部に近いロシア領では、ロシア軍が集結し、軍事紛争の危険が高まっていると広く報じられていた。二〇一四年のロシアによる一方的なクリミア併合に始まる、ウクライナ軍と親ロシア派武装勢力による紛争が、東部ドンバス地方で展開されていたが、前年七月には両国が合意した完全停戦が発効していた。しかしそれまでも、停戦合意は何度も結ばれては破られていた。この紛争では、すでに一万四千人が死亡している。

よい羊飼い

愛する兄弟姉妹の皆さん、こんにちは。

よい牧者の主日とも呼ばれる今日の復活節第四主日に、福音（ヨハネ10・11―18）は、イエスをご自分の羊を守り、知り、愛しておられる真の羊飼いとして示しています。

よい羊飼いであるこのかたと、自分の羊ではないためにきちんと世話をしない「雇い人」とは、まったく違います。雇い人は、報酬のためだけに働き、羊を守ることには心を砕きません。狼《おおかみ》が来れば、羊を置き去りにして逃げてしまいます（12―13節参照）。それとは逆に、真の羊飼いであるイエスは、いつもわたしたちを守り、多くの難局や危機から、みことばの光と、ご自分の現存の力によって救ってくださいます。耳を傾けていれば、日々、その力を必ず体験します。

二つ目の視点は、よい羊飼いであるイエスは知っておられる、ということです。一つ目の視点は、イエスは守ってくださるということでしたが、二つ目は、イエスはご自分の羊を知っており、羊もイエスを知っているということです（14節）。イエスがわたしたち一人ひとりを知っておられ、イエスにとってわたしたちは無名ではなく、わたしたちの名前をよくご存じだということを知るのは、何とすばらしく、慰めに満ちたことでしょう。イエスにとってわたしたちは、「多数」でも「大勢」でもありません。それぞれの人生をもった固有の人間です。イエスは一人ひとりを、その人生を含めてご存じです。それぞれ固有の価値をもつ一人ひとりを、被造物として、キリストによってあがなわれた者として、知っておられます。わたしたちそれぞれが、こういえます。イエスはわたしのことをご存じです、と。そうです。イエスは、だれもかなわぬほど、わたしたちのことを知っておられます。イエスだけが、わたしたちの心にあるもの、思い、奥に秘められた気持ちをご存じです。イエスはわたしたちの長所も短所も知っておられ、いつでも、わたしたちの世話をしよう、わたしたちの過ちという傷を、豊かないつくしみをもっていやそうとしておられます。イエスにおいて完全に実現します。神の民の牧者という、預言者たちが示してきた姿は、イエスにおいて完全に実現します。イエスはご自分の羊を気づかい、呼び集め、傷を負った羊を包み、病んだ羊はいやしてくださいます。それは、預言者エゼキエルの書に記されているとおりです（34・11―16参照）。

このように、よい羊飼いであるイエスは、ご自分の羊を守り、知り、そして何よりも愛しておられます。だからこそ、羊たちのためにご自分のいのちを捨てるのです（ヨハネ10・15参照）。羊たちへの愛、つまりわたしたち一人ひとりへの愛は、イエスを十字架上での死へと導きます。だれも失わないようにすること、それが御父の望みだからです。キリストの愛には、分け隔てがありません。すべての人に及びます。今日の福音で、キリストご自身が語っておられるとおりです。「わたしには、この囲いに入っていないほかの羊もいる。その羊をも導かなければならない。その羊もわたしの声を聞き分ける。こうして、羊は一人の羊飼いに導かれ、一つの群れになる」（ヨハネ10・16）。このことばは、イエスがすべての人を心に掛けておられることをあかししています。イエスは、すべての人の牧者です。イエスは、すべての人が御父の愛を受け取り、神と出会えるよう願っておられます。

そして教会は、キリストのこの使命を実行するよう求められています。わたしたち共同体と頻繁に接する人に対してだけではありません。特別なときにだけやって来る人や、まったく近づくことのない人が大勢います。大多数がそうした人です。だからといってその人たちが、神の子どもではないわけではありません。御父は、すべての人のためにいのちをささげるよい羊飼いであるイエスに、すべての人を託しておられます。

兄弟姉妹の皆さん。イエスはわたしたち皆を守り、知り、愛しておられます。よい羊飼いを真っ先に迎え、このかたに従い、その使命に喜んで協力できるよう、至聖なるマリアがわたしたちを助けてくださいますように。

復活節第四主日の四月二十五日（日）正午に、教皇公邸書斎の窓から、サンピエトロ広場に集まった信者とともに行った「アレルヤの祈り」で、祈りの前に述べたことば（原文イタリア語）。

「アレルヤの祈り」の後、イタリア語で次のように述べた。

「愛する兄弟姉妹の皆さん。

先週金曜日、グアテマラのサンタクルスデルキチェで、ホセ・マリア・グラン・キエラ（一九四五―一九八〇年）と九人の同志殉教者が列福されました。イエスの聖心布教会に属する三司祭と信徒七人で、カトリック教会への迫害時代、一九八〇年から一九九一年の間に殺害されました。彼らは貧しい人を守るために尽力した人々です。キリストへの信仰に突き動かされた、正義と愛の勇敢な証人です。彼らの模範に倣い、より寛大に勇敢に福音を生きることができますように。新しい福者に拍手を送りましょう。

火山の噴火で深刻な被害と困難が生じているセントビンセント・グレナディーン諸島の住民に対し、親愛の心をお伝えします。皆さんのために祈り、支援活動に当たるかたがたに祝福を約束します。

また、バグダッドのコロナ患者専門病棟での火災の犠牲者にも心を寄せています。これまでに八二名の死亡が分かっています。彼らのために祈りましょう。

地中海でここ数日に再び起きた悲劇に、正直とても胸を痛めています。一三〇人の難民が海洋で亡くなりました。彼らは人間です。丸二日むなしく助けを求め、ついぞ手は差し伸べられなかった、いのちのあった人間です。兄弟姉妹の皆さん。この、あまたの悲劇について、よく考えなければなりません。恥ずべきことです。彼ら兄弟姉妹のために、またこのような悲劇的な横断で亡くなり続ける多くの人のために祈りましょう。そして、助けることができるのに、見て見ぬふりをする人たちのためにも祈りましょう。彼らのために、黙禱をささげましょう。

今日は、全教会で祝う世界召命祈願の日です。テーマは「聖ヨセフ――召命の夢」です。主への愛ゆえに、福音宣教と兄弟姉妹への奉仕のために自身を奉献する人々を、教会にもたらしてくださることを主に感謝します。そして今日はとくに、先ほどサンピエトロ大聖堂でわたしの手で叙階された新司祭のかたがたに感謝をしましょう。この広場におられるかどうか分かりませんが……。主がご自分のぶどう園で働くよい労働者を送ってくださり、奉献生活への召命を増やしてくださるよう願いましょう」。

カリブ海のセントビンセント・グレナディーンのセントビンセント島で、四月九日、四十年以上休止状態にあった同国最高峰のスフリエール火山（標高一、二三四メートル）が噴火した。これにより、多数の被災者と物的被害が生じた。島の大部分が生活不可能な状況になり約二万人が避難、自宅に戻れるようになるまでは最大四か月かかると見込まれていた。

四月二十四日夜、イラクの首都バグダッドの病院で、新型コロナウイルス感染症患者の集中治療室で酸素ボンベの爆発により火災が発生。少なくとも八二人が死亡したが、その多くは、避難時に酸素補給器が外されたことが原因となった。イラクでは二月以降、感染者が急増していた。

アフリカから、テロや紛争、貧困から逃れるために地中海を渡って欧州を目指す人々の舟は、たびたび海上の事故で犠牲となっている。リビア沖で、一三〇人を乗せたゴム製のボートが難破し、四月二十二日にボートだけがリビア沖で発見された。人道団体によると、本年に入ってすでに三五〇人の避難民が海でいのちを落としている。

第五十八回世界召命祈願の日にあたり、教皇は午前九時からサンピエトロ大聖堂でミサを司式し、ミサの中で九人の神学生の司祭叙階式を執り行った。叙階されたのは、教皇庁立ローマ大神学校の六人と、教区立レデンプトリス・マーテル神学院の二人、神の愛の聖母神学院の一人。

まことのぶどうの木

愛する兄弟姉妹の皆さん、こんにちは。

復活節第五主日の今日の福音（ヨハネ15・1―8）の中で主は、ご自分をまことのぶどうの木として示し、わたしたちを、ご自分とつながっていなければ生きられないその枝だといっておられます。このように語られます。「わたしはぶどうの木、あなたがたはその枝である」（5節）。枝のないぶどうの木はなく、その逆も然《しか》りです。枝は自給自足のものではなく、ぶどうの木に全面的に頼っています。ぶどうの木は、枝の存在の源なのです。

イエスは「つながる」という動詞をこだわって用いておられます。今日の福音箇所では七回も繰り返しておられます。この世から御父のもとに向かうにあたり、イエスは弟子たちに、ご自分と結ばれたままでいられるのだと安心させます。こういわれます。「わたしにつながっていなさい。わたしもあなたがたにつながっている」（4節）。

ここでいう「つながっている」とは、受動的につながることではなく、主にあっての「半睡」でなく、人生を揺りかごで過ごすことではありません。違います。そうではありません。このかたにつながっていること、わたしたちに勧めておられるように、イエスにつながっているということは、能動的にそしてまた互いに、つながるということです。どうしてでしょうか。枝は、ぶどうの木がなければどうにもならないからです。枝が伸びて実を結ぶには樹液が必要ですし、ぶどうの木もまた、枝を必要としています。木の幹には実はならないからです。互いに必要とし合っています。実を結ぶために、互いにつながり合っています。わたしたちはイエスにつながり、イエスはわたしたちにつながっておられます。

わたしたちには、何よりもイエスが必要です。主がわたしたちに教えようとしておられるのは、イエスのおきてに従うよりも、真福八端よりも、いつくしみのわざよりも、まずわたしたちはイエスと結ばれなければならない、イエスとつながらなければならないということです。イエスにつながっていなければ、よいキリスト者にはなれません。しかし、イエスとつながっていれば、わたしたちにはすべてが可能です（フィリピ4・13参照）。イエスとともにあれば、あらゆることができます。

ですが、ぶどうの木が枝をもつように、イエスもわたしたちを必要としておられます。大胆なことをいっているような気もしますので、それぞれで考えてみましょう。どういう意味で、イエスはわたしたちを必要としておられるのでしょう。イエスは、わたしたちのあかしを必要としておられるのです。枝であるわたしたちが結ぶべき実は、キリスト者としての生き方というあかしです。イエスが御父のもとに昇られた後に、ことばと行いを通して福音を告げ知らせ続けることは、弟子たちの——わたしたちの——務めです。そして弟子たち——イエスの弟子であるわたしたち——は、イエスの愛をあかしすることにより、その務めを果たします。結ぶべき実とは愛なのです。キリストにつながることで、わたしたちは聖霊のたまものを受けます。それによりわたしたちは、隣人に優しくし、社会や教会のためによい行いができます。木は果実によって見分けられます。真のキリスト者の生き方が、キリストをあかしするのです。

　では、どうしたらそれができるのでしょうか。イエスはこう教えてくださいます。「あなたがたがわたしにつながっており、わたしのことばがあなたがたの内にいつもあるならば、望むものを何でも願いなさい。そうすればかなえられる」（7節）。これもまた大胆です。望むものが必ず与えられるのですから。わたしたちの生活が豊かな実を結ぶかどうかは、祈りにかかっています。わたしたちは、イエスのように考え、イエスのように行い、イエスの目で世界や物事が見られるよう願い求めることができます。そしてそれにより、もっとも貧しい人や苦しんでいる人をはじめ、兄弟姉妹を、イエスが愛されたように愛し、イエスの心で愛し、この世界に善の実、愛の実、平和の実をもたらすのです。

おとめマリアの執り成しにゆだねましょう。マリアはいつだってイエスにしっかりとつながり、多くの実をもたらしました。わたしたちがキリストにつながり、その愛とことばにつながり、この世に、復活した主をあかしできるよう、マリアが助けてくださいますように。

復活節第五主日の五月二日（日）正午に、教皇公邸書斎の窓から、サンピエトロ広場に集まった信者とともに行った「アレルヤの祈り」で、祈りの前に述べたことば（原文イタリア語）。

「アレルヤの祈り」の後、イタリア語で次のように述べた。

「愛する兄弟姉妹の皆さん。

先週金曜日、ベネズエラのカラカスで、信仰に篤い信徒だったホセ・グレゴリオ・エルナンデス・シスネロス（一八六四―一九一九年）が列福されました。患者の顔にキリストを見ることのできた人で、よいサマリア人のように、福音的愛をもって病人を助けました。学識が高く、豊かな信仰をもった医師でした。この模範に倣い、身体や心に苦しみを負う人々の世話ができますように。新しい福者に盛大な拍手を送りましょう。

ユリウス暦に沿って、今日復活祭を祝っている正教会と、東方およびラテンカトリック教会の兄弟姉妹の皆さん、おめでとうございます。復活された主が彼らを光と平和で満たし、とくに困難な状況に置かれている共同体を慰めてくださいますように。ご復活おめでとうございます。

民間信心業でおとめマリアへの崇敬をさまざまに表す、五月を迎えました。今年の特徴は、パンデミックの終息を願い、マリア聖堂の要所をつなぐ「祈りのマラソン」です。昨夜サンピエトロ大聖堂で、スタートを切りました。

これに関連し、わたしが強く心を寄せている取り組みがあります。ビルマ教会の取り組みで、ミャンマーのために毎日ロザリオの祈りを続けることで、平和を祈るよう求めています。わたしたちはだれしも、何かが必要なときや苦しいときにはお母さんを頼ります。今月は、ミャンマーのすべての指導者の心に語り掛けてくださるよう、天の母に願いましょう。彼らが、出会いと和解と平和の道を歩く勇気をもてますように。

先週金曜日にメロン山で発生した、四五人の死者と多数の負傷者を出した事故に対し、イスラエルの人々に悲しみをもって寄り添っていることをお伝えします。この悲劇の犠牲者とご遺族を、祈りのうちに心に留めることをお約束します。

今日は、メテール・アソシエーションについても思いを馳せています。暴力や搾取の犠牲となる子どもを支援する活動を、これからも続けてください」。

前晩の午後六時から、教皇はサンピエトロ大聖堂内グレゴリオ礼拝堂の「御助けの聖母（マドンナ・デル・ソッコルソ）」祭壇脇で、ロザリオの祈りを司式した。これは、パンデミック終息を願う教皇の発案により、世界の主要三十のマリア聖堂（日本では、長崎の浦上教会が指定聖堂となっている）において、交代で毎日ロザリオの祈りを続ける一年間続く行事。教皇庁新福音化推進評議会（当時）が主催し、連日イタリア時間午後六時からオンライン中継が行われる。翌年五月三十一日に、教皇が司式するバチカン庭園でのロザリオの祈りをもって終わる。「教会では熱心な祈りが神にささげられている」（使徒言行録12・5）をテーマに、教皇庁新

四月三十日、イスラエル北部のメロン山で、ラグバオメルの命日に墓参に集った巡礼者の間で群衆事故が発生し、四五名が死亡、一五〇名以上が負傷した。ラグバオメルは高名なラビで、メロン山にある墓では一日火を焚いて記念する行事が行われていた。

メテール・アソシエーションは、小児性愛の被害者救済支援と犯罪撲滅のために活動する、一九八九年にシチリア島の司祭フォルチュナート・ディノートが設立した団体。五月十五日に、この団体の関係者らが教皇に謁見した。

イエスの愛

愛する兄弟姉妹の皆さん、こんにちは。

イエスは、ご自分をぶどうの木、わたしたちをその枝にたとえた話に続いて、今日の主日の福音（ヨハネ15・9—17）では、ご自分とつながっている者が結ぶ実は何であるかを説いておられます。その実は愛です。ここでもまた、鍵となることば、「とどまる」を用いておられます。イエスは、ご自分の喜びがわたしたちの内にあり、わたしたちの喜びが満たされるために、ご自分の愛にとどまっているよう招いておられます。

イエスの喜びを自分のものにできるよう、とどまりなさいと教えておられるその愛とはどのようなものなのか、それぞれで考えてみましょう。それは御父から生じる愛です。「神は愛」（一ヨハネ4・8）だからです。この神の愛、御父の愛は、川のように御子イエスへと流れ込み、イエスを通して、わたしたち被造物に注がれます。イエスはまさに、こういわれます。「父がわたしを愛されたように、わたしもあなたがたを愛してきた」（ヨハネ15・9）。イエスがわたしたちに注ぐ愛は、御父がイエスに向ける愛と同じ愛です。ひたすらな無条件の愛、無償の愛です。支払う対価のない、無償の愛です。その愛を与えることによってイエスは、その愛をもって、わたしたちを友として扱い、わたしたちに御父のことを伝え、まさしくご自分の使命に、わたしたちを生涯かかわらせてくださいます。

次に、もう一つ考えてみましょう。その愛に、どのようにとどまればよいのでしょうか。イエスはいっておられます。「あなたがたも、わたしのおきてを守るなら、わたしの愛にとどまっていることになる」（10節）。イエスはご自分のおきてを一言にまとめておられます。「わたしがあなたがたを愛したように、互いに愛し合いなさい」（12節）。イエスのように愛するとは、弟子たちの足を洗うことを通してイエスがされたように、仕えること、兄弟姉妹のために尽くすことです。それはまた、他者に、なかでも、いちばん困窮している人に開かれるために、自己から出て行くこと、己のもつ人間的な自信から、この世的な快適さから離れるということでもあります。ありのままの姿で、自分のもっているものを使って、自分自身を役立てるということです。つまり、ことばだけでなく、行いをもって愛するということです。

キリストのように愛するとは、この世から与えられる他の「愛なるもの」に「ノー」をいうことです。お金への愛――お金を愛する人は、イエスのようには愛せません――、成功への愛、虚栄心への愛、権力への愛などです。こうした欺きの「愛」の道は、主の愛からわたしたちを遠ざけ、もっと身勝手に、自己愛的に、尊大な者にしてしまいます。尊大さは、愛を衰退させ、他者を虐待し、愛する人を苦しめることにつながります。暴力に転じる病んだ愛のことを思い浮かべています。今日、暴力の犠牲になっている女性がどれほど多いことでしょう。それは愛ではありません。主が愛するように愛するとは、そばにいる人を大切にすること、その人の自由を尊重すること、そのままのその人を愛することであり、自分がその人に望む姿ではなく、そのままに、無償で、愛することです。つまりイエスは、ご自分の愛にとどまるよう、自分の理想にではなく、自己賛美にではなく、イエスの愛のうちに住まうようにと求めておられます。自己礼賛に居座る人は、鏡の中の住人で、自分だけを見つめています。イエスは、他者を支配し、管理しようという、うぬぼれを捨てるよう求めておられます。支配するのではなく、仕えるのです。他者に心を開くこと、それこそが愛であり、他者に自らをささげるということなのです。

兄弟姉妹の皆さん。このように主の愛にとどまると、どこに至るのでしょうか。どこに導かれるのでしょうか。イエスが教えてくださいました。「わたしの喜びがあなたがたの内にあり、あなたがたの喜びが満たされるためである」（11節）。そして主は、ご自分が御父と完全に交わることで手にしている喜びが、ご自分と結ばれることでわたしたちの内にもあるようにと望んでおられます。わたしたちは不忠実であるにもかかわらず、神が愛してくださっていることを知る喜びによって、信頼をもって人生の試練に立ち向かえます。危機をくぐり抜け、より望ましい状態でそこから脱することができます。真のあかし人となるかどうかは、この喜びを生きるかどうかにかかっています。喜びは、真のキリスト者の認証マークだからです。まことのキリスト者は悲しみません。困難に直面しても、いつも心に喜びを抱いているのです。

わたしたちがイエスの愛にとどまり、すべての人への愛を深め、復活した主の喜びをあかしできるよう、おとめマリアが助けてくださいますように。

復活節第六主日の五月九日（日）正午に、教皇公邸書斎の窓から、サンピエトロ広場に集まった信者とともに行った「アレルヤの祈り」で、祈りの前に述べたことば（原文イタリア語）。

「アレルヤの祈り」の後、イタリア語で次のように述べた。

「愛する兄弟姉妹の皆さん。

エルサレムで起きていることを、深い憂慮をもって見ています。この地が、激しい衝突ではなく出会いの地、祈りと平和の地となるよう祈ります。聖地の他宗教・多文化のアイデンティティが大切にされ、兄弟愛が勝利するよう、皆の手で共通の解決策を求めるよう願います。暴力は暴力を生むだけです。衝突はもうたくさんです。

また、昨日カブール（アフガニスタン）で起きたテロの犠牲者のためにも祈りましょう。下校途中の多くの女子生徒がねらわれるという、人間にあるまじき行為です。犠牲者一人ひとりのために、ご遺族のために、祈りをささげましょう。神がアフガニスタンに平和をもたらしてくださいますように。

さらに、コロンビアでは緊張が高まり、激しい衝突によって死傷者が出ていることに懸念を表明したいと思います。ここには多くのコロンビア人のかたがいます。皆さんの祖国のために祈りましょう。

本日、アグリジェント（シチリア島）で、正義と信仰の殉教者、ロサリオ・アンジェロ・リヴァティーノ（一九五二―一九九〇年）が列福されました。決して汚職に手を染めない清廉な裁判官として地域社会に仕え、断罪のためではなく更生を願って裁きを下すことに努めました。自らの働きをつねに「神の保護の下に」置き、それゆえに勇猛な死に至るまで福音をあかしする者となったのです。この人に倣うことで、すべての人が、とくに裁判官が、法と自由の忠実な擁護者となれますように。新しい福者に拍手を送りましょう。

それからお母さんのことも忘れてはなりません。多くの国では、今日の日曜日は母の日です。世界中のすべてのお母さんに、今はもうこの世にいないお母さんにも、ごあいさつしましょう。お母さんがたに大きな拍手を」。

長年領土争いの続くエルサレムで、イスラエル政府がラマダーン期間中のムスリムに東エルサレムでの大規模集会を禁止し、四月十二日よりイスラエルの治安部隊がエルサレムの旧市街にあるイスラームの聖地へと続くダマスカスの門の前にバリケートを設置したことが発端となって、これに対する大規模抗議デモや小競り合いが頻発していた。さらに、イスラエルで係争中だったパレスチナ人立ち退きの判決の見通しが報じられ、五月九日の大規模デモ行進では、三百人が負傷する事態となっていた。

アフガニスタンの首都カブールにある公立の女子校近くで、五月八日の下校時間に重なる時間帯に三回の爆発があり、十代の生徒少なくとも五十人が死亡、百人以上が負傷した。現場はシーア派が暮らす地域で、シーア派を敵視するテロ組織イスラム国（ＩＳ）による爆破テロが続いていたが、アフガニスタン最大の反政府勢力タリバンの関与も疑われている。アフガン政権の後ろ盾となり治安悪化の歯止めとなってきた米軍が、四月から撤退を進めており、その中で政情の不安定化をねらう武装勢力が爆破テロを仕掛けたと見られていた。

四月二十八日以降、南米コロンビアでは、コロナ禍で失業者が増加する中、政府が打ち出した税制改革に抗議する大規模デモが各地で続き、市民と治安部隊の激しい衝突で多数の死傷者が出ていた。

主の昇天

愛する兄弟姉妹の皆さん、こんにちは。

イタリアなどの国々では、今日、主の昇天の祭日を祝います。福音箇所（マルコ16・15—20）は、マルコ福音書の結び部分で、復活したイエスが弟子の前に最後に現れたときのことを伝えています。復活したイエスが天に上げられ、御父の右の座に着く前のことです。ふつう、別離は悲しいものです。残された人々は、喪失感の中で取り残されたように感じるものですが、弟子たちにそうしたことはまったく起こりません。主と別れるにもかかわらず、苦しみに打ちのめされるどころか、喜びにあふれ、宣教者として世界に出向いて行こうと意欲に燃えています。

なぜ弟子たちは悲しまないのでしょうか。イエスが天に昇られるのを目にして喜ぶべきなのは、なぜでしょうか。

昇天により、わたしたちの間でのイエスの使命は完成します。イエスが天から降《くだ》って来られたのは、まさしくわたしたちのためであり、すべてはわたしたちを天に上げるため、わたしたちのためなのです。わたしたち人間の間に降《くだ》ってくださり、人間をあがなってくださった――神は、神の御子は、降りて来られて人となり、わたしたちの人間性を引き受け、人間をあがなってくださいました――後、今このかたは、わたしたちの肉をもって天に昇られます。イエスは天に入られた最初の人間です。イエスは人間、まことの人間であり、神、まことの神であるからです。わたしたち人間の肉が天にあり、わたしたちはそれを喜ぶのです。今や、御父の右の座に人間のからだが、イエスのからだとして、初めて着くのです。その神秘のうちに、わたしたちはそれぞれ、自分の未来の行き先を見るのです。これは決して見捨てられたということではなく、イエスはいつまでも弟子たちとともに、わたしたちとともにおられるということです。そして、つねに祈っておられます。イエスは人間として、御父に祈っておられ、そして神として、人間であり神であるかたとして、ご自分の傷を、わたしたちをあがなうために負われたその傷を、御父に示しておられるからです。イエスの祈りはそこに、わたしたちのからだとともにあります。イエスはわたしたちの一人であり、人となられた神であり、そうして、わたしたちのために祈っておられるのです。

このことがわたしたちに自信を、そして何より喜びを、大きな喜びをもたらします。

そして喜ぶことの二つ目の理由は、イエスの約束にあります。イエスは「わたしはあなたがたに聖霊を送る」といわれました。そしてそのときに、聖霊と結ばれ、まさにこの別れのときにこうお命じになったのです。「全世界に行って、福音をのべ伝えなさい」。そうして、わたしたちを全世界に向かわせ、福音を伝えさせるのは、聖霊の力ゆえとなるのです。イエスがこの日に約束してくださった聖霊こそが、九日後の聖霊降臨に来られるかたです。わたしたち皆が、今こうしていられるのは、まさに聖霊のおかげです。大きな喜びです。イエスが天に昇られ、御父を前にする最初の人となられたのです。イエスは、わたしたちの救いの代償であるご自分の傷をそのまま残し、わたしたちのために祈っておられます。そしてわたしたちに聖霊を送ってくださいます。行って、福音をのべ伝えるために聖霊を送ると、イエスは約束してくださいました。それが、今日の喜びの理由です。だから、この主の昇天の祭日は喜ばしい日なのです。

兄弟姉妹の皆さん。この昇天の祭日に、キリストが昇られ、御父の右の座に着いておられる天を思いめぐらすこの日に、天の后《きさき》マリアに願いましょう。復活した主を、実生活を通して、この世に大胆にあかしする者となれますように。

主の昇天の祭日の五月十六日（日）正午に、教皇公邸書斎の窓から、サンピエトロ広場に集まった信者とともに行った「アレルヤの祈り」で、祈りの前に述べたことば（原文イタリア語）。

「アレルヤの祈り」の後、イタリア語で次のように述べた。

「愛する兄弟姉妹の皆さん。

聖地で起きていることを、とても心配しながら見ています。ここ数日、ガザ地区とイスラエルの間の悲惨な武力衝突が激化し、死と破壊のスパイラルに発展する危険があります。大勢の人が負傷し、罪なき多くの人が亡くなっています。その中には子どももいます。これは恐ろしいことであり、容認できることではありません。彼らの死は、未来を築くのではなく、むしろそれを破壊しようとしていることの表れです。

また、イスラエルのさまざまな都市にまで及んでいる憎悪と暴力の拡大は、市民の間の友愛と平和的共存に深い傷を与えており、わたしたちが直ちに対話に開かれなければ、その修復は困難になってしまいます。憎しみや報復はどこに至るのでしょうか。相手を破壊することで平和が築けるなどと、本気で信じているのでしょうか。「すべての人を、権利、義務、尊厳において平等に創造なさり、地を満たして、そこに善、愛、平和の価値を広めるために、互いに兄弟として生きるよう招いてくださった、神の名によって」（教皇フランシスコ／グランド・イマーム、アフマド・アル・タイーブによる共同文書「世界平和と共生のための人類の兄弟愛（二〇一九年二月四日、アブダビ）」参照）、わたしは事態の鎮静化を求め、責任者に訴えたいのです。国際社会の助けを借りて、銃声を静め、平和の道を歩んでください。

イスラエルとパレスチナが、対話とゆるしの道を見つけ、平和と正義の築き手となり、一歩一歩、共通の希望、兄弟姉妹としての共存へと続く道を切り開いていけるよう、たえず祈りを続けましょう。

犠牲者のために、とくに子どもたちのために祈りましょう。平和の后マリアに、平和を求めて祈りましょう。アヴェ・マリア……。

今日から「ラウダート・シ週間」（日本では「すべてのいのちを守るための月間」に重なる）が始まります。地球と貧しい人の叫びに、よりいっそう耳を傾けることを覚えるためです。教皇庁人間開発のための部署、ラウダート・シ・ムーブメント、国際カリタス、その他多数の加盟団体に感謝申し上げます。皆さん、この行事にぜひ参加してください。

昨日、ここローマのサン・ジョバンニ・イン・ラテラノ大聖堂で行われた、サルヴァトール修道会と修道女会の創設者、十字架のフランツィスクス・マリア・ヨルダン司祭（一八四八―一九一八年）の列福式に参加するため訪れた、各国からの巡礼者の皆さんにごあいさついたします。この人は、キリストの愛から与えられたあらゆる手段を用いて、たゆみなく福音を伝えた人です。この人の使徒的熱意が、どの環境の中にもイエスのことばと愛をもたらす者となるよう招かれた教会の人々の手本となり、導きとなりますように。新しい福者に拍手を送りましょう。そちらに、（群衆が掲げる）イコンがありますね」。

二〇〇七年からガザ地区を実効支配するイスラム原理主義組織ハマスは、イスラエルに対する強硬な立場を取り、両者の間で衝突が繰り返されてきたが、この前週に始まった衝突は、二〇〇八年、二〇一四年に続く大規模なものとなり、この後五月二十一日まで十一日間に及ぶこととなった。双方に被害が出たものの、ガザ地区の千五百か所以上への攻撃により、八千を超える人が自宅を失った。

この日教皇は、午前十時よりサンピエトロ大聖堂のペトロの司教座祭壇で、ローマ在住のミャンマー人信者らとともに、ミャンマーの平和のためにミサをささげた。ミサの第一朗読と第二朗読、またいくつかの聖歌にはビルマ語が使用された。説教の最後には、希望を失わないようにと、ミャンマーの信者らに励ましのことばを送った。

聖霊降臨

愛する兄弟姉妹の皆さん、こんにちは。

使徒言行録（2・1―11参照）は、イエスの過越の五十日後に、エルサレムで起こった出来事を伝えています。弟子たちは高間に集まっていて、おとめマリアも一緒でした。復活した主は、天から聖霊のたまものを受けるまでは、エルサレムにとどまるよう彼らに告げていました。その音は「激しい風」のようで、彼らがいた家中に響き渡りました（2節参照）。ですからそれは、実際の体験でありながら、象徴的なことでもあります。実際に起きた一つの出来事ですが、わたしたちの全生涯にとって象徴的なメッセージも伝えています。

聖霊は、自由に吹きすさぶ激しい風のようであることを、この体験は物語っています。つまり、聖霊は強さと自由を与えてくれます。強く、思いのままに吹く風です。

コントロールすることも、止めることも、抑えることもできません。どこに向かって行くのかも予測できません。わたしたち人間の要求する枠に、はまるつもりはありません。わたしたちは何でも枠にはめようとします。しかし聖霊は、わたしたちの枠組みや先入見にご自分をはめることは決してありません。聖霊は、父なる神から、御子イエス・キリストから出て、教会に吹き込み、わたしたち一人ひとりに吹き込み、わたしたちの思いと心にいのちをお与えになります。信条にあるように、このかたは「主であり、いのちの与え主」なのです。神であるから聖霊は、支配するかたであり、そして、いのちをお与えになるのです。

聖霊降臨の日に、イエスの弟子たちはまだ混乱し、うろたえていました。いまだに外に出る勇気がもてずにいました。わたしたちもそうなることはあり、自分の世界を囲む防壁の中にとどまりたいと思うことがあります。ところが主は、わたしたちのもとに来て、心の扉を開くすべをご存じです。主は、わたしたちに聖霊を送っておられます。聖霊はわたしたちを包み込み、ためらいをことごとく打ち砕き、防壁を倒し、間違った思い込みを吹き飛ばしてくださいます。聖霊は、この日に使徒たちになさったように、わたしたちを新たにしてくださいます。このかたはわたしたちを新たに、新しい被造物としてくださるのです。

聖霊を受けてからの使徒たちは、もはや以前と同じではありませんでした。聖霊が彼らを変えました。彼らは外に出て、おびえることなく外に出ていって、イエスのことを教え始めました。イエスは復活したこと、主はわたしたちとともにおられることを、だれもが自分の言語で理解できるように教え始めました。聖霊は普遍ですので、わたしたちから文化の違い、考えの相違を取り除くことはなさいません。なさいません。このかたは、すべての人のためにおられます。だれもがこのかたのことを、自分の文化の中で、自分の言語で、理解するのです。聖霊は弟子たちの心を変え、視界を広げてくださいます。聖霊のおかげで弟子たちは、それまでの考え方や生活習慣を作ってきた文化的、宗教的枠組みを超えて、限りなく、すべての人に、神の偉大なわざを伝えられるのです。聖霊は、使徒たちが人々のもとに行き、相手の聞く力と理解する力を尊重しつつ、それぞれの文化の中で、各言語を用いて、伝えられるようにします（5―11節参照）。つまり、聖霊は多種多様な人々を交わりに導くことを通して、教会の一致と普遍性を実現しておられます。

今日、この真理、こうした聖霊の実際は多くを教えてくれます。教会に、つねに分裂へと傾き、自分たちを他から切り離そうとする小集団がいくつあるとしてもです。それは神の霊によるものではありません。神の霊は調和であり、一致であり、異なるものを結びつけます。ジェノヴァの大司教だった立派な枢機卿はよく、教会は川のようなものだ、大切なのはその中にいることだといっていました。聖霊が一つにしてくださいますから、こちら側やこちら側に片寄っていることは、さして重要ではありません。川のたとえです。大事なのは、聖霊のもたらす一致の中にいることです。こちら寄りだとか、あちら寄りだとか、このように祈るとか、あのように祈るとかといった、つまらないことに目を向けることではありません。聖霊降臨の日に聖霊がお示しになったように、教会はすべての人のためにあります。それは、神に由来するものではありません。すべての人のためです。

聖霊が豊かに注がれ、信者の心を満たし、すべての人にその愛の炎を燃え立たせてくださるよう、教会の母、おとめマリアの取り次ぎを、今日願いましょう。

聖霊降臨の祭日の五月二十三日（日）正午に、教皇公邸書斎の窓から、サンピエトロ広場に集まった信者とともに行った「アレルヤの祈り」で、祈りの前に述べたことば（原文イタリア語）。

「アレルヤの祈り」の後、イタリア語で次のように述べた。

「愛する兄弟姉妹の皆さん。

憂慮すべき事態が続くコロンビアの情勢を、皆様の祈りにゆだねます。この聖霊降臨の祭日に、愛するコロンビアの人々が聖霊のたまものを迎え入れられるよう祈ります。パンデミック禍により、とくに貧しい人にしわ寄せのいく多くの問題について、真剣な対話を通して、正義ある解決策を見いだせますように。人道的理由から、すべての人にお願いします。平和的抗議の権利を行使する住民に、危害を加えるような行動は慎んでください。

コンゴ民主共和国の都市ゴマの住民のためにも祈りましょう。ニーラゴンゴ火山の噴火により避難を余儀なくされています。

明日は、中国のカトリック信者にとって、キリスト信者の助け手であり、彼らの大国の天の保護者である聖母マリアの祭日です。主の母、教会の母は、上海の佘山《シェシャン》の聖母大聖堂で特別に崇敬され、キリスト者の家庭は、日々の生活の困難の中で、またその中で希望をもって、熱心に祈りをささげています。キリスト者の家庭や共同体の成員が、愛と信仰においていっそう強いきずなを築くことは、どれほどすばらしく、また必要とされることでしょうか。このように、親子で、祖父母と孫で、司牧者と信者で、五旬祭にマリアとともに一つになって祈り、聖霊を待ちわびていた最初の弟子たちの模範に倣うことができます。ですから皆さんにお願いします。わたしたちの愛する兄弟姉妹である中国のキリスト者に、わたしの心の中にしっかりと存在する彼らのために、熱心な祈りをもって寄り添ってください。世界における教会の宣教の主役、聖霊が彼らを導き、福音を告げる者、善と愛のあかし人、正義と平和の築き手となれるよう助けてくださいますように。

明日は扶助者マリアの記念日ですので、サレジオ会やサレジアンシスターズのことを思います。もっとも離れている人のため、隅に追いやられた人のため、若者のために、教会を通して多くの、実に多くの働きをしておられます。主が彼らを祝福し、多くの召し出しをもって、それを進めてくださいますように。

明日でラウダート・シ特別年が終わります。世界中で行われた多くの取り組みに参加してくださった皆さんに感謝します。これは、これからも、地球と貧しい人の叫びに耳を傾けながら、ともに続けていかなければならない歩みです。ですから「ラウダート・シ・アクション・プラットフォーム」をすぐに立ち上げるつもりです。家庭、小教区、教区といった共同体、学校、大学、病院、企業、団体、運動体、組織、修道会が、持続可能なライフスタイルを採用できるようにする、七か年のプロジェクトです。被造物の福音を伝え広め、わたしたちの共通の家の世話をするようにとの使命を今日受け取った多くの活動家の皆さんに、祝福がありますように」。

四月二十八日以降、南米コロンビアで約一か月続く抗議デモは収束が見えず、デモ隊の一部の暴徒化や、デモを抑えつけようとする警察との衝突により、五月二十四日現在で、死者四三人、警察による暴力や体罰は約四千件に上ると報告されていた。デモ開始以降、税制改革の取り下げ、財務大臣の退陣、貧困層の学費一部無償化、保険制度改革の取り下げが発表されたものの、要求は多岐にわたるため、デモ収束の見通しは立っていない。

アフリカでもっとも活発な火山であるニーラゴンゴ山では、五月二十二日の噴火により溶岩流が発生し、三十人以上が死亡、約二万人が家を失った。

前年の五月二十四日から、回勅『ラウダート・シ――ともに暮らす家を大切に』の公布五周年を記念して始まった一年間の「ラウダート・シ特別年」での取り組みを継続するため、教皇庁人間開発局の準備した「ラウダート・シ・アクション・プラットフォーム」は、五月二十五日に教皇のビデオメッセージによって開始された。

三位一体

愛する兄弟姉妹の皆さん、こんにちは。

今日の祭日は、神を、唯一の神の神秘を記念する日です。そしてこの神とは、御父であり、御子であり、聖霊です。三者でありながら、しかし神は一体です。御父は神、御子は神、聖霊は神です。しかし三つの神々ではありません。三者としての唯一の神です。それこそが、イエス・キリストが明らかになさった神秘、三位一体です。今日は、この神秘に集中して祝います。三者とは、神の形容ではないからです。違います。三者は実際の、区別された、別々のかたです。例の哲学者がいったような「神から放射されたものたち」ではありません。違います。それぞれのかたがたなのです。「主の祈り」で祈りをささげる御父がおられます。あがないを、義をもたらしてくださった御子がおられます。わたしたちの中に住まい、教会に住んでおられる聖霊がおられます。そしてこのかたが、わたしたちの心に語ります。聖ヨハネが神の啓示の全体をまとめた一語に包まれるかたであることを見いだすからです。「神は愛」（一ヨハネ4・8―16）――。御父は愛です。御子は愛です。聖霊は愛です。神が愛であるかぎり、神は一体であり唯一であって、父と子と聖霊の間で、ばらばらではなく交わっておられます。愛は本質的に自らをささげることであり、その根源的で無限の現実において、御父はまさに御子を生み出すことでご自分をお与えになるかたで、その御子はご自分を御父にささげておられるかたであり、そしてその両者の愛が聖霊で、両者の一致のきずなであるからです。この神秘を理解するのは簡単ではありませんが、これを生きることはできます。わたしたちは皆、存分にこの神秘を生きることができるのです。

この三位一体の神秘は、イエスご自身がわたしたちに明かしてくださいました。イエスは神のみ顔を、いつくしみ深い御父として示してくださり、ご自分のことを、まことの人間、神の独り子、御父のみことば、わたしたちのためにいのちをささげる救い主だとお示しになりました。また、御父と御子からもたらされる聖霊については、真理の霊、パラクレートス（聖霊）――先週の日曜日はこの聖霊がテーマでした――、すなわち慰め主、弁護者だと教えてくださいました。そしてイエスは、復活された後に使徒たちのもとに現れた際、「すべての民に」宣教し、「父と子と聖霊の名によって洗礼を授ける」（マタイ28・19）ために彼らを遣わしたのです。

ですから、今日のこの祭日は、このすばらしい愛と光の神秘について考えるようわたしたちを促します。わたしたちはこの神秘から生まれ、この神秘に向けて地上を旅するよう導かれています。

福音を告げるうえで、またキリスト者の使命のそれぞれの中で、この一致をないがしろにしてはなりません。イエスは、父と子と聖霊の一致に倣い、わたしたちの間にもこの一致を呼びかけておられます。この一致を軽んじてはなりません。福音の美は、実に多様なわたしたちの間で調和をもって一致を生き、それをあかしするよう求めています。そして、わたしがはっきりと申し上げているこの一致は、キリスト者には欠かせないものです。立場や名目上のことではありません。そうではなく、なくてはならないものです。愛から、神のいつくしみから、イエス・キリストが義としてくださったことから、わたしたちの心におられる聖霊からもたらされるのが、一致であるからです。

至聖なるマリアは、ご自分の人生にイエスを完全に迎え入れることで、その素朴さと謙虚さにおいて、三位一体の神の美を映し出しておられます。わたしたちが神を礼拝する者となり、わたしたちの兄弟姉妹のために仕える者となれるよう、マリアがわたしたちの信仰を支えてくださいますように。

三位一体の祭日の五月三十日（日）正午に、教皇公邸書斎の窓から、サンピエトロ広場に集まった信者とともに行った「お告げの祈り」で、祈りの前に述べたことば（原文イタリア語）。

「お告げの祈り」の後、イタリア語で次のように述べた。

「愛する兄弟姉妹の皆さん。

昨日、スペインのアストルガで、マリア・ピラール・グロン・イトゥリアガ（一九一一―一九三六年）、オクタビア・イグレシアス・ブランコ（一八九四―一九三六年）、オルガ・ペレス・モンテセリン・ヌニェス（一九一三―一九三六年）の三人が列福されました。この三人の勇敢な女性信徒は、よいサマリア人に倣って、危険なときに、リスクを冒して、戦争の負傷者を見捨てることなく献身的に看病を続け、信仰への憎しみによって殺害されました。彼女たちの福音的あかしゆえに主をたたえましょう。新しい福者たちに拍手を送りましょう。

来る七月一日に、在レバノンのキリスト教共同体の主要な代表者らとバチカンで集う予定です。この国の憂慮される情勢について考え、平和と安定のたまものを祈る日とします。この国の取り組みを、ハリッサの聖堂で崇敬されている神の母の執り成しにゆだねます。皆さんも今このときから、この愛する国の平和な未来を願う連帯の祈りをもって、この行事の準備に寄り添ってくださるよう願います。

今日は、世界多発性硬化症の日であり、イタリアでは疼痛緩和の日です。これらの取り組みに感謝します。そばで寄り添うことは「病で苦しむ人を支え、慰める尊い香油」(「二〇二一年世界病者の日メッセージ」)だということを胸に刻みましょう。

今朝、数名の信者グループとお会いしました。聖書を全巻自分たちの方言に訳したものをおもちくださいました。翻訳したのはお一人です。八年の作業だったそうです。すべて方言で、八巻分になります。その場におられたそのかたがいうには、読み、祈り、訳した、のだそうです。その行為に感謝するとともに、今一度皆さんに申し上げます。聖書を読んでください、神のことばを読んでください。そこから、わたしたちが生きるうえでの力を得てください。そしてまた、何度も申し上げていることですが、つねに新約聖書、小型聖書を持ち歩いてください。鞄に、ポケットに入れて、いつでも読めるようにしてください。そうすれば聖書のイエスに出会えます。そのことを理解しようと八年の努力を続けたこのかたの模範に学びましょう。彼はこう教えてくれました。「わたしは祈りつつ、それをなしたのです」」。

レバノンは、一パーセントの国民が国内総生産(GDP)の四分の一を稼ぐという所得格差の大きな国。政治家や特定の権力集団が不正に富を収奪していると指摘されており、上位〇・一パーセントの収入と下層五〇パーセントの収入額がほぼ同じという、深刻な格差社会となっている。社会不満の高まりで二〇一九年にデモが始まって以降、企業活動が滞り、十六万人以上が失職、国民の三割以上が貧困で、半数近くが食糧の調達に不安を抱えている。同国は深刻な財政危機に陥っており、前年三月には債務不履行(デフォルト)を宣言した。同年八月にベイルートで起きた大規模な爆発事故の直後に内閣は総辞職し、政治空白が続いて経済はさらに悪化、国家の崩壊が現実的になっていた。

教皇の受け取った方言聖書は、年金生活を送るルイジ・ズッケーリ氏（七十八歳）が、ピアチェンツァ地方の方言に翻訳したもの。

キリストの聖体

愛する兄弟姉妹の皆さん、こんにちは。

イタリアをはじめとする国々では、今日、キリストの聖体の祭日を祝います。福音は、最後の晩餐《ばんさん》の場面を示します（マルコ14・12―16、22―26）。主のことばと行いは、わたしたちの胸を打ち震わせます。主はパンを手に取り、賛美の祈りを唱えて、それを裂き、弟子に与えていわれます。「取りなさい。これはわたしのからだである」（22節）。

このように、イエスはもっとも大いなる秘跡を、飾ることなく与えておられます。このかたがなさったのは、身を低くして差し出すという行為、分かち合うという行為です。イエスはその生涯の頂点で、大勢の群衆に余るほどのパンを配るのではなく、弟子たちとの過越の晩餐でご自分を裂かれるのです。このようにしてイエスは、人生の目的は自らをささげることにあり、もっとも偉大なことは奉仕であると、わたしたちに教えておられます。今日わたしたちは、一片のパンの中に、愛のあふれ出る、分かち合いのあふれ出る脆《もろ》さのうちに、神の偉大さをあらためて見いだします。脆さこそが、わたしが強調したいことばです。イエスは裂かれて、粉々になるパンのように脆くなられます。しかしイエスの強さは、まさにその脆さのうちにあります。聖体において、脆さは力です。恐れさせるのではなく受け入れられるために、身を小さくする愛の力です。いのちを養い生み出すために、身を裂き分け与える愛の力です。わたしたち皆を一つに結ぶために、身を砕く愛の力です。

聖体の脆さにおいて際立つ力は、もう一つあります。それは、過ちを犯した人を愛する力です。イエスがいのちのパンをわたしたちにお与えになるのは、まさにご自分が裏切られる夜のことです。イエスが最高の恵みをお与えになるのは、深い苦悩に心が苛《さいな》まれるときです。食事をともにする弟子が、同じ釜《かま》の飯を食した弟子が、自分を裏切ろうとしているのです。裏切りは、その者を愛する人にとっては最大の苦しみです。それでイエスはどうされるのでしょう。それ以上の善をもって、悪に応じます。ユダの「否《いな》」に対し、あわれみによる「然《しか》り」をもっておこたえになります。罪人を罰するのではなく、その者にご自分のいのちをお与えになります。その者のために償うのです。わたしたちが聖体を受けるとき、イエスはわたしたちにも同じことをなさいます。イエスはわたしたちのことをご存じです。わたしたちが罪人だと知っておられ、多くの過ちを犯していることをご存じです。それでも、ご自分のいのちをわたしたちのいのちと結ぶことをやめません。わたしたちにはそれが必要であることを、イエスはご存じです。聖体は聖人への褒美ではなく、罪人の糧だからです。だからイエスはわたしたちに訴えておられます。「恐れずに、とって食べなさい」。

いのちのパンを受けるたびに、イエスはわたしたちの脆《もろ》さに新たな意味を与えてくださいます。イエスの目には、わたしたちは自分が思うよりずっと尊い存在であることを、思い出させてくださいます。イエスは、わたしたちが自分の脆さをご自分と分かち合うのは、大きな喜びだと伝えておられます。ご自分のあわれみは、わたしたちの悲惨さを前にひるむことはないと、繰り返し語っておられます。イエスのあわれみは、わたしたちの悲惨さを前に微塵《みじん》も変わりはしません。それどころか、わたしたちが自分ではどうすることもできない脆さを、愛をもっていやしてくださいます。脆さとはどのようなものでしょう。考えてみましょう。自分を傷つけた人への怒り――これは自分ではいやせません。他者と距離を置き、自分の中に引きこもること――これも自分ではいやせません。後悔に取りつかれ、安堵できずに不平ばかりいうこと――これも自分ではいやせません。ご自分の現存をもって、ご自分のからだであるパンで、聖体で、いやしてくださるのはイエスです。聖体は、そうした終わってしまったようなときに、よく効く良薬です。まさしく、いのちのパンは、かたくなな心をほぐし、素直な心に変えてくれます。聖体によってわたしたちは、イエスと結ばれているからこそ、いやしをもたらすのです。聖体はイエスの生き方に同化させられます。自分を裂く力、兄弟姉妹に自らを与える力、善をもって悪に立ち向かう力、そうしたイエスの力が、わたしたちのからだの一部となります。聖体はわたしたちに勇気を与え、自分の外に出て、他者の脆さに対し、愛をもって身をかがめられるようにしてくれます。神がわたしたちにしてくださるようにです。わたしたちを愛し、わたしたちの脆さをいやしてくださるイエスをわたしたちが受けるのは、他者を愛し、その脆さを支えるためである——それが聖体の論理です。そしてそれは、生涯ずっと続きます。今日の時課の典礼では、イエスの生涯をまとめた四節を賛歌で祈りました（聖体の祝日の聖務日課での賛歌 *Verbum Supernum Prodiens* 参照）。イエスがお生まれになり、人生という旅路の同伴者となられ、そして晩餐《ばんさん》の席でご自分を食べ物としてお与えになり、それから十字架上で死をもってご自分を「代償」として支払われたこと、そして今は天にあって治め、わたしたちが目指す褒美としてわたしたちを待っていてくださるということです。

感謝の心をもって聖体を受けることができるよう、そしてわたしたちのいのちを差し出すことができるよう、人となった神を宿した聖なるおとめマリアが助けてくださいますように。聖体がわたしたちを、すべての他者への贈り物にしてくださいますように。

六月六日（日）正午に、教皇公邸書斎の窓から、サンピエトロ広場に集まった信者とともに行った「お告げの祈り」で、祈りの前に述べたことば（原文イタリア語）。

「お告げの祈り」の後、イタリア語で次のように述べた。

「カナダから飛び込んだ、ブリティッシュコロンビア州のカムループス先住民寄宿学校の生徒二一五人の遺体が発見されたという衝撃的なニュースを、つらい気持ちで受け止めています。カナダ司教団およびカナダの全カトリック教会とともに、この衝撃的なニュースに深く傷ついたカナダの人々に心を合わせています。悲しい発見により、過去の苦悩と心痛をいっそうはっきりと自覚させられました。カナダの政府当局および宗教指導者が、この悲しい出来事に光を当て、和解といやしの道に謙虚に献身するために、決意をもって協力し続けることができますように。このつらい過去は、すべての人に対して強く要請しています。植民地モデルとは縁を切るよう、対話と、相互尊重と、カナダのすべての子らの権利と多様な文化の認知をもって、ともに歩むよう求めています。このカナダの寄宿学校で亡くなったすべての子どもの魂を主にゆだね、悲しみの中にあるカナダの先住民のご家族と共同体のために祈りましょう。黙禱をささげましょう。

ブルキナファソの小さな町で、金曜から土曜日にかけての夜中に起きた流血事件の犠牲者のために祈ることを約束します。ご遺族と、このような度重なる攻撃で大きな苦しみを受けるブルキナファソのすべての人に、心を寄せています。アフリカに必要なのは平和であって、暴力ではありません。

今日、コモ教区（イタリア）のキアヴェンナで、マリア・ラウラ・マイネッティ修道女（一九三九―二〇〇〇年）が列福されます。十字架の修道女会（別名セント・アンドリュー修道会）のシスターで、二十一年前、悪魔崇拝の集団に影響された三人の少女によって殺されました。残酷なことです。何よりも若い人たちを愛したかたで、悪魔にとらわれたあの少女たちをも愛し、ゆるしたかたです。マリア・ラウラ修道女は、人生の計画をわたしたちに残しています。「どんな小さなことも、信仰、愛、熱意をもって行う」。主が、わたしたち皆に信仰、愛、熱意を与えてくださいますように。新しい福者に拍手を送りましょう。

明後日の六月八日（火）午後一時に、国際カトリックアクションは、それぞれの宗教的伝統に従って、「平和のための一分間」をささげることを呼びかけています。とくに、聖地とミャンマーの平和のために祈りましょう」。

キリストの聖体の祭日は、イエスが聖体を制定した最後の晩餐との関係から、三位一体の主日の直後の木曜日に祝うことになっているが、多くの信者がミサに参加しやすいよう、日本を含む多数の国で三位一体の主日の翌週の日曜日に記念される。この日教皇は、午後五時半から、サンピエトロ大聖堂のペトロの司教座祭壇でキリストの聖体のミサを司式した。例年行われている伝統の聖体行列は、新型コロナウイルス感染拡大防止措置のため前年に引き続き行われなかったが、ミサの終わりには聖体賛美式と長時間の顕示が執り行われた。

五月二十七日、カナダの先住民寄宿学校の跡地から二一五人の子どもの遺骨が発見されたことが、調査に当たった団体から発表された。このカムループス・インディアン・レジデンシャル・スクールは、十九世紀後半に設立された一四〇近い寄宿舎の中で最大で、一八九〇年から一九六九年まで、同化政策を進めるカナダ政府の意向で、カトリック教会が運営していた。調査団体によると、これらの犠牲者の記録は現在のところ発見されていない。このように寄宿学校での生活を強制された北米先住民やイヌイット、メティス（白人と先住民の間に生まれた子）は約十五万人に上ると見られ、性的なものも含め肉体的・精神的虐待を受け、文化と言語を奪われた。このニュースを受けて、教会が犯した過ちを謝罪するため、教皇は二〇二二年七月にカナダを訪問することとなった。

ブルキナファソ北部で、五月四日夜と、五日午前二時ごろ、それぞれ別の村が武装集団の襲撃を受け、二十人ほどの子どもを含むおよそ一六〇人が殺害された。過激派による暴力が頻発し始めた二〇一五年以降、最悪の犠牲者数となった。ブルキナファソでは、過激派の攻撃でこれまでに約千四百人が死亡し、放火や破壊により百万人が家を奪われている。

種のたとえ

愛する兄弟姉妹の皆さん、こんにちは。

今日の典礼が示す二つのたとえ話は、まさに日常の生活からヒントを得たものであり、イエスの観察力を物語っています。イエスは現実をよく見ておられ、日常生活から切り取った小さな映像を用いて、神の神秘と人間の出来事について、窓を開いてくださいます。イエスは分かりやすく語り、日常生活に実際にあるものの姿を借りて説明しました。そうしてイエスはわたしたちに、いつも何も変わらないような、いい加減に、あるいは苦労して続けているような、日々のことであっても、そこに神の隠された現存がある、つまりそれには意味があるのだと教えておられます。ですからわたしたちも、目を凝らして、「すべてのものに神を求め、見いだす」ようにならなければなりません。

今日のイエスは、神の国、すなわち物事やこの世界の中での神の現存を、どんな種よりも小さい、からし種にたとえておられます。本当に小さな種です。それでも土に蒔《ま》かれれば、とても大きな木になります（マルコ4・31―32参照）。神がそうされるのです。往々にして、世の喧騒は、わたしたちの日々を埋め尽くすさまざまな用事とともに、主がどのように歴史をつかさどっておられるか、立ち止まって考えることをできなくさせます。それでも、福音が確かに示しているように、神は、そっと、ゆっくりと芽吹く小さなよい種のように働いておられます。そしてやがてひっそりと、豊かに葉の茂る大木となり、皆にいのちと安らぎをもたらすのです。わたしたちのよい行いという種もまた、小さなものに思えますが、それでも、よいものはすべて神に属しているのですから、その種は慎ましく少しずつ実を結びます。覚えておいてください。善は必ずひっそりと、時にはまったく人知れず、慎ましく成長するものなのです。

兄弟姉妹の皆さん。このたとえを用いてイエスは、わたしたちに自信を与えようとしておられます。人生のさまざまな場面には、一見すると悪が強そうで善が弱く思え、失望してしまうときがあります。懸命に努力しても結果が得られず、何も変わらないように思えると、わたしたちは疑って動けなくなります。福音はわたしたちに、自分自身と現実を新たな目で見るよう呼びかけています。また、わたしたちの生活という畑で、また人生という畑で、つねに働き続ける慎ましい愛であられる神の現存を見いだすために、よく見るよう、見えているもの以上のものを見る、よい目をもつよう求めています。それこそがわたしたちの確信であり、それがわたしたちに、実を結ぶよい種を忍耐強く日々蒔きながら前進する力を与えてくれます。このパンデミックからよりよくなって脱するためにも、この姿勢がどれほど大切なことか。神の手の中にいるという信頼を深めるとともに、辛抱強く、強い意志をもって、復興と再出発に全力を尽くすのです。

教会にも、疑いという雑草が根を張ることがあります。信仰の危機に直面する際、さまざまな計画や取り組みに挫折するときには、なおさらです。しかし、忘れないようにしましょう。種を蒔いた結果は、わたしたちの力に左右されるのではありません。それは神のわざによるものです。種を蒔くこと、愛をもって、懸命に、忍耐強く種を蒔くことは、わたしたちにゆだねられています。しかし、種の力は神のものです。イエスは、今日のもう一つのたとえ話を用いて、そのことを説明しておられます。農夫は種を蒔きますが、その種がどのように実を結ぶかは知りません。種は、ひとりでに、昼に夜に、農夫がそれを思いもせずにいる間に成長します（26―29節参照）。神とともにあれば、どんなに不毛な土地にも、新しい芽の出る希望があります。

小さなものの中で働いておられる神の偉大さにわたしたちが気づけるよう、また、失望という誘惑を乗り越えることができるよう、主の謙虚なはしため、至聖なるマリアがわたしたちを導いてくださいますように。日々主を信じましょう。

年間第十一主日の六月十三日（日）正午に、教皇公邸書斎の窓から、サンピエトロ広場に集まった信者とともに行った「お告げの祈り」で、祈りの前に述べたことば（原文イタリア語）。

「お告げの祈り」の後、イタリア語で次のように述べた。

「愛する兄弟姉妹の皆さん。

エチオピアのティグライ州の人々に、強く心を寄せています。貧しい人々が食糧難にさらされる深刻な人道危機に見舞われています。今日も食糧が不足しており、そこには飢えがあります。すべての人に食糧や保健医療の支援を確保するため、そして社会の安定を一刻も早く回復させるため、直ちに戦闘行為が停止されるよう皆で祈りましょう。この意向をもって、聖母に祈りましょう。アヴェ・マリア……。

昨日は、児童労働反対世界デーでした。遊び、学び、夢見る権利を奪う、子どもたちの搾取に目をつぶることはできません。国際労働機関（ＩＬＯ）の推計によると、今日では一億五千万人以上の子どもが、労働のために搾取されています。悲劇です。一億五千万人というのは、スペイン、フランス、イタリアの人口を合わせた数とほぼ同じです。それが、今起きていることなのです。あまりにも多くの子どもが、児童労働による搾取に苦しんでいます。こうした現代の奴隷制を廃止すべく、皆で力を合わせましょう。

本日午後、シチリア島のアウグスタで、二〇一五年四月十八日の難破船を記念する式典が行われます。地中海沖での多くの悲劇の象徴であるこの船が、すべての人の良心に訴え続け、無関心の壁を打ち砕くための人類のいっそうの一致を促すものとなりますように。地中海が、欧州最大の墓地となっていることについて、よく考えてみてほしいのです。

明日は世界献血者デーです。ボランティアの皆さんに心から感謝するとともに、この活動を続け、寛大さと無私の心の価値をあかししてくださるよう、励ましを送ります。深く感謝申し上げます。ありがとうございます」。

国連の報告（六月十日）によると、エチオピアのティグライ州では、三十五万人が危機的な飢餓状況（IPCフェーズ五）に陥り、人口の七割に及ぶ四百万人が高レベルの急性食糧不安（IPCフェーズ三以上）に直面している。州政府与党勢力と同国連邦政府との前年秋から続く武力衝突のため、社会インフラが壊滅状態に陥っている。ユニセフ（国連児童基金）、国連食糧農業機関（FAO）、国連世界食糧計画（WFP）は、長期化する戦闘行為がやまなければ大規模飢饉に陥ると憂慮し、緊急の行動を呼びかけていた。

この日シチリアでは、カトリックの船員司牧の国際組織「ステラ・マリス（海の星）」により、地中海上での移民船の悲惨な事故への責任と連帯を想起するため、二〇一五年四月十八日に沈没した難破船を「記憶の庭」として設置する式典が行われた。生存者わずか二八人だったこの難破船は、七百から八百人ほどといわれる乗船者の大半とともに水深四百メートルの海底に沈んでいたが、二〇一六年に引き上げられ、遺体の身元確認作業が続けられていた。

なぜ怖がるのか

愛する兄弟姉妹の皆さん、こんにちは。

今日の典礼では、イエスが嵐を静めた話（マルコ4・35―41）が語られます。弟子たちが湖の向こう岸に渡るために乗った舟が、突風に吹かれ波にのまれると、弟子たちは舟が沈むのではないかと怖くなります。イエスは彼らと一緒に舟に乗っていますが、艫《とも》のほうで枕をして眠っておられます。弟子たちは怖くなり、イエスに向かって叫びます。「先生、わたしたちがおぼれてもかまわないのですか」（38節）。

わたしたちもまた、幾度も人生の試練に打ちのめされ、主に向かって叫んできました。「どうしてあなたは黙ったまま、何もしてくださらないのですか」。大きな希望を抱いていた愛や計画がついえたとき、途切れぬ不安の波に翻弄されるとき、人生という大海で航路も港も分からずに、難題や絶望に飲み込まれてしまうときにはなおさらです。また、仕事を失ったり、予期せぬ診断で自分や愛する人の健康に不安を抱いたりすることで、前進する気力を失ってしまうときもそうです。嵐の中にいるように思う、自分はもうだめだと思う、そうしたときは幾度もあります。

　こうした状況で、またほかのさまざまな場面で、わたしたちもまた、弟子たちがそうだったように、恐怖で押しつぶされそうになり、いちばん大切なものを見失いそうになります。まさしく舟には、たとえ眠っておられても、イエスがおられ、出来事のすべてを弟子たちと共有しておられます。イエスが寝ていることにわたしたちは驚きますが、そのことにより試されてもいます。主はそこに、現におられます。そしてまさに、わたしたちがご自分を巻き込むことを、呼び求めることを、味わっていることのただ中にご自分を引き込むことを、いわば待っておられるのです。イエスの眠りにより、わたしたちは目覚めます。イエスの弟子であるためには、神の存在を、神がおられることを信じるだけでは足らず、イエスとともに事に当たり、イエスとともに声を上げることが必要だからです。どうかよく聞いてください。わたしたちは神に向かって叫ばなければなりません。多くの場合、祈りは「主よ、わたしをお救いください」という叫びです。世界難民の日の今日、「A sua immagine（彼の姿に）」というテレビ番組を見たのですが、貨物船で来た大勢の人がおぼれかけて叫んでいました。「助けて！」と。わたしたちの人生でも同じことが起こります。「主よ、助けてください」。

祈りは叫びです。

今日、自分自身に問うべきです。わたしの人生に吹きつける風は何だろう。わたしの行く手を阻み、霊的な生活、家庭生活、そして精神的な営みさえも脅かす波とは何だろう。そのすべてを、イエスに伝えましょう。イエスにすべてを打ち明けましょう。イエスはそれを望んでおられます。イエスは、わたしたちが人生の予期せぬ突風からの逃れ場を見つけるために、ご自分にすがってほしいと願っておられます。福音書によれば、弟子たちはイエスのところに行って、イエスを起こし、イエスに語りかけています（38節参照）。これこそが、わたしたちの信仰の原点です。つまり、自分の力だけでは沈んでしまうと認めること、そして航路を示す星を船員が必要とするように、わたしたちにもイエスが必要だと認めることです。信仰は、自分の力だけではやっていけないことを理解し、神が必要だという思いを抱くことから始まります。自分の中に閉じこもる誘惑に打ち勝つとき、神をわずらわせたくないという誤った敬虔さを払いのけるとき、神に向かって叫ぶとき、神はわたしたちの中で驚くべきわざをなさいます。祈りがもつ、柔和でありながらも並外れた力が、奇跡を起こすのです。

弟子たちに頼まれ、イエスは風と波を静めます。そして弟子たちに尋ねます。その問いは、わたしたちにも向けられています。「なぜ怖がるのか。まだ信じないのか」

（40節）。弟子たちは、イエスを見るよりも波に気を取られていたので、恐れにとらわれてしまいます。恐れると人は、困難やつらい問題に目が向き、眠っておられる主にたびたび目が向かなくなります。わたしたちも、それは同じです。主のもとに行って自分の悩みをぶつけるのではなく、問題を凝視するばかりであることがどれほど多いことでしょう。主を、人生という舟の底に、隅に追いやり、必要なときだけ起こす、そんなことばかりではないでしょうか。今日は、たゆまず主を探し求める、み心の扉をたたき続ける、信仰の恵みを願い求めましょう。生涯、神への信頼に絶えることのなかったおとめマリアが、主に自分自身を日々ゆだねることが不可欠であると、わたしたちに思い起こさせてくださいますように。

年間第十二主日の六月二十日（日）正午に、教皇公邸書斎の窓から、サンピエトロ広場に集まった信者とともに行った「お告げの祈り」で、祈りの前に述べたことば（原文イタリア語）。

「お告げの祈り」の後、イタリア語で次のように述べた。

「愛する兄弟姉妹の皆さん。

わたしは、先週ミャンマー司教団が出した声明に賛同します。家を奪われ、飢えで亡くなる、同国の大勢の人の悲痛な体験に目を向けるよう全世界に訴えています。「どうかどうかお願いします。人道回廊を確保してくださるよう」、また「教会、寺院、僧院、モスク、神殿、また学校と病院」を中立的な避難所として認めてください。キリストのみ心がすべての人の心を動かし、ミャンマーに平和がもたらされますように。

今日は、国連の世界難民の日で、「わたしたちはともに多様性を築く」がテーマです。難民に心を開きましょう。彼らの悲しみと喜びを、自分のものとしましょう。彼らから勇気ある回復の力を学びましょう。そうして、より人間らしい共同体を、ただ一つの大家族を築くのです」。

ミャンマーでは二月の軍のクーデター以降、国内全土で市民に対する無差別攻撃が続き、六月時点で、約一万人が隣国へ難民として逃れ、推定六万人以上が国内避難を強いられており、その数は増加の一途である。事態の悪化で保健医療や通信などの公共サービスが停止し、食糧難も深刻化していた。

A Sua immagine は、イタリアで放映されているカトリック系のテレビ番組。日曜日には教皇の司式するミサと「お告げの祈り」がライブ中継され、ほかに時事ニュース、社会問題、霊的ヒント、信仰者の人生などが取り上げられる。

イエスのいやし

愛する兄弟姉妹の皆さん、こんにちは。

今日の福音（マルコ5・21―43参照）においてイエスは、死と病という二つのもっとも劇的な場面に遭遇しておられます。イエスは二人の人をそれらから救います。父親がイエスのもとに助けを求めに行っている間に亡くなった娘と、長い間、出血の止まらなかった女性です。イエスはわたしたちの苦しみと死に心を揺り動かされ、二つのいやしの奇跡をなさいます。それは、苦しみと死に決定的な力はないことをわたしたちに伝えるためです。イエスは、死は終わりではないと教えておられます。わたしたちが自力では逃れられないその敵を、イエスは打ち負かしてくださいます。

今はまだ病がニュースの中心になっていますが、もう一つのしるしとしての女性へのいやしに注目してみましょう。身体以上に、彼女は心が傷ついていました。なぜでしょうか。その人は出血していたために、当時の考えでは汚《けが》れているとみなされていたのです。社会の片隅に追いやられた女性で、安定した人間関係をもつことは許されず、結婚もできず、家庭をもつことも、普通の社会とのかかわりを築くこともできませんでした。彼女は「汚れていた」から、「汚れた者」にされる病気にかかっていたからです。癌《がん》ですか。結核ですか。それともパンデミックですか。違います。人生最悪の病は愛の欠如です。愛することができないことです。この貧しい女性は確かに出血が止まらない病を患っていましたが、それによって、愛の不足を病んでいました。他の人々と社会的に結ばれることができなかったからです。もっとも必要とされていたいやしは、愛情によるいやしでした。では、どうしたらそれが得られるのでしょうか。わたしたちは自分の愛する人たちを思いやります。あの人は病気をしていないだろうか。元気にしているだろうか。弱っていないだろうか。イエスはその人たちをいやしてくださいます。

この名をもたない女性――彼女を「名もなき女性」と呼んでもいいかもしれません――の話は、わたしたちがそこに自分を見ることのできる手本となります。聖書は、彼女は多くの治療法を試してきたと語っています。「多くの医者にかかって、ひどく苦しめられ、全財産を使い果たしても何の役にも立たず、ますます悪くなるだけであった」（26節）。わたしたちもそうです。愛の不足を満たすための誤った解決策に、どれほど頼ってきたことでしょう。成功とお金が幸せにしてくれると思っていますが、お金で愛は買えません。愛は無償です。わたしたちは仮想空間に逃げ込みますが、愛とは手で触れることのできるものです。自分をありのままに受け入れられず、うわべを取り繕って自分を隠しますが、愛は見た目のものではありません。わたしたちは、解決策を魔術師やエセ宗教者から得ようとしますが、その結果は、この女性同様お金も平安も失うだけです。ついに彼女はイエスを選び、衣に、イエスの衣に触れようと、群衆の中に紛れ込みます。つまりその人は、直接の接触を、イエスとの身体的接触を求めています。とりわけ今は、触れ合いとかかわりの大切さが痛感されます。イエスに対してもそうです。わたしたちは、何らかの教えを守ることや、オウムのように何度も何度も、祈りを繰り返すことで満足しがちです。ですが主は、わたしたちがご自分と会い、ご自分に心を開き、この女性のように、いやされるためにご自分の衣に触れるのを待っておられます。イエスと親しくなることにより、わたしたちは愛のうちにいやされるからです。

　イエスは、そういう人を求めておられるのです。先ほど読まれたとおり、群衆が押し迫る中でも、イエスはご自分に触れた人を見つけようと、辺りを見回します。弟子たちはいいました。「群衆があなたに押し迫っている」のですから、「わたしの服に触れたのはだれか」なんて分かりません。大勢の人がいようとも、信頼に満ちた顔や心を探しに行かれる――それがイエスのまなざしです。イエスは、わたしたちのように固まりで見るのではなく、個々の人を見つめておられます。過去の傷や過ちに固執したりはせず、罪と偏見を超えて進まれます。わたしたちにはだれしも過去があり、心の奥底に隠した過去の醜いことを、一人ひとりがよく分かっています。しかしイエスは、わたしたちをいやすため、まなざしを向けてくださいます。わたしたちはそうではなくて、他者の醜いことに目を向けるのが好きです。おしゃべりをする際、どれほど人の悪口を、人について「明け透けにばらす」うわさ話をしてしまっているでしょう。ですがよく考えてください。人生をそのように捉えてもよいのでしょうか。それは、イエスの流儀とはまったく違います。イエスは、わたしたちの醜い過去ではなく、今日を、善意を見ておられ、わたしたちを救う方法をいつも探しておられます。イエスは罪の先へと行かれます。イエスは偏見を乗り越えて進まれます。見えているものにこだわったりせず、心にまで来てくださいます。そして、汚れた人だといって皆が拒絶した女性その人をいやしてくださいます。優しく、「娘よ」（34節）と呼んでくださいます。イエスの流儀は、近しさ、あわれみ、優しさです。「娘よ、……」。――こういって彼女の信仰を褒め、自信を取り戻してくださるのです。

　お集まりの兄弟姉妹の皆さん。イエスに心を見せて、いやしていただきましょう。わたしも心をイエスに見てもらい、いやしていただかなければなりません。そして、自分に注がれているイエスの優しいまなざしを感じられたなら、イエスに倣い、あなたもイエスがなさるようにしてください。辺りを見回してください。そばにいる多くの人が、傷つき孤独を感じていることが分かるでしょう。彼らは、自分が愛されていると感じられなければなりません。さあ始めましょう。イエスは、うわべだけでなく、心にまで分け入るまなざしを求めておられます。裁くことをしないまなざしです。人を批判するのはやめましょう。イエスはわたしたちに、評価するのではなく、受け入れるまなざしをもつよう求めておられます。他者を受け入れられるよう、心を開きましょう。いのちをいやせるのは愛だけです。愛だけがいのちをいやすことができます。わたしたちが旅の途上で出会う、心に傷を負った人々を介抱できるよう、苦しむ人の慰めである聖母マリアが助けてくださいますように。他者の、個人的、社会的な姿について、裁いてはなりません。評価してはなりません。神はすべての人を愛しておられます。批判してはなりません。他者を生かしてください。そして、愛をもって近づくよう努めてください。

年間第十三主日の六月二十七日（日）正午に、教皇公邸書斎の窓から、サンピエトロ広場に集まった信者とともに行った「お告げの祈り」で、祈りの前に述べたことば（原文イタリア語）。

「お告げの祈り」の後、イタリア語で次のように述べた。

「愛する兄弟姉妹の皆さん。

聖ペトロ聖パウロ使徒の祭日（六月二十九日）が迫る今日、教皇のために祈ってくださるようお願いします。特別に、教皇のために祈ってください。教皇には皆さんの祈りが必要なのです。感謝します。きっとお祈りください。

本日の「東方地域の平和のための日」に際し、この地域のために神の恵みと平和を祈ってくださるよう、皆さんを招きます。キリスト教信仰が生まれ、苦難にもかかわらず信仰の息づくこの中東で、対話と、兄弟愛ある共存のために働く人々を主が支えてくださいますように。この愛する人々に、神がいつも、力と忍耐と勇気を与えてくださいますように。

巨大な竜巻に襲われた、チェコ共和国南東部の人々に心を寄せています。亡くなられたかた、負傷されたかた、大きな被害で自宅から避難せざるをえないかたがたのために祈ります」。

「東方地域の平和のための日」は、中東カトリック主教協議会が主催する取り組み。午前十時より、中東カトリック主教協議会に属する各国では、主教や司教によるミサがささげられる。この取り組みのために、教皇は使徒的祝福を添え、中東の主教らにあてて書簡を送った。これに関連し、七月一日（木）には、レバノンのキリスト教共同体の指導者らと「レバノンの憂慮される情勢について考察し、平和と安定のたまものを祈る一日」がバチカンで開催された。

六月二十四日午後七時ごろ、チェコ南東部の南モラビア州とオーストリアの国境近くで竜巻が発生し、死者五人、負傷者二百人以上のほか、甚大な被害が報じられた。竜巻の推定風速は九二メートルで、二〇〇一年にウクライナで発生した竜巻以来、ヨーロッパにおいてもっとも大きな人的被害となった。

預言者は故郷では受け入れられない

愛する兄弟姉妹の皆さん、こんにちは。

今日の主日の典礼で読まれた福音（マルコ6・1―6）は、イエスの同郷の人々の不信仰について語ります。ガリラヤの他の村々で宣教した後、イエスは、マリアとヨセフとともに成長したナザレに戻り、安息日に会堂で教え始めます。多くの人が、その話を聞いていぶかしみます。「これらの知恵を彼はどこで得たのだろうか。この人は、わたしたちのよく知る近所の大工の息子、マリアの息子ではないか」（1―3節参照）。このような反応を前に、イエスはだれもが知っている真理を確認します。「預言者が敬われないのは、自分の故郷、親戚や家族の間だけである」（4節）。わたしたちはよくこのようなことばを口にします。

イエスと同郷の村人たちの態度について考えてみましょう。この人々はイエスを知ってはいますが、イエスを分かってはいなかったといえるでしょう。知っているということと、分かっているということは違います。この違いが気づかせてくれるのは、ある人についていろいろと知っていて、どんな人か見当がついて、その人についての他人の情報を頼りにして、その人に近所で会うことがあったとして、でもそれだけでは十分ではないということです。それは、その人の独自性を認識していない、いわばよくある、表面的な知識です。だれしも、こうなる危険はあります。ある人のことをよく知っていると思ってしまう、そしてそればかりか、もっとひどいのはレッテルを貼り、その人を自分たちの偏見で固定化してしまうのです。こういったふうに、イエスの同郷の村人たちは、イエスは三十年前からの知り合い、彼のことは何でも知っていると思っています。「ちょっと待てよ。彼はこの村で育ったあの男の子、大工とマリアの息子ではないか。その彼が、ああいったことをどこで手に入れたというのだ」。——不信感。実際、彼らはイエスが本当にどういったかたであるかに気づくことはありませんでした。彼らは表層的なことで終わらせ、イエスの新しさを拒むのです。

　ここに問題の核心があります。「習慣の快適さ」と「偏見の専横」を許すと、新しさに心を開いて驚かされることが難しくなります。わたしたちは、習慣や偏見によって支配されているのです。そうして結局、変化する努力をしなくて済むよう、人生に、経験に、出会う人々に、自分の思いや考え方と一致するようなもののみを見るようになってしまいがちになるのです。そしてこのようなことは、わたしたち信者にも、神との関係においても起こりうるのです。イエスを知っている、イエスについてすでに多くのことを知っている、だからいつもしていることを繰り返せば十分だと考えてしまっている、まさにわたしたちです。ですがそれでは、神については十分ではありません。それどころか、新しさに対して開かれていなければ、——いいですか、よく聞いてください——何よりも、神に仰天させられることに開かれていなければ、驚きがなければ、信仰は疲弊した単なる連禱となり、徐々にしぼんでいき、習慣に、社会的習慣になるだけです。わたしは「驚き」という表現を使いました。驚きとは何でしょうか。驚きとはまさに、神との出会いでのものです。「主と出会った」——。福音書を見てみましょう。イエスに出会い、イエスを認識した人々は、往々にして驚きを覚えています。わたしたちも、神との出会いをもって、この道を進まなければなりません。すなわち、驚きを抱くことです。それは、その出会いが本物であること、ありふれたものではないことを保証する、証明書のようなものです。

結局のところ、なぜイエスの同郷の村人たちはイエスを認めず、主イエスを信じることができなかったのか。なぜでしょう。その理由は何でしょうか。一言でいえば、彼らは、受肉というとんでもないことを受け入れられなかったのです。彼らは受肉のこの神秘を知りませんが、その神秘を受け入れなかったのです。彼らは知らずに、その理由を知らぬままに、神の無限性がわたしたちの肉の小ささの中で明らかにされるということを、神の独り子が大工の息子であることを、神性が人性の中に隠されていることを、神が卑しい人間の顔に、ことばに、行為に住まわれているということを、けしからぬこととして受け取ったのです。神が人となること、神の具体化、神の「日常生活」など、とんでもないことだったのです。神はナザレのイエスという人間においてご自分を具体化なさり、旅路の同伴者となり、わたしたちの一人となられました。「あなたはわたしたちの仲間です」。イエスに向かってそういってください。それは美しい祈りです。わたしたちに属しておられるがゆえに、イエスはわたしたちを理解してくださり、わたしたちに寄り添い、わたしたちをゆるし、わたしたちを深く愛してくださるのです。実のところ、状況には干渉しない抽象的で遠い存在である神のほうが、生活から、問題から、社会から距離を置いた信仰を受け入れてくれる神のほうが心地よいでしょう。あるいは、並外れたことだけをし、つねにすばらしい感動を与えてくれる、「ＳＦＸ（特殊効果）の」神を信じたがりもします。しかし、そうではないのです。兄弟姉妹の皆さん、神は人となられたのです。神は身を低くされ、神は優しく、神は潜んでおられ、わたしたちの日常生活の中でふつうに生活することで、ご自分をわたしたちに近しいものとしておられます。だからイエスの同郷の村人たちと同様、わたしたちにも、イエスが通りかかっても、イエスに気づかない危険があります。聖アウグスティヌスの美しいことばを繰り返します。「わたしは、神が、主が通られるときに恐れる」。聖アウグスティヌス、あなたはなぜ恐れるのですか。「そのかたに気づけないでいるのではないかと恐れるのです。主が通られるとき、わたしはそのかたを恐れる（Timeo Dominum transeuntem）」。わたしたちはそのかたに気づけず、そのかたによって憤りを感じるのです。この現実に対して、わたしたちの心はどうなのか、自分を省みてみましょう。

ここで、ナザレの日常に神の神秘を迎え入れた聖母マリアに、祈りをもって願いましょう。偏見から解放されたまなざしと心をもつことができるように、そして驚きに目を開いていられるように。「主よ、あなたに出会うことができますように」と。主と出会うとき、そこにその驚きがあります。わたしたちは日常生活の中で神と出会います。日常の中で、神に仰天させられることに対し、身を低くし、潜んでおられる神の存在に目を開くのです。

年間第十四主日の七月四日（日）正午に、教皇公邸書斎の窓から、サンピエトロ広場に集まった信者とともに行った「お告げの祈り」で、祈りの前に述べたことば（原文イタリア語）。「お告げの祈り」の後、イタリア語で次のように述べた。

「愛する兄弟姉妹の皆さん。

アフリカ南部の愛する国エスワティニから、緊迫と暴力のニュースが届いています。この国の将来に責任あるかたがたと、どうあるべきかを表明している人々にお願いします。異なる立場の人々の間に、対話、和解、和平合意がもたらされるよう努力してください。

来る九月十二日から十五日まで、できるのであれば、スロバキアに司牧訪問することをお知らせできうれしく思います。（十二日の）午後からです。そちらにおられるスロバキアのかたがたが喜んでくださっています（サンピエトロ広場にはこの日、スロバキアの巡礼者が大勢いた）。最初に（九月十二日の日曜日午前）ブダペストでの国際聖体大会の閉会ミサを司式いたします。この訪問を準備してくださるすべての人に心から感謝し、彼らのために祈っています。この旅のために、またその支度に当たるかたがたのために、皆で祈りましょう」。

アフリカ大陸南部の内陸国エスワティニ王国は、一九六八年にイギリスから独立し、アフリカ最後の絶対王政が続く、人口わずか一一七万人の小国。国民の三割が一日二ドル以下で暮らし、失業率も二五パーセントを超える中、五月に起きた法学部学生の死をきっかけとし、独立以来最大の民主化要求デモが始まった。国王が民主化の請願提出を禁じたことで対立が悪化、武装した軍や警察による死者が六月三十日時点で二八人出ていた。

教皇はこの日の午後から、かねてからの予定どおり、ローマ市内のアゴスティーノ・ジェメッリ総合病院に入院し、結腸の切除手術を受けた。手術は全身麻酔で行われ、成功したことがバチカン広報局から発表された。この日から十日間入院したが、回復が順調であったため、翌週のお告げの祈りを病室のバルコニーから行った。

病者への寄り添い

兄弟姉妹の皆さん、こんにちは。

ここジェメッリ総合病院（訳注：前週から入院中の病院）でも、日曜恒例の「お告げの祈り」の集いを続けられることをうれしく思います。皆さんに感謝申し上げます。皆さんが心を寄せて、祈りによって支えてくださっていることを感じています。本当にありがとうございます。今日の典礼の福音朗読は、イエスによって派遣された弟子たちが「油を塗って多くの病人をいやした」（マルコ6・13）ことを伝えています。この「油」は、魂とからだに慰めをもたらす、病者の塗油の秘跡のことも思い起こさせます。しかしこの「油」はまた、病者の世話に当たる人の、耳を傾ける姿勢、寄り添い、思いやり、優しさでもあります。それは優しく触れる手のように、安らぎをもたらし、痛みを和らげ、励ましを与えてくれます。わたしたちは皆、遅かれ早かれ、いずれだれもが、この寄り添いと優しさに満ちた「塗油」を必要とします。そしてわたしたちだれもが、訪問したり電話をしたり、手を差し伸べたりすることによって、困っている人に、それをもたらすことができるのです。マタイ福音書25章にあるように、最後の審判では、病気の人たちに寄り添っていたかについても問われることを忘れてはならないでしょう。

ここ数日の入院生活で、イタリアや他の国々のような、だれもが利用できるよい医療サービスが、いかに重要であるかをあらためて実感しました。よいサービスを保証する、だれもが利用できる無料の医療制度です。この貴い社会保障制度を手放してはなりません。守らなければなりません。そのために、わたしたち全員がかかわらなければなりません。これはすべての人に役立つものであり、すべての人の貢献が必要だからです。教会でも、一部の医療機関が経営不振に陥ると、真っ先に考えるのは売却です。しかし、教会の使命はお金をもつことではありません。奉仕することであり、奉仕とはつねに無償です。無料の制度が守られることを、忘れてはなりません。

この病院や他の病院で働く、医師とすべての医療従事者とスタッフに、感謝と励ましの思いを伝えたく思います。皆さん懸命に働いてくださっています。ですからわたしたちは、すべての病者のために祈りましょう。ここに、まだ小さいのに病気のお友だちが何人か来てくれました。なぜ、小さな子どもたちが苦しまなければならないのでしょうか。なぜ子どもがつらい目に遭うのか、これは胸に刺さる問いです。祈りによって子どもたちに寄り添いましょう。またすべての患者のために、とくに、重篤な病状にある人のために、祈りましょう。だれも独りにされることなく、すべての人が傾聴や寄り添い、優しさ、看護という塗油を受けることができますように。病者の救いであるわたしたちの母、マリアの取り次ぎを願いましょう。

年間第十五主日の七月十一日（日）正午に、入院中の病院の十階バルコニーから、病院前の広場に集まった大勢の信者、病院職員とともにささげた「お告げの祈り」で、祈りの前に述べたことば（原文イタリア語）。
「お告げの祈り」の後、イタリア語で次のように述べた。
「愛する兄弟姉妹の皆さん。

この数日、大統領が殺害され、夫人が重症を負う事件のあった、ハイチの人々のために祈りをささげています。この国の司教の声明に心を重ねています。「武器を置き、いのちを選ぶのです。すべての人の益のため、ハイチの益のため、兄弟愛のうちにともに生きることを選ぶのです」。愛するハイチの人々に心を寄せています。暴力のスパイラルがやみ、国民が平和と共生ある未来に向けた歩みを取り戻せるよう願います。

今日は、船員さんを思い起こし、また海で生計を立てている人にもささげられる、「船員の日」です。彼らのために祈りをささげるとともに、海と海洋の保護に当たるよう、すべての皆さんにお願いします。海を安心なものにしましょう。海洋プラスチックをなくしましょう。

今日はヨーロッパの保護者、聖ベネディクト修道院長の記念日です。わたしたちの保護者であるこの聖人にハグを送りましょう。世界中のベネディクト会の皆さん、おめでとうございます。礎となる価値観で結ばれているヨーロッパに、お祝い申し上げます」。

七月七日に、ハイチの大統領ジョブネル・モイーズが、自宅で武装集団に銃殺され、夫人も被弾し重症を負った。背景には、政治体制の不安定さがあった。二〇一六年に行われた前大統領の退任に伴う選挙で混乱が生じ、その後当選となったモイーズ大統領の五年の任期の起点に疑義を呈する勢力による、大統領殺害をも含んだクーデター計画によって、最高裁判事や警察幹部が逮捕されるなどしていた。ほかにも、政権内の汚職、ギャングによる犯罪、身代金目的の誘拐事件などが多発し、治安も不安定な状態にある。教皇はたびたびハイチの状況に言及し、ともに祈り行動するよう呼びかけている。

イエスに倣う

愛する兄弟姉妹の皆さん、こんにちは。

今日の典礼の福音（マルコ6・30―34）に見られるイエスの態度は、人生における二つの大切な側面を示しています。一つは休息です。宣教の働きを終えて戻り、自分たちが行ったことを一つ一つ熱く語り出す使徒たちに、イエスは優しく促します。「さあ、あなたがただけで人里離れたところへ行って、しばらく休むがよい」（31節）。休息を勧めるのです。

そのようになさることで、イエスはわたしたちに貴重な教えを与えてくださいます。弟子たちが、自分たちに教える才能があったことを喜んでいる様子をご覧になって、うれしく思いながらも、イエスは弟子たちを褒めたり、質問したりすることに時間を費やしはしません。それよりも、弟子たちの肉体的、内面的な疲れを心配されます。なぜ、そのようになさるのでしょう。ある危険を警戒しておられるからです。それは、わたしたちにもつねに潜んでいる危険、すなわち、行動主義の罠《わな》に陥り、事をなすのに夢中になり、それにとらわれてしまう危険です。結果がすべてで、自分こそ絶対的主人公だと思い込むのが行動主義です。教会でもたびたびこうしたことが起こります。わたしたちは忙しく、走り回り、すべてが自分にかかっていると考え、ついには、イエスをないがしろにして、いつも自分を中心にしてしまうのです。だからこそ、イエスは弟子たちに、少し離れたところで自分とともに休もうと誘っているのです。肉体的な休息だけでなく、心の休息でもあるのです。「プラグを抜く」だけでは不十分で、本当に休まなければならないからです。どのようにすればよいのでしょうか。本当に休むには、物事の本質に立ち帰ることが必要です。つまり、立ち止まり、じっと静かに祈るのです。仕事の慌ただしさから、休暇の慌ただしさへと突入しないようにしなければなりません。イエスは群衆の必要を避けていたのではなく、むしろ毎日、すべてのことに先駆けて、祈りと、沈黙と、御父との親しい交わりとに身を置いたのです。わたしたちの歩みには、「しばらく休んでいきなさい」というイエスの優しい招きが欠かせません。兄弟姉妹の皆さん。効率性なるものに注意しましょう。わたしたちの予定表を埋め尽くす、狂ったような疾走はやめましょう。少し立ち止まること、携帯電話の電源を切ること、自然をじっと見つめること、神との対話によって元気を取り戻すことを身に着けましょう。

しかし一方で福音書は、イエスと弟子たちが思うように休めなかったことを伝えています。群衆が彼らを見つけ、ほうぼうから駆け寄ってきました。そうなると、イエスはあわれみに心を動かされます。あわれみ――これが二つ目の側面です。あわれみは神の流儀です。神の流儀は、近しさ、あわれみ、優しさです。「イエス（神）は深くあわれまれた」、この表現が福音書の中に、聖書に、何度出てくることでしょう。心を動かされてイエスは、人々に身を差し出し、教える務めに戻られるのです（33―34節参照）。矛盾しているかに見えますが、実際はそうではありません。性急さに翻弄されない心だけが動かされうるのです。つまり、自分のことや用事で頭をいっぱいにせずに、他者のこと、他者の抱える傷や、他者の必要に気がつくことができるのです。あわれみは、じっと見ることから生まれます。本当に休むことを覚えたならば、わたしたちには真のあわれみが可能になるでしょう。じっと見つめる目を培えたならば、すべてを所有し消費したがる者の強奪的な姿勢をもたずに活動できるでしょう。主につながれたまま、自分の深層部分を麻痺させずにいられるならば、なすべきことで疲弊し、心がむしばまれることはないでしょう。よく聞いてください。わたしたちには「心のエコ」が必要なのです。休息、熟視、あわれみから成るエコロジーです。そのために、この夏の休暇を有意義に過ごしましょう。

さてここで、聖母マリアに祈りましょう。沈黙と祈りと熟視の力を深めたかたマリアは、ご自分の子らであるわたしたちのために、優しいあわれみの心を動かされておられます。


年間第十六主日の七月十八日（日）正午に、教皇公邸書斎の窓から、サンピエトロ広場に集まった信者とともに行った「お告げの祈り」で、祈りの前に述べたことば（原文イタリア語）。


「お告げの祈り」の後、イタリア語で次のように述べた。

「壊滅的な洪水被害に襲われたドイツ、ベルギー、オランダの人々に心よりお見舞い申し上げます。主が死者を迎え、ご遺族に慰めをお与えくださいますように。甚大な被害を受けた被災者支援に当たるすべての人を支えてくださいますように。

悲しいことに、先週南アフリカで暴力事件が起き、すでにパンデミックによる経済的・保健医療的困難に陥っている多くの兄弟姉妹の状況を悪化させているというニュースが届きました。わたしは同国の司教団に連なり、関係する全指導者に心から訴えます。平和のために働き、困窮者に支援を提供すべく当局と協力してください。子どもたち皆が和合をもって再生しますようにという、南アフリカの民を導いてきた願いを忘れることがありませんように。

わたしはまた、困難な状況にある愛するキューバの人々、とくにもっとも苦しんでいる家庭に心を寄せています。平和と対話と連帯を備えた、より公正で友愛に満ちた社会を築くため、主が支えてくださるよう祈ります。コブレの愛の聖母の母なる保護にゆだねるよう、すべてのキューバ人に訴えます。聖母はきっとこの道に寄り添ってくださいます」。

七月十四日から十五日にかけ、ヨーロッパ西部で記録的な豪雨により河川が氾濫し洪水が発生、ドイツで一九六人、ベルギーで四三人、欧州全体では二四三人の死者が確認された。

南アフリカでは、二〇〇九年から二〇一八年まで大統領を務め、数々の汚職疑惑で取り調べ中であったズマ氏が収監されたことを受け、七月九日ごろから同氏の地元の支持者による抗議活動が始まった。抗議は次第に支持者とは無関係の、貧困や不平等に不満をもつ層に広がり、暴徒化して、破壊行為や略奪などが発生した。十一日には最大都市ヨハネスブルクにまでそれが飛び火した。鎮圧には警察と国防軍が動員され、十六日までに二百人が死亡、二千五百人以上の逮捕者が出た。

キューバでは七月十一日、食料や電力の不足、新型コロナ対策の遅れをきっかけに、首都ハバナで市民による抗議デモが発生し、各地に拡大していた。社会主義国のキューバでは、無許可のデモは禁じられているが、今回のものは過去三十年で最大規模となり、異例の事態となっていた。デモ参加者千人以上が拘束され、翌年までに七九〇人余りが訴追され、最長で禁錮三十年が求刑されている。教皇は二〇一五年にキューバを訪れた際、コブレの聖母巡礼聖堂でミサを行った。

パンの奇跡

愛する兄弟姉妹の皆さん、こんにちは。

今日の主日の福音は、イエスが約五千人の聴衆の空腹を満たした、パンと魚を増やす有名な話を語っています（ヨハネ6・1―15参照）。この奇跡がどのように起こったのかを見ると、興味深いことが分かります。イエスは何もないところからパンや魚を生み出すのではありません。そうではなく、弟子たちが運んできたものを用いてわざを行います。弟子の一人がいいます。「ここに大麦のパン五つと魚二匹とをもっている少年がいます。けれども、こんなに大勢の人では、何の役にも立たないでしょう」（9節）。少しだけの、何の役にも立たないほどのもの、でもイエスにとっては、それで十分なのです。

では、その少年の立場になって考えてみましょう。弟子たちは少年に、もっている食べ物をすべて分けてほしいと頼みます。この提案は理不尽な、それどころか不当なものに思えます。人から、それも子どもから、家から持参したものを、自分のためにとっておく権利のあるものを、なぜ奪うのでしょうか。どうせ全員を満たすにはとても足りないものを、一人からなぜ取り上げるのでしょう。人間が考えれば、それは非合理なことです。けれども、神にとってはそうではないのです。それどころか、その小さな無償の、それゆえに英雄的な贈り物のおかげで、イエスはすべての人の飢えを満たすことができるのです。このことは大切なことを教えてくれます。わたしたちが差し出すわずかなもので、主は多くのことをなされるのだと教えてくれます。毎日、自分の心に問いかけるとよいでしょう。「今日わたしは、イエスに何を差し出すことができるのだろうか」。わたしたちの祈りから、他者に示すわたしたちの愛の行為から、主のあわれみにゆだねたわたしたちのみじめさからさえも、主は多くをなさることがおできになります。イエスに差し出すわたしたちのわずかなもので、イエスは奇跡を起こされるのです。神はこのようなわざをなさるのが大好きなのです。小さなこと、無償で差し出されたものから、神は偉大なことをなさるのです。

アブラハム、マリア、そして今日登場する少年に至るまで、聖書の主要な登場人物は皆、この「小ささ」と「贈与」の論理を示しています。この贈与の論理は、わたしたちのそれとはまったく異なるものです。わたしたちは自分が手にするものをため込み、増やそうとしますが、イエスは与えることを、減らすことを求めています。わたしたちは増し加えることが好きで、足し算を好みますが、イエスが好きなのは引き算で、何かをだれかに与えるために手放すことが好きです。わたしたちは自分のために増やしたがり、イエスはわたしたちが他の人と分け合うのを、わたしたちが分かち合うのを喜ばれます。興味深いことに、どの福音書にも収められているこのパンが増える物語には、「増やす」という動詞が一度も出てこないのです。それどころか、「裂く」、「渡す」「配る」と、その逆の意味の動詞が使われています（11節、マタイ14・19、マルコ6・41、ルカ9・16参照）。しかし「増やす」という動詞は使われていません。イエスはいわれます。まことの奇跡とは、虚栄心や権力の元となる増加ではなく、愛を増し、神が不思議なわざを行えるようにする分配、共有だと。もっと分かち合いましょう、イエスが教えてくださるこの方法を進めてみましょう。

今日においても、公平な分配なく財貨を増やすことでは、問題は解決できません。飢餓の悲劇、とくに小さな子どもたちを苦しめている飢餓の問題が心に浮かびます。公式とされる統計によれば、世界では五歳未満の子どもたちが日に七千人、栄養失調でいのちを落としています。生きるのに必要なものに欠いているのです。このような非道な現実を前にして、イエスはわたしたちにも呼びかけておられます。福音書に登場するこの少年――名もなき少年、だからわたしたちも彼に自分を重ねられます――が受け取ったであろうものと同じ呼びかけです。「勇気を出して、自分のわずかなものを、才能を、財産を、イエスと兄弟姉妹に用いてもらうよう差し出しなさい。恐れることはない。何も失われることはない。あなたが分かち合えば、神が増し加えてくださるのだから。自分は不適格だと考えるうわべだけの謙虚さを捨て、信頼しなさい。愛を信じ、奉仕の力を信じ、無償であることの強さを信じなさい」。

神からの前代未聞の申し出に「はい」とこたえたおとめマリアに助けられ、主の呼びかけに心を開き、他の人の必要にこたえることができますように。

年間第十七主日の七月二十五日（日）正午に、教皇公邸書斎の窓から、サンピエトロ広場に集まった信者とともに行った「お告げの祈り」で、祈りの前に述べたことば（原文イタリア語）。

「お告げの祈り」の後、イタリア語で次のように述べた。

「先ほど、第一回祖父母と高齢者のための世界祈願日にあたっての典礼をいたしました。すべてのおじいさん、すべてのおばあさんに、拍手を送りましょう。祖父母と孫たち、若者と高齢者は、ともに、教会の美しい一つの顔となって、世代間の固い契りを示しました。どこの共同体でもこの日を祝い、祖父母や高齢者を、とくに独りでおられるかたがたを訪ね、イエスの約束「わたしはいつもあなたとともにいる」に力づけられたわたしのメッセージを届けてくださるようお願いします。この祈願日に支えられ、歳を重ねたわたしたちがその年代ならではの召命にこたえ、使い捨て文化が悪化するこの時代にあって、祖父母と高齢者の存在意義を社会に示せるよう主に願います。祖父母世代には若者が必要で、若者には祖父母が必要です。両者は話さなければなりません。顔を合わせなければなりません。高齢者には過去という養分があり、それが上に行って、木を成長させる力となります。以前にも引用したことがある、ある詩の一節をもう一度紹介します。「木が花をつけるのは、地中の部分があるからです」。若者と老人との対話なしには、歴史は進みません。人生は進みません。この対話を取り戻さなければなりません。わたしたちの文化にとっての課題です。祖父母世代には若者を見て夢見る権利があり、若者には祖父母世代から養分を得て預言する勇気を得る権利があります。どうか、高齢者と若者で顔を合わせ、話をしてください、語り合ってください。それが皆の幸せにつながるはずです。

ここ数日、中国の河南省鄭州市周辺を襲った豪雨により壊滅的な洪水被害が発生しています。犠牲者とご遺族のためにお祈りいたします。また、すべての被災者にお見舞いの気持ちと、連帯の意を伝えします。

先週金曜日に東京で第三十二回オリンピックが開幕しました。このパンデミックの最中にあって、この競技会が、健全な競争の名のもとに、希望のしるし、普遍的友愛のしるしとなりますように。大規模なこのスポーツの祭典の主催者、選手、そしてすべての協力者に神の祝福がありますように」。

この日教皇は午前十時から、サンピエトロ大聖堂で行われたミサに参加した。退院後間もないことから大事を取り、司式は新福音化推進評議会議長サルヴァトーレ・フィジケッラ大司教が行い、教皇が準備した説教原稿が読み上げられた。第一回祖父母と高齢者のための世界祈願日（七月の第四日曜日）に当たるこの日のミサには、ローマ教区の高齢者や、高齢者の司牧に携わる司牧者のほか、その時点で世界最高齢司教だったローラン・ノエル司教（一〇一歳）も参加した。

七月十七日以降、中国河南省一帯が、千年に一度といわれるほどの集中豪雨に見舞われた。鄭州市では、わずか三日で一年分に相当する量の雨が降り洪水が発生、四百人近くが亡くなり、被災者は三千万人以上、二十三万台以上の自動車が水没したと報じられている。

二〇二〇年に予定されていたオリンピック東京大会は、パンデミック禍で一年延期され、感染拡大予防措置のために、関係者以外の観客を入れずに行われた。

神のみ旨にかなう信仰

愛する兄弟姉妹の皆さん、こんにちは。

今日の典礼の福音箇所（ヨハネ6・24－35参照）の冒頭には、数艘《そう》の小舟がカファルナウムに向かう様子が描かれています。群衆がイエスを捜しに出ているのです。このような行動をすばらしいと思うかもしれませんが、福音書は、神を求めるだけでは十分でなく、なぜ神を求めるのかを自らに問わなければならないと教えています。まさにイエスが述べています。「あなたがたがわたしを捜しているのは、しるしを見たからではなく、パンを食べて満腹したからだ」（26節）。確かに、群衆はパンが増える奇跡を目撃したのですが、その行為の意味を理解していなかったのです。彼らは奇跡の外面上のこと、物質的なパンの次元にとどまっていたのです。そこだけを見ていました。その先へ、その行為の意味までは行っていませんでした。

ここに、わたしたち皆が自らに問う最初の問い、「なぜ主を求めるのか」があります。なぜ、わたしは主を求めるのか——。わたしの信仰、わたしたちの信仰を動機づけるものは何か——。このようなことについて識別する必要があります。なぜなら、わたしたちは人生でさまざまな誘惑を経験しますが、その中には「偶像崇拝の誘惑」とでも呼ぶべきものがあるからです。それは、問題解決のために己の都合や利益に合わせて神を求めるようとする誘惑、私利私欲のために自分の力だけでは得られないものを神の力で得ようとする誘惑です。ですがそれですと、信仰は表層的なところにとどまり、いってしまえば、信仰が奇跡で満足してしまいます。つまり、神に求めるのは欲望を満たしてもらうことで、満たされると神のことはどうでもよくなってしまうのです。この未熟な信仰の中心にあるのは、神ではなく、わたしたちの欲望です。自分にとって得となること、いろいろなことが思い浮かびます。わたしたちが望むものを、神のみ心に訴えるのは正しいことです。しかし、わたしたちの期待をはるかに超えて行動される主は、ほかでもなく、愛のかかわりをわたしたちとともに生きたいと願っておられます。まことの愛は無私のもの、無償です。何か見返りを求めて愛するのではないのです。見返りを求めることは、利己心から来るものです。わたしたちは人生において、しばしば私利私欲にまみれています。

導きとなる二つ目の質問は、群衆がイエスに尋ねた質問、「神のわざを行うためには、何をしたらよいでしょうか」（28節）です。まるで、イエスに腹を立てた群衆は、次のようにいったかのようです。「いったいどうすれば、神を求めるわたしたちの思いが清いものになるのですか。自分の欲望を満たすことだけを考える魔法の信仰を、神を喜ばせる信仰にするにはどうしたらよいのですか」。イエスは道を示しておられます。神のわざは、御父がお遣わしになったかたを受け入れること、つまり、まさにご自分を迎えることだと答えておられます。信心業にいっそう励んだり、特定のおきてを守ったりといったことではありません。そうではなく、イエスを迎え入れることです。イエスを人生に迎え入れ、イエスとの愛の物語を生きることなのです。わたしたちの信仰を清めてくださるのは、このかたです。わたしたちの力だけではどうにもならないのです。まさしく主は、わたしたちとの愛の関係を望んでおられます。わたしたちが受け取るより、行うよりも先に、まず、愛してくださる主がおられるのです。私利私欲や計算の論理の先には、主イエスとの関係があるのです。

このような関係性は神についていえるだけでなく、人間関係や社会的関係においても同じです。自分の欲を満たすことを第一にしていると、自分の都合のために人を使い、状況を利用する危険性があります。「この人は人を使っておきながら、それを忘れている」、こうした声を何度耳にしたことでしょう。自分の利益のために人を利用する、それは悪いことです。そして、人ではなく利害を中心に置く社会は、いのちを生まない社会です。福音は招いています。糧である物質的なパンのみに関心をもつよりも、いのちのパンであるイエスを受け入れ、イエスとの友情から出発し、互いに愛し合うことを学びましょうと。無償で、計算なしに。私欲のない、計算のない、人を利用することのない、無償で、惜しみなく、寛大な愛です。

ここで、神とのもっとも美しい愛の物語を生きたかた、聖母に祈りをささげましょう。御子との出会いに開かれる恵みが、わたしたちに与えられますように。

年間第十八主日の八月一日（日）正午に、教皇公邸書斎の窓から、サンピエトロ広場に集まった信者とともに行った「お告げの祈り」で、祈りの前に述べたことば（原文イタリア語）。

いのちのパン

愛する兄弟姉妹の皆さん、こんにちは。

今日の典礼の福音でイエスは、パンの増加の奇跡を目撃した人々に対して、引き続き教えておられます。そして人々を、質的飛躍へと導きます。まず、荒れ野の長旅で神が先祖に与えたマナのことを思い起こさせた後、今度はパンというしるしはご自分のことだと伝えるのです。イエスははっきりと述べます。「わたしはいのちのパンである」（ヨハネ6・28）。

いのちのパンとはどういう意味でしょうか。生きるにはパンが必要です。飢えている人は、上等で高価な食べ物ではなく、パンを求めます。仕事のない人は、莫大な給料ではなく、雇用という「パン」を求めます。イエスはご自分をパン、つまり日々の生活に欠かせないもの、必須のものだと明かしておられます。イエスなくして生活は成り立たないのです。数あるパンの中の一つではなく、いのちのパンなのです。言い換えれば、このかたがいなければ、わたしたちは生きているのではなく、なんとかやっているだけなのです。なぜなら、イエスだけが魂を養ってくださり、イエスだけが、自分の力では打ち勝つことのできない悪から救ってくださるからです。すべてに裏切られてもイエスだけは愛されている思いを抱かせてくれ、イエスだけが、困難にあるわたしたちにゆるす力を与えてくださり、イエスだけが、心に望む平和を与えてくださり、イエスだけが、地上のいのちが尽きたときに永遠のいのちを与えてくださるからです。このかたは、欠かすことのできないいのちのパンなのです。

「わたしはいのちのパンである」、そうイエスはいっておられます。イエスのこの美しい姿をしばし考えてみましょう。イエスは根拠や実証を示すこともできましたが、皆さんもご存じのとおり、たとえを用いて、次のように話されます。「わたしはいのちのパンである」。イエスはご自分の全存在とご自分の使命全体を、このことばに集約しているのです。このことは、最後の晩餐《ばんさん》で完全に明らかにされます。イエスは、ご自分に対する御父の望みをご存じです。それは、人々に食物を与えるだけではなく、イエスご自身を差し出すこと、ご自身を、そのいのちを、その肉を、その心を、裂くことです。わたしたちがいのちを得るためです。主のこうしたことばは、わたしたちのうちに、聖体のたまものに対する驚きを呼び覚まします。この世には、どんなにだれかを愛しても、その人の食べ物になれる人はいません。神はわたしたちのためにそうなられましたし、今もなってくださっているのです。この驚くべきことを、今また驚きましょう。いのちのパンを礼拝することで、そのようにしましょう。礼拝によって、いのちは驚きで満たされるからです。

ところが福音では、人々は驚くよりも、けしからんと憤り、服を引き裂きます。彼らはこう思っています。「わたしたちはこの男イエスを知っているし、彼の家族だって知っている。それなのにどうしてそんな男が、「わたしは天から降《くだ》って来たパンである」などといえるのか」（41―42節参照）。おそらく、わたしたちも同じように、いい加減にしてほしいと憤るかもしれません。わたしたちにしてみれば、神にはわたしたちの生活に干渉せずに天にいてもらい、地上のことはわたしたちで何とかするほうが楽なのかもしれません。ところが神は、この世の具体的現実に入り込むために、わたしたちの具体的な現実に加わるために、人となられました。わたしのために、あなたのために、わたしたちすべてのために、わたしたちの人生にかかわるために、神は人となられました。だからわたしたちの人生のあらゆるものに、神は関心をもっておられます。神には、自分が感じていることについて、仕事のこと、一日の出来事、痛み、苦悩、さまざまなことを伝えることができます。わたしたちは神に何でも話すことができます。イエスは、わたしたちとのそのような親密な関係を望んでおられるからです。イエスが望んでおられないのはどのようなことでしょう。パンであるご自分が、副菜のような扱いをされること、軽んじられ、脇に置かれること、あるいは、わたしたちが欲するときにだけ呼び出されることです。

わたしはいのちのパンである――。一日に一度くらいは、食卓を囲むことがあるでしょう。夕食に、家族とだったり、仕事上がりや下校途中だったりするかもしれません。パンを裂く前に、いのちのパンであるイエスを招き、わたしたちが行ったこと、またできなかったことを祝福してくださいと、イエスに願うのがいいのではないでしょうか。イエスを家に招き、「家庭的」なスタイルで祈りましょう。イエスはわたしたちと食卓を囲んでくださり、わたしたちはより大きな愛によって養われることになるでしょう。

おとめマリアよ、あなたの胎内でみことばは人となられました。わたしたちが、いのちのパンであるイエスとの友情を日々深めていけるよう、どうぞお助けください。

年間第十九主日の八月八日（日）正午に、教皇公邸書斎の窓から、サンピエトロ広場に集まった信者とともに行った「お告げの祈り」で、祈りの前に述べたことば（原文イタリア語）。

聖母の被昇天

愛する兄弟姉妹の皆さん、こんにちは。聖母の被昇天おめでとうございます。

聖母マリアの被昇天の祭日の今日、典礼ではマリアの賛歌（マニフィカト）が響き渡ります。この賛歌は、神の母マリアを忠実に描く「写真」のようなものです。マリアは「救い主である神を喜びたたえます。身分の低い、そのはしためにも、目を留めてくださったからです」（ルカ1・47―48参照）。

謙遜こそが、マリアの行いの秘訣でした。この謙遜が、神の目をマリアに向けさせたのです。人間の目はつねに偉大なものを求め、派手なものに目を奪われます。しかし神は、外見ではなく心をご覧になり（一サムエル16・7参照）、謙虚さに魅了されるのです。謙虚な心が、神を喜ばせます。今日、天に上げられたマリアを見れば、謙遜こそが天の国に至る道であるといえます。謙遜（イタリア語 umilità／英語 humility）という語は、「土」を意味するラテン語 humus に由来します。高みに、天に至るには、土のように低いところにとどまらなければならない、――実に逆説的です。イエスは教えておられます。「だれでも……へりくだる者は高められる」（ルカ14・11）。神がわたしたちを高く上げてくださるのは、才能や、富、能力ゆえにではなく、謙遜さゆえなのです。神は謙虚な者が大好きなのです。神は、身を低くする者、仕える者を高くされます。まさにマリアは、ご自分は「主のはしため」（ルカ1・38）という「役職」以外の何者でもないと考えています。マリアはご自分について、それ以外に何もいわず、自分のためには他に何も求めません。

ですから今日は、わたしたちも一人ひとり心の中で振り返ってみましょう。謙遜において自分はどうなのか。人から認められたい、自分を主張したい、褒められたいと思っていないだろうか。それとも仕えることを考えているだろうか。マリアのように耳を傾けているだろうか。それとも、ただ自分が話して注目を浴びようとしているのではないだろうか。マリアのように黙っていられているだろうか。それとも、おしゃべりばかりしてはいないだろうか。言い争いや口喧嘩から身を引き、それを鎮めようとしているだろうか。それともただ勝てばいいと思ってはいないだろうか。これらの問いについて考えてみましょう。謙遜において自分はどうなのか。

マリアは、その小ささによって、だれよりも先に天を引き寄せました。マリアの成功の秘訣はまさに、その貧しさを自覚すること、自分が貧しい者であることを認識していることにあります。神において、自分を無と認める者だけが、すべてを得ることができるのです。自分を空とする者だけが、神によって満たされるのです。そしてマリアは、まさにその謙遜さのゆえに、「恵みに満ちたかた」（28節）なのです。わたしたちにとっても、謙遜はすべての出発点であり、信仰の始まりなのです。心の貧しい者であること、すなわち神を必要としていることが不可欠です。自分のことでいっぱいになっている人には、神の場がありません。わたしたちはよく、自分のことでいっぱいです。しかし、謙遜さを失わない人は、主が偉大なことをなさるがままにしているのです（49節参照）。

詩人ダンテも、おとめマリアを「いかなる被造物にもまして低められ、高められたる」（『神曲』天国篇第三十三歌二［寿岳文章訳、集英社、一九八七年、一九五頁参照］）とたたえています。歴史上もっとも謙遜で崇高な被造物、霊魂と身体のすべてで天を勝ち取った最初のかたが、その生涯の大半を家の中で、平凡に、謙遜に過ごしたことに思いを馳せるのはよいことです。恵みに満ちたかたの日常には、何も目立つようなことはありませんでした。はた目には何の変哲もない日々の繰り返しばかりで、静かに流れていました。しかし神のまなざしはつねにマリアに注がれ、その謙遜、役に立ちたいという意欲、罪の汚れを知らぬ心の美しさに驚嘆していました。

これは、変わらぬ日々を、つらく、しばしば困難な日々を送るわたしたち一人ひとりにとって、あなたにとって、大きな希望のメッセージです。今日マリアは、神があなたをこの栄光の定めに召し出していることを思い起こさせてくれます。これは美辞麗句ではなく、真実です。意図して作られた美しい結末でも、幻想でも、偽りの慰めでもありません。そうではなく、純然たる現実です。わたしたちの聖母が天に上げられたように、現にある、まことの現実です。子としての愛を込めて、今日のマリアの祭日を祝いましょう。いつか聖母マリアとともに天の国にいるという希望に強められて、喜びながらも謙虚に、この祭日を祝おうではありませんか。

ここで、マリアに祈りをささげましょう。地上から天へと続く旅路において、聖母マリアがわたしたちに寄り添ってくださいますように。この旅の秘訣が謙遜ということばにあることを、マリアが思い出させてくださいますように。謙遜ということばを胸に刻みましょう。小ささと奉仕こそが、目的に達するため、天に至るための秘訣であるということを、いつも忘れないようにしましょう。

聖母の被昇天の祭日の八月十五日（日）正午に、教皇公邸書斎の窓から、サンピエトロ広場に集まった信者とともに行った「お告げの祈り」で、祈りの前に述べたことば（原文イタリア語）。

「お告げの祈り」の後、イタリア語で次のように述べた。

「アフガニスタン情勢への一致した懸念に、わたしも加わっています。武器の喧騒が止み、対話のテーブルで解決策が見いだされるよう、わたしとともに平和の神に祈ってください。対話による解決によってのみ、苦しめられるこの国の民、男も、女も、老いた者も、子どもたちも、帰還し、平和のうちに、安全に、互いにいたわり合いながら、暮らすことができるのです。

数時間前にハイチで強い地震があり、多くの死傷者が出たほか、大規模な物的被害が生じています。地震で大きな被害を受けた、愛するこの国の人々に、心よりお見舞い申し上げます。犠牲者のために主に祈りをささげ、生存者に励ましのことばを送るとともに、国際社会が被災者への支援に努めるよう期待します。皆による連帯で、災害の悲劇が慰められますように。ハイチのためにともに聖母に祈りましょう。アヴェ・マリア……。

また、この聖母の被昇天に合わせた連休を、さまざまなリゾート地で過ごしているかたがたにもひと言申し上げます。和やかに安らぎのひとときを過ごすことができますように。ですが、休暇を取ることのできない人、地域社会の業務従事者、苦しい暮らしをする人、しかも熱波や夏季休業の影響を受けて、いっそう困難な状況になっている人のことを忘れることはできません。とくに病者、高齢者、収容者、失業者、難民、独りでいる人やつらい思いをしているすべての人のことを思います。マリアがその母なる保護で、一人ひとりを包んでくださいますように」。

アフガニスタンでは、二〇〇一年からアメリカを中心とする連合軍とタリバンとの間で紛争が続いていたが、この年の四月に米大統領が米軍の駐留撤退を発表すると、タリバンは大攻勢を開始し、八月十五日にはアフガニスタン全土を支配下に置いたと宣言、陥落前には大統領が国外に脱出、タリバンによる支配に不安を覚える市民らも、こぞって国外退避を目指し、空港は大混乱に陥っていた。市民が離陸する米軍機にしがみつく様子なども報道されていた。

八月十四日午前八時、カリブ海の島国ハイチの西部で、マグニチュード七・二の地震が発生した。多くの建物が倒壊し、八月十五日時点で死者一、二九四人、負傷者五、七〇〇人と報告され、被災者は少なくとも八十万人に上るとされていた。

永遠のいのちのことば

愛する兄弟姉妹の皆さん、こんにちは。

今日の典礼の福音（ヨハネ6・60―69）では、パンを増やす奇跡の後のイエスの教話に対する、群衆と弟子たちの反応が描かれています。イエスはわたしたちが、あの奇跡を理解して、天から降《くだ》ってきたまことのパン、いのちのパンであるご自分を信じるよう招いています。そして、これからお与えになるパンが、ご自分の肉であり血であることを明かされたのです。聞いていた人々にとって、こうした話はあまりにひどい理解しがたいものであったため、そのときから多くの弟子が離れ去る、つまり、師であるイエスに従うことをやめてしまったほどだったと福音書は述べています（60、66節）。そこでイエスは、十二人に「あなたがたも離れて行きたいか」（67節）と尋ねます。ペトロは一同を代表して答え、イエスのもとにとどまる決意を約束します。「主よ、わたしたちはだれのところへ行きましょうか。あなたは永遠のいのちのことばをもっておられます。あなたこそ神の聖者であると、わたしたちは信じ、また知っています」（ヨハネ6・68―69）。美しい信仰告白です。

これ以上イエスに従わないと決めて離れ去る人々の態度について、簡単に触れておきましょう。この不信仰はどこから来るのでしょうか。拒絶する理由は何なのでしょうか。

イエスの話は大きな物議を醸します。イエスがいっているのは、神は人間のからだという弱さにおいてご自分を表し、救いを実現することを選ばれたということです。受肉の神秘のことです。神が人となることは、スキャンダルを引き起こすことでした、当時の人々にとって、それればかりかわたしたちにとってもしばしば、つまずきとなります。イエスが主張したのはまさしく、永遠のいのちをもたらす救いのまことのパンはご自分の肉だということであり、神との交わりに加わるには、律法や宗教的戒律を守ることよりも、神との実際的で具体的な関係を生きなければならないということです。救いはイエスから、人となられたイエスにおいてもたらされたからです。つまり、夢物語や、偉大な人物や権力者の姿の神を追い求めるのではなく、イエスの人性の中に、ひいては、わたしたちが人生の歩みの中で出会う兄弟姉妹の中に、神を認めなければなりません。神は人となられたのです。だから信条で、このことを唱える際、主の降誕の日、そして神のお告げの日には、ひざまずいて（訳注：日本では深く礼をする）受肉の神秘をあがめたたえているのです。神はご自分を肉と血を帯びる者となさいました。わたしたちと同じ人間になるまでにご自分を低くし、わたしたちの苦しみと罪を背負うほどにへりくだりました。だから神は、わたしたちがご自分を生活や人生の外側にではなく、キリストとのかかわり、兄弟姉妹とのかかわりの中に見いだすよう願っておられるのです。生活の中に、人生の中に、日常の暮らしの中に、神を探し求めることです。兄弟姉妹の皆さん。キリストとのかかわり、そしてわたしたちの兄弟姉妹とのかかわり、これこそが神と出会うための道なのです。

今日でも、神がイエスという人性においてご自分を啓示なさったという事実は物議を醸しうるもので、簡単に受け入れられるものではありません。このことについて聖パウロは、奇跡やこの世の知恵を求める人々にとっては、福音は「愚かなもの」だといっています（一コリント1・18―25参照）。そして、この「物議や反感をもたらすもの」は、聖体の秘跡においてよく表されています。この世の目で見れば、一片のパンの前にひざまずくことにどんな意味があるというのでしょう。いったいなぜ、このパンを糧とすることに熱心になるのでしょう。世からすれば、とんでもないことです。五つのパンと二匹の魚で何千もの人を養ったイエスの奇跡を前にして、皆がイエスを称賛し、イエスを勝利者としてたたえ、王にしようとします。ところがイエスご自身が、この奇跡はご自分をささげるいけにえのしるし、つまり、イエスのいのちを差し出すしるし、その肉と血をささげるしるしであり、イエスに従おうとする者は、神のため、他者のためにと与えられたその人性に倣う者とならなければならないと説明されると、それは嫌だとなり、この男イエスによって恐ろしい場所に追い詰められる、となるのです。ですがむしろ、わたしたちがイエスのメッセージの本質を薄めてしまうことで、イエスに迫ってもらえなくなるかと案じるべきです。イエスの「永遠のいのちのことば」に挑まれて回心する恵みを願いましょう。そして、御子イエスを肉において生み、その犠牲にご自分を結ばれたかた、至聖なるマリアに支えられ、具体的な生活の中で、つねに信仰をあかしすることができますように。

年間第二十一主日の八月二十二日（日）正午に、教皇公邸書斎の窓から、サンピエトロ広場に集まった信者とともに行った「お告げの祈り」で、祈りの前に述べたことば（原文イタリア語）。

しきたり

愛する兄弟姉妹の皆さん、こんにちは。

今日の福音には、イエスの態度に驚く律法学者やファリサイ派の人々が描かれています。彼らは、イエスの弟子たちが食事の前に手を清めるという決まりを守らないことにあきれ、憤慨しているのです。「こうした作法は宗教的慣習に反している」と彼らは考えたのです（マルコ7・2―5参照）。

なぜイエスと弟子たちは、こうしたしきたりを無視しているのかと、わたしたちも思うかもしれません。そもそも、その作法は悪いことではありませんし、むしろよいしきたりであり、単に食事の前に手を清めるというだけのことです。なぜ、イエスはこのことを気にしないのでしょうか。イエスにとって大切なことは、信仰を中心に据え直すことだったからです。この「信仰を中心に据え直す」ということは、福音書に繰り返し見られることです。そして、彼ら律法学者ばかりかわたしたちにも当てはまることですが、儀礼的形式を守るために、信仰心を後回しにする危険を回避するためです。わたしたちもしばしば、自分の魂に「化粧を施す」ことがあります。信仰心ではなく、儀礼的形式を重視すること、それは危険です。見た目をよくして、心を清めることを怠るのは、形式重視の宗教心の兆候です。そこにいつもあるのは、外に見える信心のようなものによって「神とやり取り」する誘惑ですが、イエスはこのような信仰に満足しません。イエスは見た目ではなく、心にまで響いている信仰を望んでおられます。

事実、イエスは直後に群衆を呼び寄せて、すばらしい真理を語ります。「外から人のからだに入るもので人を汚すことができるものは何もない」（15節）、むしろ「人間の心から」（21節）悪いものが出てくる、と説きます。イエスのこうしたことばは革新的です。当時の考えでは、特定の食べ物や外的接触が汚れをもたらすとされていたからです。イエスは視点を逆転させ、外から来るものではなく、内から出るものが悪をもたらすのだといったのです。

愛する兄弟姉妹の皆さん。これはわたしたちにもいえることです。わたしたちは、悪は大抵外からやって来ると考えがちです。だれかの行動だとか、自分を快く思っていない人や、社会から生じるのだと。わたしたちは自分に起こるすべてを、他人のせい、社会のせい、世の中のせいにすることがよくあります。いつも「だれか」のせいなのです。人のせい、政治家のせい、不運のせい、などなど。問題はいつだってほかから生じるかのように受け取るのです。そして、あちらこちら責め立てることに時間を費やします。ですがだれかを責めることに時間を費やすのは、時間を無駄にすることです。苛立って、不機嫌になり、神を心の外に追いやってしまいます。福音書に登場する人々のように、文句をいい、つまずき、論争を起こし、イエスを受け入れようとしません。不平不満の中では、真に信仰する者にはなれません。不平不満は毒となり、怒り、恨み、悲しみにつながり、神への扉を閉ざす心にしてしまうのです。

今日は、子どものように「違うよ、わたしじゃない。あの人のせいだよ、この人のせいだよ」と、他人を責めることのない者となれるよう主に願いましょう。不平不満で世界を汚すことに無駄に時間を費やさないよう、恵みを祈り求めましょう。それはキリスト者の姿ではないからです。そうではなくイエスはわたしたちに、人生や世界を心に立って見るよう招いておられます。心の内を見つめれば、外側にある嫌なもののほとんどすべてが、そこにあることが分かるでしょう。そしてもし、神に心を清めてくださるよう真摯に願うならば、世界をもっときれいなものにすべく努め始めるでしょう。なぜなら、悪に打ち勝つ確実な方法は、まず自分の中にある悪を叩きのめすことだからです。初代教会の教父である修道者たちは、「聖性の道とは何ですか。何から始めればよいのでしょうか」と尋ねられると、その第一歩は、自分の非を認めることだと答えていました。責めるのは自分です。いったいどれだけの人が、一日のうち、一日に一度、あるいは一週間に一度、自分の内に非を認めることができているでしょうか。「あの人はわたしにこんなことをした。あの人は……そう、あんなひどいことを……」。しかし自分はどうなのでしょうか。同じようなことを、同じようなことをしていないでしょうか。自分の非を認めることを学ぶ、それが知恵です。試してみてください。役に立つはずです。わたしもやってみましたが、よいものでした。きっとすべての人に益となるはずです。

その心の清さで歴史を変えたおとめマリアの助けにより、人のせいにしたり、何にでも不平不満をいったりする悪い癖をまず克服することから始め、心を清くすることができますように。

年間第二十二主日の八月二十九日（日）正午に、教皇公邸書斎の窓から、サンピエトロ広場に集まった信者とともに行った「お告げの祈り」で、祈りの前に述べたことば（原文イタリア語）。

「お告げの祈り」の後、イタリア語で次のように述べた。

「愛する兄弟姉妹の皆さん。

アフガニスタンの情勢についての情報を、深い憂慮をもって追っています。とくに、先週木曜日の自爆テロでの死者を悼む人々、支援と保護を求める人々、彼らの苦しみに心を重ねています。亡くなった人々を全能の神のあわれみにゆだねます。また、この国の民、とくに女性と子どものために尽力しておられるかたがたに感謝を伝えます。困窮者への継続的支援とともに、対話と連帯によって平和で友愛ある共存を確立させ、かの国の未来に希望がもたらされることを祈ってくださるよう皆に願います。この歴史的瞬間に、わたしたちは無関心でいられるはずはありません。教会の歴史がそれを教えています。キリスト者であるわたしたちにも、この状況はかかわっています。ですからすべての皆さんに対し訴えます。熱心に祈りをささげ、断食をささげてください。祈りと断食です。祈りと悔い改めです。今こそそれをすべき時です。真剣に訴えています。必死で祈り、断食し、主にあわれみとゆるしを求めてください。

この数日に洪水と土砂崩れに襲われた、ベネズエラのメリダ州の皆さんにお見舞い申し上げます。亡くなられたかたがたとご遺族、そして被災者のために祈ります」。

八月十五日にタリバンによってアフガニスタンの首都カブールが奪還されると、各国の大使館員や民間人のほか、タリバンに敵対者とみなされての報復を恐れる大勢の市民らも空路での避難を試みていた。圧死事故も起きるなど、避難希望者が空港に大挙して押し寄せる中、二十六日、カブール国際空港周辺で自爆テロが発生した。場所は、当時空港を支配下に置いていた米軍が保安検査を行っていたゲート付近で、大勢の人が集まっていた。他の自爆テロの事例の数倍の爆発物が使用され、少なくとも一六九人のアフガニスタン人、一三人の米兵が死亡した。国際社会からは、タリバンの支配によって、経済、文化活動など、さまざまな権利が再び抑制されること、とくに女性の人権や教育を受ける権利が奪われることへの強い懸念が示されている。

南米ベネズエラ西部アンデス山脈地方にあるメリダ州で、八月二十五日に大規模な洪水が発生し、二十六日時点で死者二〇人、行方不明者一七人、家屋倒壊千二百棟、被災者五万四千人と報じられていた。

エッファタ

愛する兄弟姉妹の皆さん、こんにちは。

今日の典礼の福音には、耳が聞こえず舌の回らない人をいやすイエスが描かれています。この物語で印象的なのは、主がこの奇跡のしるしを行った方法です。つまり、次のようになさいます。耳の聞こえない人を群衆から連れ出し、指をその人の耳に入れ、そして唾をつけて舌に触れてから、次に天を仰いで深く息をつき、「エッファタ」すなわち「開け」といいます（マルコ7・33―34参照）。他のいやしの奇跡、たとえば中風や重い皮膚病のような、同様に深刻な病気に対しては、イエスは多くの動作をしません。患者に手を置いてくださいと請われただけなのに（32節参照）、なぜここでは、これほどのことをなさるのでしょうか。なぜこうした動作をなさるのでしょうか。それは、この人の状態がある象徴的な意味をもっているからかもしれません。耳が聞こえない、口がきけないというのは、病気であると同時に象徴でもあります。そしてこの象徴は、わたしたち全員に何かを語りかけています。それは何でしょうか。聞こえない、ということについてです。この人は、聞こえないから、話すことができなかったのです。この人の困難の原因を治すために、イエスはまず指で耳に触れ、それから口に触れています。まず初めに耳なのです。

　わたしたちは皆、耳をもっていますが、多くの場合、聞こえていません。なぜでしょうか。兄弟姉妹の皆さん。まさしく内的な聴覚障害があって、それを今日、イエスに触れていただき、いやしていただけるよう願うのです。この内的な聴覚障害は、身体的聴覚障害よりもよくないものです。心の聴覚障害だからです。せわしなく、あまたの話や用事にがんじがらめで、わたしたちは立ち止まって、自分に話をしている相手に耳を傾ける時間をもてません。あらゆることを遮断してしまい、耳を傾けてほしいと願っている人のために時間を取らなくなる危険性があります。わたしは子どもたち、若者たち、お年寄りのこと、教えや説教ではなく、耳を傾けてもらうことを求めている多くの人たちのことを心に浮かべています。自分を振り返ってみましょう。聞くことができているでしょうか。人々の生活が、自分に届くようにしているでしょうか。身近な人々の話に耳を傾ける時間をもつことができているでしょうか。このことはわたしたち全員にかかわることですが、とりわけ司祭にとっては特別な意味合いがありません。司祭は人々の話を聞かなければなりません。そそくさと立ち去るのではなく、耳を傾け、どのように手助けができるかを考えなければなりません。ですが、まずは聞くことです。そしてわたしたち皆がそうです。まず聞く、そしてこたえるのです。家庭生活について考えてみましょう。まず聞くことなく話し、何度同じことをいっているでしょう。聞くことができず、いつも同じことを言い続けたり、相手の話を最後まで聞かず、自分のいいたいことをいうために話を遮ったりしてしまいます。対話は多くの場合、言葉ではなく、沈黙から始まります。自分の考えに固執せず、辛抱強く相手の話に耳を傾け、相手の苦悩や心のうちにあるものに耳を傾けることから、対話は始まります。心のいやしは、聞くことから始まります。聞くこと――それが心をいやすのです。「でも、神父さん。いつも同じことばかりいう面倒な人がいますし……」。その人たちに耳を傾けてください。そしてその人がすべてを話し終えてから、その後であなたが話したらよいでしょう。でもすべてを聞いてください。

　そして、主との関係においても同じことがいえます。主にさまざまなお願いをするのもよいことですが、まずは主に耳を傾けるとよいでしょう。イエスはわたしたちをそのように招いています。福音では、第一のおきては何かと問われるとイエスは「イスラエルよ、聞け」とお答えになります。それから第一のおきて、「心を尽くし……

あなたの神である主を愛しなさい。……（そして）隣人を自分のように愛しなさい」を言い添えます（マルコ12・28—31）。まずは「イスラエルよ、聞け」なのです。聞きなさい、と。わたしたちは、主に耳を傾けることを忘れてはいないでしょうか。わたしたちはキリスト者です。それなのに、毎日無数のことばを耳にしながら、福音のわずかなことばを自分の内に響かせるための時間を少しも取ろうとしません。イエスはみことばです。わたしたちが手を止めて耳を傾けないなら、通り過ぎてしまいます。イエスに耳を傾けるために手を止めないなら、行ってしまわれます。聖アウグスティヌスはいっていました。「わたしは、主が通られるときに恐れる」。その恐れとは、主の声を聞くことのないまま、主が通り過ぎることでした。しかし、福音のために時間を取るならば、わたしたちは霊的な健康のための秘訣を見いだせます。毎日、少し沈黙して耳を傾け、無駄なことばを少し減らし、神のことばを少し増やす。これが薬です。いつもポケットに福音書を入れておくと、大きな助けになります。今日は、洗礼を受けた日と同じように、わたしたちに向けられたイエスのことばを聞きます。「エッファタ、開け」。あなたの耳を開きなさい。イエスよ、あなたのみことばに開きたいのです。イエスよ、あなたを聞くことへと、わたしを開いてください。イエスよ、わたしの閉ざされた心をいやし、急ぐ心、焦る心をいやしてください。

おとめマリアは、その胎内で受肉したみことばを聞くことに開かれていました。マリアに支えられ、毎日、福音書の御子に耳を傾け、そしてまた従順な心、忍耐強い心、注意深い心をもって、兄弟姉妹に耳を傾けることができますように。

　年間第二十三主日の九月五日(日)正午に、教皇公邸書斎の窓から、サンピエトロ広場に集まった信者とともに行った「お告げの祈り」で、祈りの前に述べたことば(原文イタリア語)。「お告げの祈り」の後、イタリア語で次のように述べた。

「愛する兄弟姉妹の皆さん。

　昨日、カタマルカ(アルゼンチン)で、小さき兄弟会の修道士にしてコルドバの司教であったマメルト・エスキウ(一八二六―一八八三年)が列福されました。ついに、アルゼンチン人が列福されました。このかたは、教会共同体と市民共同体を築くため、神のことばを熱心にのべ伝えました。このかたに倣い、わたしたちもつねに祈りと使徒職とに結ばれ、平和と兄弟愛に仕えることができますように。新しい福者に拍手を送りましょう。

　避難に必死なアフガニスタンの人々を見るこのすさまじい混乱期に、その中のもっとも弱い立場にある人々のために祈ります。新たな生活を望む人々を、多くの国が受け入れ保護してくださるよう祈ります。アフガンの若者が教育を受けることができますように。教育は、人間の成長に欠かせない福祉です。国内の、また移動中の、そして避難先の国にいるアフガニスタン人すべてが尊厳をもって、隣人たちと平和と友愛をもって生きることができますように。

数日前に巨大ハリケーンに襲われたアメリカ合衆国の人々のために、祈りをささげることを約束いたします。主が、亡くなったかたがたの魂を受け入れ、この災害の被害者を支えてくださいますように。

もうすぐユダヤ教の新年祭、ロシュ・ハッシャナになります。そしてヨム・キプル（贖罪の日）とスコット（仮庵祭）も続きます。ユダヤ教の兄弟姉妹の皆さんに、心からごあいさつ申し上げます。神のおきてを忠実に歩む人々に、新年が平和と幸福に満ちたものとなりますように。

次の日曜日には、国際聖体大会の閉会式のためにブダペストに向かいます。ミサの後もわたしの巡礼は続きます。数日間スロバキアに滞在し、翌水曜日に行われる、同国の保護者、悲しみの聖母を盛大に祝うことで締めくくります。欧州の中央での、礼拝と祈りに彩られた数日となるでしょう。この訪問を準備してくださったかたがた、またわたしを待っておられるかた、わたしが会いたいと願うかたがたに心より感謝申し上げるとともに、すべての皆さんにお願いします。祈りをもってわたしの巡礼に同伴してください。わたしはこの訪問を、敵意と迫害の最中に福音をあかしなさった、多くの英雄的信仰表明者の取り次ぎにゆだねます。その執り成しにより、ことばだけでなく、何よりも行動で、あわれみのわざと、もてなしのわざを通して、現代の欧州が、わたしたちを愛し救ってくださる主の福音をあかしすることができますように。ありがとうございます。

今日はコルカタの聖テレサ、皆さんにはマザー・テレサの名で親しまれているかたの記念日です。拍手を送りましょう。神の愛の宣教者会の皆さんにごあいさついたします。皆さんは世界中で、しばしば危険を顧みずに奉仕しておられます。とくに、ここバチカン内の「ドノ・ディ・マリア」（訳注：「マリアの贈り物」を意味する、ホームレスシェルター）で働くシスターがたのことが心に浮かびます」。

アフガニスタンでは、イスラームを極端に解釈するタリバンの復権により、反タリバンの市民に対する報復や、とくに女性に対する教育、服装、外出などの制限、その他さまざまな活動の制約が憂慮されていた。避難希望者の移送活動や受け入れが各国で精力的に行われてはいたが、八月三十日に米軍が同国から完全に撤退し、空港支配権がタリバンに移ると、大規模避難支援は不可能になった。国連は同日、タリバンに対し、アフガニスタン人および外国人の国外退避希望者には、安全な出国を保証するよう求める決議案を採択した。九月一日時点では、欧州と中東九か国に約四万三千人が避難し、米軍基地には二万人が避難を待って待機していた。

カリブ海で発生した巨大ハリケーン「アイダ」は、最大風速時速二四〇キロメートル、カテゴリー四の規模で八月二十九日に米国ルイジアナ州に上陸した。米国内の死者は八七人に上り、大規模停電中に熱中症で亡くなる人もいた。

仕える者となりなさい

愛する兄弟姉妹の皆さん、こんにちは。

今日の典礼の福音（マルコ9・30―37）は、エルサレムへの道中、イエスの弟子たちが「だれがいちばん偉いか」（34節）と議論し合っていたことを語ります。そこでイエスが彼らにいった一言は、今日のわたしたちとっても強烈なインパクトがあります。「いちばん先になりたい者は、すべての人の後になり、すべての人に仕える者になりなさい」（35節）。いちばんになりたいなら、最後に回り、末端の者となり、すべての人に仕えなければならない。格言のようなこのことばで主は、本当に大切なことを示す基準を覆され、転換を始められました。人の価値は、その人の果たす役割や、手にした成功、従事する仕事、預金残高で量られることはなくなります。いえいえ、そうしたものでは量られません。神の目には、偉大さや成功を量る別の尺度があります。奉仕によって量られるのです。手にしているものではなく、差し出したもので量られるのです。秀でた者となりたいのなら、仕える者となりなさい。方法はそれです。

今日だと「仕える」という語は、使い古され、多少陳腐な感じがします。ですが福音書では、明確で具体的な意味をもっています。仕えるとは、封建的なものを指しているのではありません。ご自分の人生を「人の子は仕えられるためではなく仕えるために」（マルコ10・45）来たとの一言で言い表された、イエスのように行うことです。そうおっしゃったのは主です。ですからイエスに従いたいのなら、イエスご自身がたどられた道、奉仕の道を歩まなければなりません。わたしたちが主に忠実であるかどうかは、進んで仕えているかどうかで量られます。しかもそれには犠牲が付きものであると、わたしたちは知っています。それは「十字架の味がする」のですから。けれども他者への配慮と役に立ちたいという意向が明確になればそれだけ、わたしたちは内的に自由な者となり、イエスに近づけるのです。仕えればそれだけ、神の存在を強く感じられるのです。わたしたちに対し何も返すものをもたぬ人、貧しい人に仕え、優しい思いやりをもって彼らの困難や窮状を抱き抱えるときはなおさらです。そうした中でわたしたちは、自分が逆に、神に愛され、抱き抱えられていることに気づくのです。

仕えることの優位性を語った後にイエスは、まさにそれを説明するためにある行動に出ます。わたしたちは、イエスの行動は、イエスがお話しになること以上に深いものであることを知っています。では、どんな行動でしょうか。イエスは子どもの手を取り、その子を弟子たちの間に、中央に、いちばん重要な場所に連れて来られます（36節参照）。福音書では子どもは、無垢の象徴というよりも、取るに足らないものの象徴です。子どものような小さな者は、他者に、大人に依存していて、与えてもらわなければならないからです。イエスはそのような子どもを抱き抱え、小さな者、子どもを受け入れる人はだれであれ、ご自分を受け入れるのだと話します（37節）。ほら、これがだれよりも仕えるべき相手だ、と。それは与えてもらわなければならない人、そして見返りが期待できない人です。与えてもらわなければならず、しかし見返りが期待できない人に仕えるのです。隅に置かれ、ないがしろにされた人を受け入れることで、わたしたちはイエスを受け入れるのです。なぜなら、イエスはそこにおられるからです。そして、わたしたちが仕える小さな人、貧しい人を通して、わたしたちもまた、神の優しい抱擁を受けるのです。

愛する兄弟姉妹の皆さん。福音に問いただされていますから、いくつかのことを振り返ってみましょう。イエスに従う自分は、もっとも虐げられている人に心を寄せているだろうか。それともあの日の弟子たちのように、自己満足を求めてはいないだろうか。人生とは、他者を犠牲にしてまでも地位を獲得する競争だと考えてはいないだろうか。それとも、秀でるということは仕えることだと分かっているだろうか。そして具体的に「小さな人」のために、返礼のすべをもたぬ人に、自分の時間を割いているだろうか。自分に何ら見返りの来ない相手のために、身を差し出しているだろうか。家族や友達に対してだけになっていないだろうか。このように自問して、振り返るべきです。

主の謙遜なしもべ、おとめマリアに助けられ、仕えることは自分を卑しめることではなく、大きくさせることだと理解できますように。また、受けるよりも与えるほうが喜びが大きい（使徒言行録20・35参照）と、理解できますように。

年間第二十五主日の九月十九日（日）正午に、教皇公邸書斎の窓から、サンピエトロ広場に集まった信者とともに行った「お告げの祈り」で、祈りの前に述べたことば（原文イタリア語）。

「お告げの祈り」の後、イタリア語で次のように述べた。

「愛する兄弟姉妹の皆さん。

わたしは、メキシコのイダルゴで起きた洪水の犠牲者、とくにトゥーラの病院でなくなった患者とその遺族に心を寄せています。

自国外で不当に拘束されている人々のために祈ることをお約束いたします。残念ながら、多様で時に複雑な理由を伴う、実にさまざまな事例があります。正義が果たされ、そうした人々が一日も早く祖国に帰ることができるよう願っています。

二人の子どもの前に涙を流して現れた聖母の出現から一七五年を記念する、フランスのラ・サレットの聖堂に集う人々に思いを寄せています。マリアの涙は、エルサレムでのイエスの涙、ゲツセマネでのイエスの苦悩を思い出させます。マリアの涙は、わたしたちの罪ゆえのキリストの苦しみを映し、神のあわれみに身をゆだねるようにと、いつの時代も訴え続けているのです」。

メキシコのイダルゴ州で、豪雨に伴い河川が氾濫し、トゥーラデアジェンデの病院が被害に遭った。病院はまたたく間に浸水し、それによる停電で酸素吸引の治療ができなくなり、九月七日、患者一六名が亡くなったと報じられた。五六人の患者のうち、四〇人は救助され他の病院に搬送された。

一八四六年に出現したとされるラ・サレットの聖母への崇敬は、一八五一年に、当地グルノーブルの司教により認可されている。

ブダペストとスロバキア司牧訪問を振り返って

兄弟姉妹の皆さん、おはようございます。

今日は、ちょうど一週間前の、先週水曜日までのブダペストとスロバキア司牧訪問についてお話ししたいと思います。まとめるなら、祈りをたどる巡礼、ルーツをたどる旅、希望をたどる旅でした。祈り、ルーツ、希望です。

1　最初の行程はブダペストで、パンデミックのために丸一年延期された、国際聖体大会の閉会ミサのためでした。この祭儀に参加することは、とても大きな意味がありました。神の聖なる民が、主の日に、聖体の神秘の前に集ったのです。神の民を生み出し、生まれ変わらせてくれる聖体です。この民は、祭壇の上方にそびえ立つ十字架に抱かれ、聖体によって示された一つの方向を、すなわち謙遜で私欲のない愛の道、すべての人に注ぐ寛大で敬意に満ちた愛の道、世俗から清め本質へと導く信仰の道を示していました。この信仰が、たえずわたしたちを清め、わたしたちすべてを破滅させる世俗から遠ざけてくれます。世俗は、わたしたちを内側から蝕《むしば》むものです。

祈りをたどる旅は、スロバキアでの、悲しみの聖母の記念日まで続きました。七つの悲しみの聖母巡礼聖堂にも、子らである大群衆が聖母の日を祝うために詰めかけました。その日は国の宗教的祝日にもなっています。こうして、礼拝で始まり民間信心で締めくくられた祈りをたどる旅は、ヨーロッパの中央部において、わたしの財産となりました。祈ること——それが何よりも神の民に求められているからです。礼拝すること、祈ること、旅すること、歩むこと、悔い改めること、そのすべてで、主が与えてくださる安らぎと喜びを感じるのです。わたしたちの生活は、そうであるべきです。礼拝、祈り、旅、歩み、悔い改めであるべきです。そしてこれは、神の存在が希薄なものにされているヨーロッパ大陸においてとくに重要なことです。わたしたちは日常的に、その希薄化を目にしています。神の存在は、消費主義によって、また新旧イデオロギーの混交による画一的な考え——奇妙なことですが、それが実体です——の「湯気」によって希薄化しています。そしてそれは、主との親しい交わり、神との親しい交わりからわたしたちを引き離します。ですがこの文脈においても、立て直しのための答えは、祈り、あかし、へりくだる愛によって与えられます。へりくだる愛が必要です。キリスト者とは仕える者——この理解をあらためて確認しましょう。

神の聖なる民とお会いして分かったことについて話します。わたしがだれとお目にかかったのかというと、無神論者の迫害に苦しんだ忠実な民です。また、ホロコーストを思い出させる、ユダヤ人であるわたしたちの兄弟姉妹の顔にもそれを見ました。記憶なしには、祈りはないからです。記憶なしに祈りはありません。どういうことでしょうか。わたしたちは祈るときに、過去を振り返り、自分の属する民の過去を、その町で自分とともにいる大勢の人の過去を振り返り、彼らの過去を念頭に置かなければならないということです。スロバキア司教団のお一人が、だいぶ高齢のかたでしたが、わたしを迎える際におっしゃいました。「わたしは共産主義者から隠れるために、市電の車掌として働いていたんです」。この司教さんは立派なかたです。独裁政権下の迫害の中で市電の車掌となり、その間もひそかに司教としての「仕事」を続け、だれにも気づかれなかったそうです。迫害下というのはそのようなものです。記憶なしに祈りはありません。祈り、それは己の人生の、自分が属する民の、その歴史の記憶です。思い起こし、胸に刻むことです。それが祈りに役立ち、祈りを助けてくれます。

2　二つ目の特徴です。この訪問はルーツをたどる旅でした。ブダペストとブラチスラバの両方で、兄弟である司教たちとお会いする中で、キリスト者の信仰と生活のルーツである、ありがたい記憶に触れることができました。ミンツェンティ枢機卿やコレック枢機卿、福者パヴェル・ペーター・ゴイディッチ司教など、信仰をあかしするすばらしい模範が鮮やかに光を放っておられます。聖チリロ・聖メトディオ兄弟による宣教が行われた、九世紀にまでさかのぼるルーツです。たえず存在感をもって、この訪問に同行してくれた聖人たちです。十字架称賛の祝日にプレショフで、ビザンチン典礼による祭儀を執り行う中で、そうしたルーツの力を感じました。賛歌の歌声の中に、信仰ゆえの多くの苦しみに鍛錬されてきた、聖なる忠実な民の鼓動を感じました。

わたしはこれまで何度も、こうしたルーツはつねに生きていて、聖霊という、栄養を運ぶ樹液が巡っていて、それゆえそれを大切に守らなければならないと強く申し上げてきました。ただし、博物館の展示品にするのでもなければ、名声や権力のためにイデオロギー化したり都合よく利用したりするためでも、閉鎖的なアイデンティティを補強するためでもありません。違います。それでは、ルーツを欺き、無意味なものにしてしまいます。チリロとメトディオは、わたしたちにとっては顕彰すべき人物というよりも、見習うべき手本です。宣教の精神と方法を、そしてまた市民としての務めを、いつも教えてくれる教師です。ヨーロッパ中央部への訪問となったこの旅の間、わたしはＥＵ（欧州連合）の生みの親となった人々のことをたびたび考えていました。

彼らがそれを夢見たとき、流行のイデオロギーで植民地化を図る機関になろうとしたのではありません。彼らはそのようなことを望んではいませんでした。ルーツは未来への保証――このように理解し、そしてそのように生きるならば、そこから希望という太い枝が伸びていくのです。わたしたちにもルーツがあります。だれもが、それぞれルーツをもっています。自分のルーツを忘れてはいませんか。父母について、祖父母について、忘れてはいませんか。大事な宝である、おじいさん、おばあさんたちと、結ばれていますか。「だってあの人たちはもう年で……」。いえいえ。彼らはあなたに栄養となる樹液を運びます。成長し、伸びていくために、彼らのもとに行かなければなりません。「根まで行って、そこに逃れよう」というのではありません。それとは違います。「根まで行って、そこから栄養を得て、先へ伸びよ、あなた自身の場所を目指しなさい」。このことを忘れないでください。そしてたびたび伝えてきたことを、もう一度いいます。美しいフレーズです。「木が花をつけるのは、地中の部分があるからです」。根に結ばれているかぎり、あなたは成長することができます。そこから力がもたらされるのです。ルーツから切り離されてしまえば、まったく新しいもの、新しいイデオロギーになれば、それはあなたをどこにも押し出してはくれません。あなたを伸ばしてはくれません。悲惨な終わりになるだけです。

3　この訪問の三つ目の特徴は、希望をたどる旅だったということです。祈り、ルーツ、希望、その三つが特徴です。コシツェのスタジアムでの忘れることのできない集会の中で、若者たちの瞳に浮かぶたくさんの希望を目にしました。大勢の青年、たくさんの若いカップル、多くの少年少女たちと出会い、わたしも希望をもらいました。また、わたしたちが経験している人口統計学上の冬のことを思えば、かの国々は若い夫婦や子どもたちで満ちています。希望のしるしです。とくにパンデミック期にあって、このような祭儀のひとときは、力強く、励みになるしるしでした。それは、たくさんの若い夫婦と子どもたちが、そこに参加してくれたからでもあります。いのちを懸けて暴力から自分の尊厳を守ったスロバキアの少女、福者アナ・コレサローヴァ（一九二八―一九四四年）のあかしは、実に強烈で預言的です。それは、悲しいことに、女性に対する暴力によって至るところで傷口が開いている中にあって、かつてないほどのあかしです。

黙々と、隣人の面倒を見、気にかけている多くの人の中に希望を見ました。ブラチスラバのベトレヘムセンターにいる、神の愛の宣教者会のことが思い浮かびます。社会から捨てられた人々を受け入れている、すばらしい修道女たちです。彼女たちは祈って奉仕をし、祈って支援をしています。しかも、たくさん祈り、たくさんの救済に当たっています。つつましく。彼女たちは、この文明の英雄です。わたしたち皆で、マザー・テレサとこの会の修道女に感謝したいと思います。この立派な修道女たちに一斉に拍手を送りましょう。この修道女たちは、ホームレスを受け入れています。ロマの共同体と、彼らとともに兄弟愛と社会共生の道を歩むために尽力する人々のことが思い浮かびます。ロマ共同体の祭典に参加したことは感動的でした。福音に通じる、シンプルな祭典でした。ロマの人たちはわたしたちの兄弟姉妹です。わたしたちは彼らを歓迎しなければなりませんし、ロマの人たちのいちばんの隣人となっているブラチスラバのサレジオ会の司祭たちのように、彼らに寄り添わなければなりません。

愛する兄弟姉妹の皆さん。この希望、わたしがこの訪問で目にしたこの福音的希望は、もう一つのことばで表現されてこそ、実現し具体化するのではないでしょうか。「ともに」です。希望は決して挫かれません。希望は独自にではなく、こぞって道を行きます。ブダペストとスロバキアでは、わたしたちは、カトリック教会のさまざまな典礼とともに、他教派のキリスト教の兄弟姉妹とともに、ユダヤ人の兄弟姉妹とともに、他宗教の信者とともに、いちばん弱い人々とともにあるのだ、そのことに気づかされました。それこそが取るべき道です。未来は、「自分たちだけ」ではなく、「ともにある」であれば、希望に満ちたものとなるからです。それが大事なことなのです。

訪問を終え、わたしの心には深い「感謝」があります。司教団に感謝、当局に感謝、ハンガリー大統領、スロバキア大統領に感謝します。準備してくださったすべての協力者に感謝します。たくさんのボランティアのかたがたに感謝、祈ってくださったお一人お一人に感謝です。加えてもう一つ、この訪問で蒔《ま》かれた種がよい実りをもたらすようお祈りください。豊かな実りを祈り求めましょう。

九月二十二日（水）午前九時十五分からパウロ六世ホールで行われた一般謁見での講話（原文イタリア語）。九月十二日（日）から十五日（水）までのブダペストとスロバキアへの司牧訪問を振り返った。十二日早朝から昼過ぎまでをハンガリーの首都ブダペストに滞在し、同日夕方からスロバキアに入る欧州二か国の訪問だった。

講話でも触れられているように、ブダペスト訪問は、第五十二回国際聖体大会の閉会ミサを行うためであった。COVID－19のパンデミックにより開催が一年延期されたが、教皇を囲む閉会ミサにはおよそ十万人が参加した。白浜満（広島教区）司教を団長とした日本からの巡礼団の派遣は取りやめとなったが、期間中に同じ趣旨で広島教区にて、非公開（動画配信）ながらもミサと聖体礼拝が執り行われた。国際聖体大会は一八八一年に始まり、現在は四年に一度開催されている。次の第五十三回は、二〇二四年にエクアドルのキト教区をホスト都市として開かれる予定。

ハンガリーの北隣スロバキア共和国は、人口およそ五四〇万人で、半数強がローマ・カトリックを信仰し、次いで無宗教が一割、残りをその他キリスト教諸派が占めている。十世紀にスラブ人の国家であった大モラビア国が滅亡した後、ハンガリーの統治下に置かれたが、第一次世界大戦後にチェコスロバキア共和国として独立、第二次世界大戦後に共産主義体制が確立される。その後民主化を求めるビロード革命（一九八九年）により共産党政権が解体、九三年にチェコとの連邦を解消してスロバキア共和国として独立、二〇〇四年にEUに加盟している。同国のロマ人の割合は、約〇・九から一・一パーセントに達するとも見られている。数百年の間、ヨーロッパ各地を移動する生活をしてきたロマ人は、各地で差別や迫害を受け、貧困や低教育が改善されずにいる。スロバキアではロマ人への分離教育を政策としており、民族差別に関連する事件も少なくない。

内輪の論理

愛する兄弟姉妹の皆さん、こんにちは。

今日の典礼の福音は、イエスと使徒ヨハネの短い会話を描いています。ヨハネは弟子たち皆を代弁しています。弟子たちは、主の名を使って悪霊を追い出している男を見つけますが、その人は自分たちの仲間ではなかったために、それをやめさせようとしました。するとイエスは、よいことをしている人を妨げてはならない、神の計画の実現に寄与しているのだからと、弟子たちに呼びかけます（マルコ9・38―41参照）。そして、人を善人と悪人にえり分けることのないよう戒められます。わたしたちは皆、悪に屈してだれかをつまずかせることのないよう、自分の心に注意していなければならないと伝えます（同42―45、47―48節参照）。

つまりイエスのことばは、誘惑の正体を明らかにしての助言です。誘惑とは、閉鎖的になることです。弟子たちは、自分たちの仲間ではないという理由だけで、よい行いをしている人を止めようとします。自分たちには「イエスに対する独占権」があり、自分たちだけが、神の国のための仕事をする権限を有していると思っているのです。ですがそうなると、ひいきされていることを鼻に掛けてしまい、他人をよそ者とみなし、いずれ憎悪を抱くまでになってしまいます。兄弟姉妹の皆さん。確かに、どんな閉鎖性にも自分たちとは違う考えの人と距離を取らせる傾向があり、ご存じのとおり、それが歴史上の多くの過ち——幾度も独裁を生み出した絶対主義や、自分とは異なる存在への数知れない暴力——の根なのです。

そして、教会の閉鎖性も警戒しなければなりません。悪魔（伊語 diavolo）、分断者——分断する（伊語 dividere）者が「悪魔」の意味です——は、つねに、人々を分断させ、排除させようとのたくらみをもって忍び寄って来るからです。狡猾《こうかつ》に、その悪魔を追い出した者すら排除しようとした弟子たちに対してのように、そそのかすのです。わたしたちもまた、謙虚で開かれた共同体であるよりも、「クラスの優等生」ぶって近寄りがたい雰囲気を出したり、すべての人とともに歩もうとせず、「信者ですから」を盾《たて》にするのです。「信者ですから」、「カトリックなもので」、「カトリック信者ですから」、「〇〇会、××会の会員ですから」、あいにく、そちらさんとは違うんです、と。嘆かわしいことです。「信者証」を誇示し、他をとやかくいって排除するのは。とやかくいってレッテルを貼る誘惑に打ち勝つ恵みを願います。「内輪」根性にはまらぬよう、自分たちを立派だと思うエリート集団の中で嫉妬深くわが身を守ることのないよう、神が守ってくださいますように。追従者を従える司祭、ほかの人が入り込めないほど自分たちだけで閉ざされている司牧者集団、特殊な固有のカリスマのある運動体や会、などにならないようにです。閉鎖的であってはなりません。それらはすべて、キリスト教共同体を交わりの場ではなく分断の場としてしまいかねません。聖霊は閉鎖を嫌がります。解放を望み、すべての人に居場所のある、歓迎する共同体を望んでおられます。

福音書では次に、イエスの勧めがあります。何につけ、人のことをいちいち裁かずに、あなた自身のことに気をつけていなさい、と。確かに、他人には厳しく、自分には甘くなりがちです。そしてイエスは、悪の要求に屈しないようにと、強烈なたとえで忠告なさいます。「あなたのからだの一部が、あなたをつまずかせるなら、そこを切り捨ててしまいなさい」（43―48節参照）。あなたに罪を犯させるものがあるなら、そこを切り捨てなさいなのです。「あなたをつまずかせるものがあるなら、立ち止まって、よく考えてみなさい、少しでも改善できるように」といわれたのではありません。そうではなく、「今すぐ切り捨ててしまいなさい」です。イエスはこの点については過激で、厳しく求めておられますが、よい医師として、わたしたちの善益のためなのです。切断、剪定《せんてい》はすべて、よく伸びるよう、愛の実を結ぶようにです。ですから考えてみましょう。自分の中にある、福音に反するものは何だろうか。イエスはわたしの生活から、具体的に何を切り捨てることを望んでおられるのか。

無原罪のおとめに祈りましょう。他者に開かれていられますように。自分に厳しい目を向けられますように。

年間第二十六主日の九月二十六日（日）正午に、教皇公邸書斎の窓から、サンピエトロ広場に集まった信者とともに行った「お告げの祈り」で、祈りの前に述べたことば（原文イタリア語）。

「愛する兄弟姉妹の皆さん。

「お告げの祈り」の後、イタリア語で次のように述べた。

今日は世界難民移住移動者の日です。今年は「さらに広がる〝わたしたち〟へと向かって」がテーマです。偏見なく、恐れることなく、移民、難民、避難民、人身取引犠牲者、捨て置かれた人など、もっとも弱い立場にある人の隣に身を置き、ともに歩んでいくことが必要です。だれのことも排除しない、ますます包括的な世界を築くよう求められています。

世界各地でこの日を祝う人々に心を結びます。難民や移民を支援するイタリア司教協議会の取り組みでロレトに集う信者の皆さんにごあいさつします。また、この広場で旗を掲げているさまざまな民族グループのかたがたにあいさつし、感謝します。イタリアカリタスのAPRIプロジェクト、ローマ教区の移民局とチェントロ・アスタリ（訳注：イタリアのイエズス会の難民支援事業）、皆さんにごあいさつします。皆さんの寛大な取り組みに感謝します。

そして広場を去る前には、ツェルニー枢機卿（訳注：総合人間開発省の現長官で、難民移民の支援活動のプロフェッショナル）がおられるそばにあるモニュメント（訳注：シューマルツによる「気づかれぬままの天使」という彫像。二〇一九年からサンピエトロ広場に設置されている）を見ていってください。移民を乗せたボートの碑です。そこにいる移民をよく見つめ、その表情から、移民一人ひとりが今日抱く、再び生きようとする希望のまなざしを感じてください。あちらに行って、モニュメントを見てください。彼らの希望への扉を閉ざさないようにしましょう。

カナリア諸島のラパルマでの火山噴火の被災者のかたがたに、心を寄せ連帯を伝えます。とくに、自宅から避難しなければならなかったかたがたのことを思います。かの地では雪の聖母への崇敬がありますから、つらい思いをされたこのかたがたのため、また救助活動に従事しているかたがたのために、聖母に祈りをささげましょう。

本日ボローニャで、司祭であり殉教者であるジョヴァンニ・フォルナルシーニ神父が列福されます。慈善活動に熱心な教区司祭で、第二次世界大戦の悲劇の時代にもゆだねられた群れを見捨てず、それどころか血を流してまで群れを守ったのです。この司祭の勇猛なあかしに助けられ、人生の試練に精一杯立ち向かうことができますように。新しい福者に拍手を送りましょう」。

第一〇七回世界難民移住移動者の日に当たるこの日、教皇はイタリア司教協議会主催のミサをロレトの大聖堂でささげた。二〇二〇年一月に始まったイタリアカリタスのＡＰＲＩプロジェクトは、多くの教区カリタスからの賛同を得て、小教区、修道院、個人宅での移民の受け入れと、彼らが社会に溶け込み就労できるようにすることへの支援を行い、地域単位の活動全般に貢献している。

カナリア諸島のラパルマ島では、九月十九日にクンブレビエハ火山が半世紀ぶりに噴火した。溶岩などが住宅街に流れ出し、二十四日現在で住宅二二〇軒が破壊され、約六千人が避難した。流出する溶岩に止まる様子がなく、収束の見通しが立っていなかった。避難生活は、十二月二十五日に終息宣言が出るまで約三か月続いた。

小さい者の恵み

愛する兄弟姉妹の皆さん、こんにちは。

今日の典礼の福音には、普段とは違うイエスの反応があります。憤慨しておられるのです。いちばん驚かされるのは、その怒りの種が、離縁は律法にかなっているかを問いイエスを試すファリサイ派ではなく、群衆からイエスを守ろうとして、子どもたちを連れて来た人たちを叱った弟子たちだったという点です。つまり、主はご自分に反論する者にではなく、負担を減らそうと、子どもたちをご自分から引き離す人に対して怒っているのです。なぜでしょうか。いい質問です。なぜ主は、それにお怒りになるのでしょう。

前々回の日曜日の福音を思い出してください。イエスは子どもを抱き上げるという動作によって、ご自分がその小さい者たちと同じ者であることを示されました。まさにその小さい者たち、つまりだれかを頼らないでは生きられない人、助けが必要でも、そのお返しができない人こそ、最初に仕えられるべきだと教えてくださいました（マルコ9・35―37参照）。神を求める者は、そこに、その小さい者たちに、困っている人たちの中に、神を見いだすのです。物質的に困っている人だけでなく、配慮や慰めを必要としている人もいます。病気の人、虐げられている人、収容されている人、移民、囚人の要望です。小さい者たちの中に、主がおられます。小さい者に、貧しい人に、子どもに、寄るべのない人に投げつけられる侮蔑は、どれもご自分に向けられたものなので、イエスは憤っておられるのです。

今日、主はこの教えをもう一度取り上げて完結されます。まさに次のように付け加えています。「子どものように神の国を受け入れる人でなければ、決してそこに入ることはできない」（マルコ10・15）。いいですか、新しい点はここです。弟子は、小さな人に仕えるだけでなく、自分がその小さい者であることに気づかなければならないのです。ではわたしたちは、一人ひとり、自分は神の前に小さな者であることを分かっているでしょうか。それを考えてください。それが肝心なのです。自分が小さい者だと知り、救いが必要であるとの自覚は、主を受け入れるために必要なことです。それは、神に自分を開くための第一歩です。ただ、そのことを忘れがちです。順調で恵まれていると、自分は自力で満足を得られる、自足できる、神は必要ないという幻想を抱いてしまいます。兄弟姉妹の皆さん。それは欺瞞です。わたしたちはだれしも、助けを必要とする者、小さい者なのです。己の小ささに気づき、それを認識しなければなりません。そうすればそこに、イエスを見いだすことができるでしょう。

人生において、自分が小さい者であると自覚することは、成長の出発点です。考えてみれば、わたしたちは成功や手にしたものによってではなく、困難や脆《もろ》さの中で成長するものです。そうしたときに、求めているときに、成熟するのです。そのとき、神に、他者に、人生の意義に、わたしたちは心を開くようになります。他者に目を開きましょう。小さい者であると自覚し、生きる本当の意味に対して、目を開きましょう。何か問題を前にして自分の小ささが分かるとき、十字架に、病に直面して小ささを自覚するとき、くたくたに疲れ、孤独を味わうとき、失望してはなりません。メッキははがれ落ち、わたしたちの根源的な脆さが再び姿を現します。それは、わたしたちに共通する土台であり、わたしたちの宝でもあります。神により、その脆さは障害ではなくなり、チャンスとなるからです。美しい祈りは、こんなふうに祈るものです。「主よ。わたしの脆さをご覧ください。それは……」、そういって主の前にそれを並べるのです。これこそが、神の前にあるふさわしい態度です。

確かに、神がわたしたちをどれだけ大切にしてくださっているかは、まさに脆さにおいて分かります。今日の福音は、イエスが小さな子どもたちにとても優しく接していることを伝えています。「子どもたちを抱き上げ、手を置いて祝福された」（16節）。弱さが露見する状況、窮地は、その愛を味わう絶好の機会なのです。辛抱強く祈る人は、それがよく分かっています。暗闇のときや孤独のとき、わたしたちに対する神の優しさは、いってみれば、よりいっそう際立つのです。小さな自分であるときに、神の優しさをいっそう強く感じるのです。この優しさによって安らぎを得、この優しさによって成長します。神は神の流儀――近しさ、あわれみ、優しさ――で、近づいて来てくださるからです。何かしらの理由で、自分は取るに足らない者だ、つまり小さい者だと自覚するとき、主は近づいて来てくださり、わたしたちは主をいっそう近くに感じるのです。主はわたしたちに平安をもたらし、成長を与えてくださいます。祈りの中で主は、わたしたちを抱き寄せてくださるのです。子を抱き寄せる父のようにです。ですからわたしたちは、自律を気取る幻想ではなく――そこから成長する人はいません――御父にすべての希望を置く強さによって成長するのです。小さい者がしているようにです。彼らはそのようにしているのです。

小さい者であるという大きな恵みを求め、おとめマリアに祈りましょう。御父はわたしたちの世話を決して怠らないという確信をもって、御父に寄り頼む子どもとなれますように。

年間第二十七主日の十月三日（日）正午に、教皇公邸書斎の窓から、サンピエトロ広場に集まった信者とともに行った「お告げの祈り」で、祈りの前に述べたことば（原文イタリア語）。

「お告げの祈り」の後、イタリア語で次のように述べた。

「愛する兄弟姉妹の皆さん。

エクアドルのグアヤキルの刑務所でこの数日に起きたことを、とても悲しく思っています。対立する犯罪組織の構成員である受刑者間の恐ろしい抗争により、百人以上の死者と多くの負傷者が出ています。彼らとその家族のために祈ります。いちばん貧しい人々を奴隷にする犯罪による傷を、神がいやしてくださいますように。そして、刑務所での生活をより人道にかなうものにすべく、日々尽力するかたがたを支えてくださいますように。

愛する国ミャンマーのために、わたしは今一度、神に平和のたまものを懇願します。そこに住む人々が、もはや痛みと死の涙をぬぐうことなく、困難を乗り越え、平和をもたらすためにともに働くことができますように。

本日、カタンザーロでは、マリア・アントニア・サマ（一八七五―一九五三年）とガエターナ・トロメオ（一九三六―一九九七年）という、生涯にわたって身体を動かせなかった二人の女性が列福されます。神の恵みによって支えられた彼女たちは、疾病という十字架を受け入れ、苦悩を主への賛美に変えました。彼女たちの寝床は、そこに慰めと希望を見いだした多くの人にとって、霊的な支点、祈りの場、キリスト者としての成長の場となったのです。新しい福者たちに拍手を送りましょう。

十月の第一主日である今日、わたしたちの心は、おとめマリアに祈りをささげるためにポンペイの聖堂に集う人々のもとにあります。今月は、ともに気持ちを新たに、ロザリオの祈りをささげましょう」。

エクアドル西部グアヤキルのリトラル刑務所で、九月二十八日、対立する二つのギャングの構成員である囚人間で銃撃を含む暴動が発生し、一一六人が死亡、およそ八十人が負傷した。この刑務所では、数か月にわたり刑務所内の支配権を巡って抗争が続いており、今回の暴動によって、同国の刑務所史上最多の犠牲者を出すこととなった。同国ではこのところ刑務所内での緊張が高まっており、本年二月と七月にも複数の刑務所で類似の暴動が発生した。

ミャンマーでは、軍事クーデター発生から八か月が経過した。市民の抵抗は続くものの、多くのデモ参加者が犠牲となっている。こうした中、四月に連邦議会代表委員会が樹立し、民主派勢力である「国民統一政府」は九月七日、自衛のための戦闘の開始を宣言、民主体制を取り戻すための一斉蜂起を呼びかけていた。

金持ちの男

愛する兄弟姉妹の皆さん、こんにちは。

今日の典礼は、イエスと、「たくさんの財産をもっていた」（マルコ10・22）、「金持ちの青年」（マタイ19・20―22参照）として歴史に名を残すことになった男との出会いを示します。この人の名前は分かっていません。確かにマルコ福音書は、この人について年齢も名前も書かずに「ある人」といっています。その人を鏡として、わたしたちが自分を見ることができるようにでしょう。彼の経験したイエスとの出会いは、まさに、わたしたちの信仰を試すものです。これを読んで、わたしは自分の信仰を検証します。

この人は、質問で始めます「永遠のいのちを受け継ぐには、何をすればよいでしょうか」（17節）。使われている動詞に注目しましょう。受け継ぐために、何をすればよいか。ここに、この人の宗教観があります。受け継ぐための義務、しなければならないことです。「必要なものを手に入れるために何かをする」というものです。ですがそれは、神との商売関係、ギブアンドテイク（Do ut des）です。けれども信仰は、「得るために行う」という、冷徹で機械的な手続きではありません。自由と愛が問われます。信仰は自由意志の問題で、愛の問題です。最初に問われるのは、自分にとって信仰とは何かということです。そもそもが義務や取引材料のようなものであれば、道から外れてしまいます。救いとは与えられるものであって義務ではなく、無償であって買い取るものではないからです。最初にすべきことは、誤ったイメージを植えつける商業的・機械的な信仰心から抜け出すことです。父ではなく、会計係の神、点検係の神にしてしまうことです。ただ、人生ではたびたび、こうした「商取引のような」信仰による関係にしてしまうことがあります。これをするから、神はこれをくださる、といった関係です。

第二の展開では、イエスはこの人を、神のまことの顔を示すことによって助けます。まさに、「イエスは彼を見つめ」、「いつくしんで」（21節）と書いてあります。それが神です。ここから、信仰が生まれ、新たになるのです。義務からではなく、何かをしたから、支払ったからではなく、受け入れられる愛のまなざしからのものになるのです。自分の能力や、自分の計画ではなく、神のまなざしを土台に据えたなら、キリスト者の人生はすばらしいものとなります。あなたの信仰は、わたしの信仰は、疲弊していませんか。信仰心に力を取り戻したいですか。神のまなざしを求めなさい。礼拝に行き、告白によってゆるしを求め、十字架の前に身を置きなさい。つまり、神からの愛をその身に受けなさい。父なるかた、神からの愛に身をさらすこと、それが信仰の出発点です。

　質問し、見つめられた後、三つ目の最後の展開になります。「あなたに欠けているものが一つある」という、イエスからの促しです。この金持ちの男に何が欠けているのでしょうか。与えること、無償の心です。「行ってもっている物を売り払い、貧しい人々に施しなさい」（21節）。わたしたちに欠けているのも、この点かもしれません。大抵は必要最低限のことしかしないわたしたちですが、イエスはできうるかぎりを行うようにと招いているのです。わたしたちにいのちを与えてくださる神は、いのちを輝かせるよう求めておられるのに、おきてを守るとか、祈りをするとか、そういったもろもろのしなければならないことをするだけで満足していることが、どれほど多いことか。今日の福音には、義務から贈与へと移行するその展開がはっきりと表れています。イエスはまず「殺すな、姦淫するな、盗むな、……」など（19節）、戒めを思い起こさせてから具体的な提案に入ります。「行って、売り払い、与え、わたしに従いなさい」（21節参照）。信仰は、「でも……」にとどまっていることはできません。キリスト者の生き方とは「はい」、愛ゆえの「はい」であるからです。

　愛する兄弟姉妹の皆さん。与えることのない信仰、無償の心に欠けた信仰は、不完全な信仰です。弱い信仰で、病んだ信仰です。たとえるなら、贅沢で栄養満点でも風味に欠けた食べ物や、そこそこな展開なのにゴールを決められない試合です。だめです、「塩味」がないとだめなのです。与えることのない、無償の心を欠いた、愛のわざを欠いた信仰は、悲しい結末となります。イエスに愛を込めて見つめてもらったにもかかわらず、「気を落とし、悲しみながら」（22節）家に帰っていったあの人と同じです。今日、自分のことを振り返ってみてください。「わたしの信仰はどこに立脚しているだろうか。信仰を、神との義務や利害にかかわる関係のような、機械的なものとしていないだろうか。イエスに見つめ愛していただくことで、それを燃え立たせていくことを忘れていないだろうか」。イエスに見つめていただき、愛していただきましょう。イエスがわたしたちを見つめ、わたしたちを愛してくださいますように。「そしてイエスに引き寄せられて、無償で、寛大に、心から、こたえているだろうか」。

　おとめマリアは神に、「でも……」のない、全面的な「はい」をいいました。「でも……」なしで「はい」というのは簡単ではありませんが、マリアはそのようになさいました。「でも……」のない「はい」です。与える生き方のすばらしさを堪能していきましょう。

年間第二十八主日の十月十日（日）正午に、教皇公邸書斎の窓から、サンピエトロ広場に集まった信者とともに行った「お告げの祈り」で、祈りの前に述べたことば（原文イタリア語）。

「お告げの祈り」の後、イタリア語で次のように述べた。

「愛する兄弟姉妹の皆さん。

今日も、新しい福者をお知らせする喜びがあります。昨日ナポリで、家庭の妻であり母として、十六世紀に生きたマリア・ロレンツァ・ロンゴ（一四六三―一五四二年）が列福されました。未亡人となったこの人は、ナポリで、不治の病のための病院とカプチン系クララ会を設立しました。篤い信仰をもち、熱心に祈る生活を送ったこの女性は、貧しい人や苦しむ人の必要のために、力を尽くしました。そして今日は、カラブリア州のトロペアで、聖心のオブレート会の創始者フランチェスコ・モットーラ（一九〇一―一九六九年）が列福されました。熱心な牧者であり、疲れを知らぬ福音の宣教者であったこの人は、愛と観想のうちに生きる司祭職の模範的あかし人です。新しい福者たちに拍手を送りましょう。

世界メンタルヘルスデーに当たる今日、精神的疾患で苦しむ兄弟姉妹と、若者にも少なくない自死の犠牲者を思い起こしたく思います。彼らとその家族のために祈りましょう。彼らが孤独に置かれることなく、差別を受けず、迎えられ、支援を受けることができますように」。

この日教皇は、午前十時からサンピエトロ大聖堂で、第十六回世界代表司教会議《シノドス》通常総会の開会ミサをささげた。シノドスのテーマは「ともに歩む（シノドス的）教会のために――交わり、参加、そして宣教」で、二年をかけて各地の信徒を含めた準備を行い、ローマでの総会は二〇二三年十月に行われることになっている。

上昇と下降

愛する兄弟姉妹の皆さん、こんにちは。

今日の典礼の福音（マルコ10・35―45）は、ヤコブとヨセフという二人の弟子が、主がいつか栄光に入るときは、その脇の座を与えてほしいと願ったことを伝えています。「内閣総理大臣」のような感じにでしょうか。ところが、それを聞いた別の弟子たちが憤慨します。その際イエスは、落ち着いて、彼らに深い教えを授けます。まことの栄光は、人の上に立つことで得るのではなく、その後すぐにエルサレムでご自分が受けることになるのと同じ洗礼、すなわち十字架を生きることで得られる、というものです。どういうことでしょうか。「洗礼《バプティズム》」とは、「沈める」という意味です。受難によってイエスは、死に沈められる、すなわち、わたしたちを救うためにそのいのちを差し出されます。ですからその栄光、神の栄光は、支配を希求する権力ではなく、奉仕となる愛です。支配欲に駆られる権力ではありません。違います。仕える者となる愛です。だからイエスは、弟子たちに、そしてわたしたちにも、次のようにいって結びます。「あなたがたの中で偉くなりたい者は、皆に仕える者となりなさい」（43節）。偉くなるためには、仕える道を歩み続け、他者に奉仕しなければなりません。

わたしたちの目の前には、二つの異なる論理があります。弟子たちは上昇を望み、イエスは沈もうとなさっています。二つの動詞について考えてみましょう。一つ目は上に昇る、です。わたしたちに付きまとって誘惑する、この世の考えを表しています。人間関係も含め、すべては、自分の野心をかなえるため、出世の階段を上るため、要職に就くためのことだというものです。己の威信を高めようとすれば、そこをよい意図で偽装したとしても、霊的に病んでしまいます。たとえば、よいことをしたり、よい教えを説いたりしていても、その実、自分のこと、自分の名声ばかりを追い求める、つまり上を目指し、昇っていこうとしている場合です。そしてこれは、教会内にも見られることです。わたしたちキリスト者は仕える者でなければならないのに、前に出ようとしていることがどれほど多いことか。ですからつねに、本心を見定めなければなりません。「なぜこの仕事をしているのか、なぜこの責任を果たそうとしているのか。奉仕のためか、あるいは目立ちたい、称賛されたい、認めてもらいたいからではないか」、そう考えてみなければなりません。こうしたこの世的な論理に対し、イエスはご自分の論理をぶつけます。人の上に立つよりも、人に仕えるために、お立ち台から降りるということです。人より上に昇ろうとするのではなく、人々の暮らしに身を浸すことです。「A sua immagine（彼の姿に）」という番組で、だれも食べ物を欠くことがないよう奉仕している、カリタスの特集を見ました。他者の飢えを心配し、他者の困窮を案じるものです。今日、困窮者は、それはそれは大勢います。パンデミック以降、さらに増えています。目を向け、奉仕のために身をかがめることです。己の栄光のために上昇を望まないことです。

さて二つ目の動詞、「沈む」についてです。イエスはわたしたちに、身を沈めるよう求めています。では、沈むとはどのようにでしょうか。自分が出会った人の暮らしに、思いやりをもって身を浸すことです。そこ（カリタスの特集）では、飢餓のことでした。わたしたちは、こんなにも多くの人の飢えについて、彼らと同じ思いで考えているでしょうか。わたしたちの前には、神からの恵みによって与えられ、食べることのできる食事がありますが、働いても一月分の食事を確保できない人が大勢いるのです。そのことを考えているでしょうか。同じ思いでそこに身を沈め（熱心に考え）、あわれみの心を抱いてください。飢餓にある人が何人いて……というような専門データを知ることではありません。そういうことではないのです。その人たちは、人間なのです。その人間に対して、自分は心を痛めているだろうかということなのです。目に触れた人々の暮らしに対して、心を痛めているか、イエスがわたしに向けてくれたのと同じ、あなたに、わたしたち皆に対して抱いてくださるあの思いをもっているだろうか。イエスはあわれみの思いをもって、そばに来てくださったのです。

傷を負ってきたわたしたちの過去に徹底して深く身を浸された、十字架の主を見つめましょう。そうすれば神の流儀が見えてきます。天上にとどまってわたしたちを見下ろしていたのではなく、わたしたちの足を洗うために身を低くされたことが分かります。神は愛であり、愛は謙遜です。自分を高く上げようとせず、かえって下へ、大地に落ちていのちをもたらす雨のように、降りていくのです。ではどうしたら、イエスと同じ方向に向かえるのでしょうか。上昇から下降へ、威信というこの世の考えから、奉仕というキリスト者の考えへと、向きを変えられるのでしょうか。努力は必要ですが、それだけでは足りません。それだけでは難しいことですが、わたしたちには助けてくれる内なる力があるので、不可能とはいえません。それは洗礼の力、イエスに浸されたことによる力です。わたしたち皆が受けた洗礼による、イエスの後に続くことができるよう方向づけ、背中を押してくれる力です。己の利益を求めるためではなく、奉仕へと突き動かしてくれる力です。それは恵みであり、聖霊がわたしたちの中にともしてくださった火で、その火を燃えたたせなければなりません。今日は聖霊に願い、イエスに浸され、イエスの流儀に浸される洗礼の恵みを新たにしてくださるよう求めましょう。いっそう仕える者に、わたしたちにそうしてくださったように、もっともっと仕える者となれますように。

そして聖母に祈りましょう。このかたは優れたかたでありながら、上に立とうとはなさらず、主の謙虚なはしためでした。そしてわたしたちがイエスと出会えるよう、わたしたちへの奉仕に、完全に身を浸しておられるのです。

年間第二十九主日の十月十七日（日）正午に、教皇公邸書斎の窓から、サンピエトロ広場に集まった信者とともに行った「お告げの祈り」で、祈りの前に述べたことば（原文イタリア語）。

「お告げの祈り」の後、イタリア語で次のように述べた。

「愛する兄弟姉妹の皆さん。

本日 Aid to the Church in Need 財団（訳注：教皇庁管轄の財団で、おもに地方教会を支援している）は、小教区、学校、家庭に呼びかけ、「百万人の子どもによる、一致と平和のためのロザリオ」という行事を行います。聖ヨセフの執り成しを特別に祈る今年、この祈りのキャンペーンをわたしも奨励します。参加する少年少女の皆さんに感謝します。本当にありがとう。

昨日スペインのコルドバで、フアン・エリアス・メディナ（一九〇二―一九三六年）司祭と一二六同志殉教者が列福されました。一九三〇年代のスペインでの宗教弾圧のころ、信仰への憎悪から殺された司祭、修道女、神学生、信徒たちです。彼らの忠実さがわたしたち皆を、そしてとくに世界各地で迫害されているキリスト者を力づけ、勇気をもって福音をあかしする力が与えられますように。新しい福者たちに拍手を送りましょう。

先週は、ノルウェー、アフガニスタン、英国などでいくつものテロが発生し、多数の死傷者が出ました。犠牲者のご家族に心を寄せています。どうかどうか、暴力の道を捨ててください。これは必ず負けとなり、だれにとっても敗北です。暴力は暴力を生むことを胸に刻んでください。

キリスト教諸教会で構成されている「エコロジカルな正義のためのエキュメニカル巡礼団」にあいさつし、祝福を送ります。ポーランドから、COP26気候サミット会場のスコットランドを目指しておられます」。

ノルウェーの首都オスロ南東部コンベスブルグで十月十三日、男が弓矢で通行人を襲撃し、五人が死亡、二人が負傷した。八月にタリバンが制圧したアフガニスタンでは十月八日、北部クンドゥズのモスクで五十人以上が死亡する自爆攻撃があった。さらに一週間後の十五日には、南部カンダハルのモスクで金曜礼拝の最中に爆発が起き、四十人が死亡した。英国南東部サセックスの教会では十月十五日に、地元有権者との会合に出席していた与党議員が男に刺殺された。

教皇はこの日の午前九時からサンピエトロ大聖堂でミサをささげ、ミサの中で司教叙階式を執り行った。叙階された一人であるグイド・マリーニ司教は、前教皇ベネディクト十六世のもとで二〇〇七年から教皇儀典室の儀典長を務め、バチカン内外で教皇が司式するほぼすべての儀式で教皇を支えてきた。この翌月に、故郷ジェノヴァの大司教区が管轄するトルトナの教区長に着座した。

盲人バルティマイ

愛する兄弟姉妹の皆さん、こんにちは。

今日の典礼の福音は、エリコを去る際に、道端で物乞いする盲人バルティマイの目を見えるようにするイエスについて語っています（マルコ10・46―52参照）。過越のためにエルサレムに主が入城する前の最後の出来事、重要な出会いです。バルティマイは視力は失っていましたが、声は失っていませんでした。イエスが通りかかると聞きつけて、彼はまさに叫び始めます。「ダビデの子イエスよ、わたしをあわれんでください」（47節）。そう叫びまくります。弟子たちと群衆はその叫び声にうんざりして、黙らせようと彼をどなりつけます。ところがますます大声で「ダビデの子よ、わたしをあわれんでください」（48節）と叫びます。それを聞くと、イエスはすぐに立ち止まります。神は必ずこの貧しい者の叫びを聞いてくださいますし、バルトロマイの声をわずらわしいなどとはまったく思いません。むしろ、深い信仰を認めてくださいます。

無理解や叱責に囲まれても、しつこく、動じることなく、神の心の扉を叩き続ける信頼の心です。そしてそこに、奇跡の芽があります。だからイエスはこういわれるのです。「あなたの信仰があなたを救った」（52節）。

バルティマイの信仰は、その願いのことばから透けて見えます。弱気な願いではなく、確信をもっての嘆願です。まず彼は主を「ダビデの子」と呼びます。つまりイエスをメシアである、世に来られる王だと認めています。次に名前で、親しげに「イエスよ」と呼びます。イエスに対して恐怖はなく、距離を置いたりしません。そして心の底から、その苦しみのすべてに愛を注いでくださる神に向かって叫びます。「わたしをあわれんでください」。「わたしをあわれんでください」という嘆願だけです。道行く人にするように、いくらかの小銭を求めているのではありません。違います。あらゆることが可能であるかたに、すべてのことを求めているのです。人々には小銭を求めていますが、すべてをなさることができるイエスには、すべてを求めています。「わたしをあわれんでください、わたしのすべてにあわれみを注いでください」と。彼は、恵みを求めるのではなく、自分自身をさらけ出します。自分という人間に、自分の人生に対し、あわれみを願っているのです。それは取るに足らない要求であるどころか、むしろすばらしいものです。あわれみを、憐憫を、神のミゼリコルディアを、そのいつくしみを請い求めているからです。

バルティマイは、多くのことばを費やしはしません。不可欠なことだけを語り、後は神の愛に、つまり人間には不可能なことを行うことで、人生を再び輝かせてくださるかたにゆだねます。だからバルティマイは主にお恵みは願わず、自分のすべてを、目が見えないこと、そして見えないということ以上の苦しみをさらけ出します。視力がないことは氷山の一角にしかすぎず、その心には数々の傷が、屈辱が、破れた夢が、過ちが、後悔があったはずです。彼は、そうした心をもって祈ったのです。では、わたしたちはどうでしょうか。神に恵みを願うとき、わたしたちは自分の過去を、傷を、屈辱を、破れた夢を、過ちを、後悔をもひっくるめた、ありのままの自分で祈っているでしょうか。

「ダビデの子よ、わたしをあわれんでください」。今日はこの祈りをささげましょう。そして自らを振り返ってみてください。「自分の祈りはどうだろうか」と。それぞれで考えてみてください。「自分の祈りはどうだろうか」。そこに大胆さはあるか、バルティマイのような立派な執拗さはあるか、通りかかる主を「つかまえる」ことができるだろうか、それとも自分が思い出したときにだけ、時折、形式的なあいさつをすることで満足していないだろうか。何にもならない、生ぬるい祈りです。それから、自分の祈りは「意味あるもの」であるだろうか、主の前に自分の心をさらけ出しているだろうか。自分の過去や、人生のさまざまな場面について伝えているだろうか。それとも、感情に乏しく心を感じられない、死んだような、表面的な、決まり文句だけの祈りになっていないだろうか。信仰が生き生きとしていれば、祈りは悲痛なものとなります。小銭を請うようなものではなく、一時しのぎを求めるようなものではありません。すべてが可能であるイエスに、すべてのことを求めるはずです。このことを忘れてはなりません。あらゆることが可能なイエスに、すべてのことを求めればいいのです。イエスに、しつこく求めるのです。このかたはご自分の恵みと喜びをわたしたちの心に注ぐことを待ち望んでおられますが、残念なことに、遠慮や怠惰や不信によってなのか、距離を取ってしまうのはわたしたちのほうです。

わたしたちの多くは、祈るとき、主が奇跡を起こせるとは信じていません。わたし自身が目撃した、ある父親の話が思い浮かびます。その人は医師から、入院中の七歳の娘について、朝を迎えることはないだろうと告げられました。すると彼はバスに乗り、七十キロも離れた聖母巡礼所に向かいました。門は閉まっていて、父親はそこにしがみつきながら、一晩中祈りをささげました。「主よ、娘を助けてください。主よ、あの子を生かしてください」。彼は一晩中聖母に祈り、神に叫び、心から叫び続けました。そして朝になって病院に戻ると、妻が泣いているのを見つけます。「あの子は死んだのだ」と思います。すると妻は「だれにも分からない、わけが分からないけれど、お医者さんは不思議だとおっしゃったけれど、あの子は治ったのよ」といったのです。すべてを願ったこの人の叫びを、すべてをお与えになることのできる主が聞いてくださったのです。これは作り話ではありません。別の教区にいたときに、この目で見たことです。わたしたちは、祈るときにこの勇気をもっているでしょうか。わたしたちにすべてを与えてくださるかたに、バルティマイのように、すべてを願いましょう。バルティマイは偉大な教師、祈りの優れた師です。バルティマイを、明確で、執拗で、勇敢な信仰を示す、手本にできますように。そして祈りの人であるおとめ、聖母マリアに学び、神は一つ一つの祈りに注意深く耳を傾けておられることに信頼し、心を尽くして神に助けを求めることができますように。

年間第三十主日の十月二十四日（日）正午に、教皇公邸書斎の窓から、サンピエトロ広場に集まった信者とともに行った「お告げの祈り」で、祈りの前に述べたことば（原文イタリア語）。

「お告げの祈り」の後、イタリア語で次のように述べた。

「愛する兄弟姉妹の皆さん。

リビアで保護を求めている、何千もの移民、難民、その他の人々に心を寄せています。あなたたちのことを決して忘れていません。あなたたちの嘆きの声は聞こえています。あなたたちのために祈ります。子どもを含むこの人々の多くが、非人道的な暴力にさらされています。今一度国際社会に求めます。リビア沖と地中海全域での移民の流れをやりくりするために、共通の、具体的かつ永続的な解決策を探ってください。追い返される人々の苦しみがどれほどのものか――。そこには、事実上の強制収容所があるのです。安全でない国に移民を送還させることに終止符を打ち、救援と下船のために事前に講じた措置で、海上での人民救助を優先し、拘束ではなく尊厳ある生活環境を保証し、正規の移民ルートと亡命手続きへのアクセスを整えなければなりません。あまりに長い間、このひどく深刻な状況の犠牲者となってきたわたしたちの兄弟姉妹のために、皆が責任を感じなければなりません。彼らのために黙禱をささげましょう。

昨日ブレシアで、アンチェラ・デラ・カリタ（愛のはしため）会の修道女、シスター・ルチア・デル・インマコラータ（一九〇九―一九五四年）が列福されました。柔和で優しい女性で、四十五歳で亡くなりました。病によって身体は弱っても魂はなえることなく、他者に尽くす生涯でした。そして今日は、交通事故により二十二歳でなくなった医学生、サンドラ・サバティーニ（一九六一―一九八四年）がリミニで列福されます。大きな愛と日々の祈りに生かされた明るい娘で、神のしもべの称号を得たオステ・ベンツィ司祭のカリスマに倣い、もっとも弱い人々への奉仕に、熱い心で身をささげました。二人の福者に拍手を。さあ皆で。

世界宣教の日である今日、二人の新福者に、いのちをかけて福音を告げたあかし人として目を向けましょう。あかしするために、時に大きな犠牲を払っておられる、前線で教会の奉仕に当たっているかたがたです。福音をあかしするためにです。改宗させるためではなく、イエスを知らずにいる土地で生きることで、福音をあかしするためにです。宣教者に深く感謝します。彼らに盛大な拍手を、皆で送りましょう。ウルバノ大学（訳注：おもに宣教地の聖職者を養成するための教皇庁立の神学校）の神学生にもごあいさつします。

愛するローマの信者と世界中からの巡礼者の皆さんにあいさついたします。とくにペルーの共同体の皆さん。ペルーの国旗がたくさん見えます。セニョール・デ・ロス・ミラグロスの祝日ですね。今年のプレゼピオも、ペルーの共同体からのものになります。……トレヴィーゾからローマまでの「マラソン」参加者と、サクラディサンミケーレからモンテ・サンタンジェロまでの「巡礼」中の皆さんにもあいさつします。聖ルイージ・グアネラを追悼する自転車巡礼です。「わたしたちの望む惑星」をテーマに、ターラントに集まって過ごす、イタリアンのカトリック社会週間の参加者に、格別のあいさつを送ります」。

紛争や迫害、先の見えない生活苦から逃れるために欧州を目指す避難民が、リビアの沿岸警備隊によって捕らえられ拘束されている避難民収容所の、劣悪な環境と虐待が深刻で大規模であることが、近年広く知られるようになった。不潔で、シャワーどころかトイレもない狭小な部屋に大勢が押し込められ、ほとんど食事も与えられず、強奪、強制労働、性的暴行、嫌がらせ、拷問などが横行している。当局による関与も指摘されているが、改善の見込みがない状態が続いていた。リビア自体が東西に分裂した内戦中の不安定な状態にあり、避難民施設以外にも、多くの移民が自主的に流入して人身売買業者を頼っての渡航を待つ間身を寄せる施設もまた、同じく悲惨なものである。ようやく船出をかなえながらもリビア沿岸警備隊に拿捕されると、国への帰還を恐れ自ら海に飛び込む者も多い。二〇二〇年から二〇二一年の間に、リビア沿岸警備隊によって強制送還された人の数は一万五千人以上になる。

みことばの反芻

愛する兄弟姉妹の皆さん、こんにちは。

今日の典礼の福音は、イエスに近づいて、「あらゆるおきてのうちで、どれが第一でしょうか」（マルコ12・28）と尋ねる律法学者について語ります。イエスは聖書を引用して、第一のおきては神を愛しなさいだということ、そこから次に、当然の結果として二つ目は、隣人を自分のように愛しなさいだといわれます（29―31節参照）。この返事を聞くと、律法学者はそのとおりだと言明しただけでなく、おっしゃるとおりだと言明する際に、イエスがいったことばをそっくりそのまま繰り返します。「先生、おっしゃるとおりです。……心を尽くし、知恵を尽くし、力を尽くして神を愛し、また隣人を自分のように愛するということは、どんな焼き尽くす献げ物やいけにえよりも優れています」（32―33節）。

なぜその律法学者は、同じ見解だと表明する際に、イエスのことばをそのまま繰り返そうと思ったのか、考えてみてください。このような復唱は、非常に簡潔な文体のマルコ福音書でのことと考えれば、いっそう意外に思えます。ではこの復唱に、どんな意味があるのでしょう。この復唱は、聞いているわたしたち皆にとって教えです。主なる神のことばは、ニュース記事のように受け取られるものではないからです。主なる神のことばは、反復され、自分のことばになるまで、大事に守られなければなりません。隠修士らの修道生活の伝統は、大胆な、しかし実に具体的な表現を用いています。神のことばを「反芻《はんすう》する」というのです。神のことばを「反芻する」のです。それはとても滋養があるため、生活の隅々にまで届かなければなりません。今日イエスがいわれたように、心を尽くし、精神を尽くし、思いを尽くし、力を尽くして（30節参照）、それを自分のものとするのです。神のことばは、わたしたちの内側で、何度も何度も響き、こだまし続けなければなりません。途切れることなく響き続けるこの内なる共鳴があるならば、主は心に住まわっておられるのです。そして福音のあの正しい律法学者にいわれたように、わたしたちに語っておられます。「あなたは、神の国から遠くない」（34節）。

愛する兄弟姉妹の皆さん。主は、聖書の卓越した解説者をそれほどは求めておられません。主が求めておられるのは、みことばを受け入れ、それによって内的に変わろうとする素直な心です。ですから、福音書と親しみ、それをいつも手元に置くことがとても大切なのです。小さな福音書でいいので、ポケットに、鞄《かばん》に入れて、何度も何度も読み、夢中になることが大切です。そうすればイエスが、御父のみことばであるかたが、わたしたちの心の中に入り、親しくなってくださり、わたしたちはそのかたにおいて多くの実を結ぶのです。たとえば、今日の福音箇所を考えてみましょう。ここを読んで、そうか、神と隣人を愛さなければならないのだと理解するだけでは足りません。「もっとも大事なおきて」であるこのおきてが、わたしたちの内にこだまし、わたし自身がそれと同化し、それが良心の声とならなければなりません。聖霊はわたしたちの中で、みことばの種が芽を出すようにしてくださるのですから、それが心の引き出しで死文になっていることはありません。神のみことばは働いていて、つねに動き続け、生き生きと、力を発揮しているのです（ヘブライ4・12参照）。ですからわたしたち一人ひとりは、生きた、それぞれ独自の「翻訳」となれるのです。神が与えてくださった、唯一の、愛のことばであるかたの、繰り返しではなく、生きた、それぞれ独自の「翻訳」です。諸聖人の生き方から、その例が分かります。一人として同じ人はいません。聖人たちは皆異なっていますが、それでも同じ神のみことばと結ばれているのです。

ですから今日は、この律法学者を手本としましょう。イエスのことばを復唱し、わたしたちの内側にこのことばをこだまさせましょう。「心を尽くし、精神を尽くし、思いを尽くし、力を尽くして、神を愛し、隣人を自分のように愛しなさい」。そして省みてください。このおきてが本当に自分の人生の指針となっているだろうか、このおきてが、自分の日々の生活と一致しているだろうかと。今晩、寝る前に、このみことばで良心の究明をしてみたらいいでしょう。今日自分は、主を愛しただろうか、出会った人にささやかであってもよいことをしただろうかと。どんな出会いも、ささやかな善意を、ささやかな愛を、もたらすものとなりますように。それは、このみことばが生み出すものです。人となった神のみことばを宿したかた、おとめマリアが、福音の生きたことばを心に受け入れることを、わたしたちに教えてくださいますように。

年間第三十一主日の十月三十一日（日）正午に、教皇公邸書斎の窓から、サンピエトロ広場に集まった信者とともに行った「お告げの祈り」で、祈りの前に述べたことば（原文イタリア語）。

「お告げの祈り」の後、イタリア語で次のように述べた。

「愛する兄弟姉妹の皆さん。

ここ数週間の長引く大雨により、ベトナム各地で大規模洪水が発生し、数千のかたが避難しています。被災した多くの家庭に祈りと思いを届けるとともに、緊急事態への対応に懸命に働く当局者や地方教会に励ましを送ります。また、悪天候により被災したシチリアの人々にも心を寄せています。

また、極限状態にあるハイチの人々のことも思っています。各国指導者には、この国を放っておかず、支援してくださるよう願います。そして皆さん、帰宅したら、ハイチのニュースを検索してください。そして祈って、祈って、祈ってください。先日「A sua immagine（彼の姿に）」というテレビ番組で、ハイチにいる聖カミロ会の宣教者マッシモ・ミグラリオ神父の証言を見ました。この国にあることがどれほどの苦しみか、どれほどの痛みか、どれだけ見捨てられているのか、語ってくれました。彼らを見捨ててはなりません。

昨日スペインのトルトサで、イエスの聖心の教区労働者兄弟会の司祭たち、フランシスコ・ソホ・ロペス（一八八一―一九三六年）、マヌエル・ガルセラ・ヴィデレ（一八七七―一九三六年）、アキリノ・パストール・カンベロ（一九一一―一九三六年）が列福されました。信仰への憎悪により殺害された三司祭です。熱心で寛大な司牧者たちで、一九三〇年代の宗教の迫害時代に、いのちの危険を冒して奉仕職を忠実に続けました。彼らのあかしが、とくに司祭たちにとっての模範となりますように。三人の新福者に拍手を送りましょう。

スコットランドのグラスゴーで今日、国連気候変動会議（ＣＯＰ26）が始まっています。地球の叫びと、貧しい人の叫びが聞き届けられるよう、また、この会議が効果的な対策を策定して、明確な希望を将来世代に示すことができるよう祈りましょう。これに合わせ、サンピエトロ広場では『ラウダート・シ』の写真展が本日より開催されています。バングラデシュ出身の若手写真家による作品展です。ぜひご覧になってください」。

十月二十二日から続く豪雨により、ベトナム中部は深刻な洪水被害に見舞われていた。これにより少なくとも一人が死亡、数千人が避難している。ベトナムは海岸線が長く、暴風や洪水に見舞われやすく、前年にも豪雨被害で三七八人が亡くなっている。シチリアでは、二十七日に災害級の降水量となり、市街地が浸水、停電も起きた。

八月の巨大地震で二千人以上の死者を出し大規模な被害を受けたハイチは、西半球の最貧国であり、復興の見通しが立っていない。地震直前の七月には大統領が暗殺されるなど、政情不安、治安のさらなる悪化、聖職者や外国人も含む誘拐拉致の激増、深刻な食糧不足といった、人道危機の状態にある。

サンピエトロ広場の右側柱廊では、この日開幕したＣＯＰ26に合わせ、回勅『ラウダート・シ』をテーマにした写真展が始まった。総合人間開発省が後援し、バングラデシュ出身の映画監督・作家であるリサ・ベルトラミ氏と写真家アサフ・ウド・ダウラ氏の作品四十点が展示され、十一月八日まで行われた。

律法学者と貧しいやもめ

愛する兄弟姉妹の皆さん、こんにちは。

今日の典礼の福音に描かれている場面は、エルサレムの神殿の中でのことです。イエスはじっと眺めておられ、もっとも神聖なその場所の様子を見ておられ、律法学者たちが注目を浴びて歩き回り、あいさつを受け、うやうやしく接せられ、上席に着くことを好んでいるのをご覧になります。そして、イエスはこうもいわれます。彼らは「やもめの家を食い物にし、見せかけの長い祈りをする」（マルコ12・40）。他方、イエスの目は別の光景をも捉えています。貧しいやもめ、まさに権力者に食い物されている人に数えられている人が、神殿の賽銭箱に「生活費を全部」（44節）投げ入れたのに目を向けます。福音書がいうには、やもめは生活費をすべて賽銭箱に入れています。福音書は、この明確な対比を示しています。見せびらかすために有り余る中から入れる金持ちと、乏しい中からすべてを入れた、目立たぬ貧しい女性です。人間の姿勢を示す、二つの象徴です。

イエスは、この二つの光景をご覧になります。そして、その教えを要約するのが、まさしく、この「見る」という動詞です。律法学者のように二枚舌の信仰を生きる者たちを、彼らのようにはならないために「注視しなければならない」一方で、やもめを模範とするよう「見つめ」なければなりません。偽善者は警戒し、やもめを見つめる――それに留意してください。

まずは、偽善者に警戒することです。つまり、うわべや見た目を重視し、イメージを過度に意識するような生き方に注意しなさいということです。そして何より、信仰を自分の利益のために曲げないよう気をつけなければなりません。あの律法学者たちは、自身の虚栄心を神の名で覆い隠し、さらに悪質なのは、宗教心を利用して自分に便宜を図り、自身の権威を悪用して貧しい人を食い物にしていました。ここには、今日もなお多くの場所で見られる聖職者至上主義という、実に悪質な態度があります。多くの場所にあります。身分の低い人の上に立ち、彼らから搾取し、「叩きのめし」、自分を完璧なものだと考える態度です。これが聖職者至上主義の悪です。いつの時代も、すべての人に対し、教会に対し、社会に対し、警鐘が鳴らされているのはこのことです。立場を利用して他者を踏みつぶしてはなりません。弱者の皮をはいで、おいしい思いをしてはいけません。ですから、虚栄心に傾かぬよう注意を怠ってはなりません。見た目に執着し、本質を失い、うわべで生きるようになってしまわぬようにです。考えてみましょう。考えるといいのです。言動によって、褒めそやされ、ありがたがられたいと思っていないだろうか。それとも、神や隣人、ほかでもなく、弱者とされる人々に、役に立つ者になりたいと思っているだろうか。心の欺瞞《ぎまん》、魂にとって恐ろしい病である偽善に、目を光らせていましょう。偽善は二枚舌の思考、二心の考えです。偽善（ipocrita）という語自体がそうなっています。「下で、判断する」、何らかのかたちで見えているその「下（ipo-）」に、別の思惑があるのです。二重人格、二つの魂をもつ人、二つの顔をもつ人です。

そしてこの病を治すために、イエスは貧しいやもめを見るよう招いておられます。主は、この女性を食い物にしていることを糾弾します。献金をささげるために、乏しい生活費すら奪われて家に帰らなければならない女性です。お金の呪縛から、聖なるものを解放することが何より大事です。イエスはすでにそのことを、別の箇所で語っておられます。「二人の主人に仕えることはできない」と。神に仕えるのか「それとも悪魔にか」、そういわれると考えてしまいますが、そうではなく、神に仕えるのか、それとも金に仕えるのか、なのでしょう。悪魔は主人となるけれど、彼に仕えてはならないとイエスはいっておられます。さらにイエスは、このやもめがもっているものすべてを献金箱に投げ入れたことを褒めておられます。その手にはもう何も残っていませんが、彼女は全財産を神において得るのです。やもめは、なけなしのものを失うことを恐れていません。神の豊かさに信頼しており、神のその豊かさによって、差し出す者の喜びは何倍にもなるからです。このことは、また別のやもめのことを思い出させます。預言者エリヤが語ったやもめのことです。壺の底に残った最後の小麦粉と、瓶の中のわずかな油でパンを作ろうとしていたやもめに、エリヤは「食べ物がほしい」といいます。やもめがそれを差し出すと小麦は尽きることがなくなるという、奇跡の話です（列王記上17・9―16参照）。主はつねに、人々の寛大さに先んじておられ、その先に行っておられます。主はいっそう寛大であられます。ですが、それが主です。わたしたちが貪欲だからではありません。イエスは信仰の鏡として、この女性を示してくださったのです。やもめは、良心がとがめるから神殿に行くのではありません。注目を浴びたくて祈るのではありません。信仰をひけらかすことはなく、心から、無私の心で、何のねらいもなしに、差し出すのです。やもめの入れるわずかな小銭が立てる音は、金持ちが入れる多額の献金のそれよりも、美しい響きです。小銭の立てる音は、真摯な心で、見てくれではなく無条件の信頼を元に生きる信仰で、神にささげた生活の表れとなるからです。やもめに学びましょう。メッキで輝く信仰ではなく、誠実な内面をもつ信仰、神のため、兄弟のための、謙遜な愛からなる信仰を学びましょう。

さあ、おとめマリアに目を向けましょう。謙遜で曇りのない心で、神とその民のために全生涯をささげたかたです。

年間第三十二主日の十一月七日（日）正午に、教皇公邸書斎の窓から、サンピエトロ広場に集まった信者とともに行った「お告げの祈り」で、祈りの前に述べたことば（原文イタリア語）。

「お告げの祈り」の後、イタリア語で次のように述べた。

「愛する兄弟姉妹の皆さん。

アフリカの角と呼ばれる地域、とくにエチオピアからのニュースを心配しながら注視しています。一年以上紛争が続き、不安定な情勢、多数の犠牲者、深刻な人道危機をもたらしています。皆で、疲弊したこの国の人々のために祈ってください。兄弟愛のある共生と、対話による平和の道が勝利するよう、あらためて訴えます。

また、シエラレオネの首都フリータウン郊外で発生した、燃料爆発による火災の犠牲者のために祈ることを約束します。

昨日スペインのマンレサで、カプチン・フランシスコ修道会所属の三殉教者の列福が宣言されました。サンタ・コローマ・デ・グラマートのベネト（一八九二―一九三六年）、バルセロナのジョセップ・オリオル（一八九一―一九三六年）、サン・ペレ・デ・リュードビトルスのドメネク（一八八二―一九三六年）です。彼らはスペインで、前世紀の宗教弾圧の時代に、キリストの柔和で勇敢な証人となって殺されました。彼らの模範によって、今日のキリスト者が支えられ、試練の中でも自らの召し出しに忠実さを失わずにいられますように。三人の新福者に盛大な拍手を送りましょう」。

エチオピアでは前年十一月に、政府軍と、北部ティグライ州与党であるティグライ人民解放戦線の軍事組織が衝突し、以来この内戦は収束の見通しが立たずに悪化し、経済、社会の混乱、避難民の増大、人道上の危機が拡大している。十一月二日には、エチオピア政府が全土に非常事態を宣言したほか、首都アディスアベバ市の住民に対して、武装して警戒するよう呼びかけるなど情勢が緊迫していた。またアフリカの角、つまりアフリカ大陸北東部は、過去四十年で最悪の干ばつに見舞われ、エチオピア、ケニア、ソマリア全体で推定千三百万人が深刻な飢餓に直面すると憂慮されている。

西アフリカのシエラレオネの首都近郊でタンクローリーとトラックが衝突し、タンクから漏れ出た燃料が爆発した。漏れた燃料を回収しようと多数の市民が詰めかける中でのことで、九九人が死亡、百人以上が負傷した。

イエスのことばは決して滅びない

愛する兄弟姉妹の皆さん、こんにちは。

今日の典礼の福音箇所は、わたしたちをあぜんとさせるイエスのことばから始まります。「太陽は暗くなり、月は光を放たず、星は空から落ち、天体は揺り動かされる」（マルコ13・24―25）。いったいどういうわけで、主は天変地異が起こるといっておられるのでしょうか。いえ、そうではありません。当然、そういうつもりでおられるのではありません。わたしたちに、この世のすべては、遅かれ早かれ過ぎ去るものだということを理解してほしいのです。「大空（イタリア語 firmamento）」――堅固（fermezza）や安定（stabilità）を指す語――を形づくる太陽、月、星々さえも過ぎ行く定めにあるのです。

ですがイエスは最後に、揺らぐことのないものについて語ります。「天地は滅びるが――イエスのことばによれば――、わたしのことばは決して滅びない」（31節）。主のことばは移ろうことはありません。イエスは、過ぎ行くものである最後の前のものと、いつまでもとどまり続ける最後のものとを、はっきりと区別されます。これはわたしたちにとって、人生で大事なものを選ぶときの指針、人生を懸ける価値のあるものへと導くものを伝えるメッセージです。移ろうものに向かうのか、それとも、永遠にとどまる主のことばを目指すのかと。もちろん、主のことばに向かうのです。ですが、簡単なことではありません。たしかに、感覚に訴えるものや、すぐに満足を与えてくれるものは魅力的です。一方、主のことばは、すばらしいものであっても、即というより辛抱を必要とします。わたしたちは、目に見えるものや触れられるもの、安心できるものになびいてしまうものです。それが人間であり、誘惑とはそうしたものです。ですが、それは欺瞞です。「天地は滅びるが、わたしの言葉は決して滅びない」のです。そこに、砂の上に人生を築いてはならないとの呼びかけがあります。家を建てるには、深く掘り下げ、しっかりと土台を据えます。見えない部分にお金をかけるのは無駄だというのは愚か者です。イエスにすれば、忠実な弟子とは、岩の上に、つまり過ぎ行くことのない、ご自分のことばを土台に、イエスのことばの堅固さを土台に据えた生き方をする者です（マタイ7・24―27参照）。それこそが、イエスがわたしたちに望む人生の土台であり、過ぎ行くことのないものです。

そしてここで、自分に問いを投げてみましょう――神のことばを読むときは、必ずいろいろ考えてみてください――。神のことばの中心には何があるのか、その脈打つ心臓とは何であるか。つまり、人生に堅固さを与え、決して尽きることのないものとは何か。聖パウロが教えてくれます。真ん中に、鼓動する心臓に、堅固さをもたらすところにあるもの、それは愛です。「愛は決して滅びない」（一コリント13・8）。パウロはそれを愛だといいます。善を行う人は、永遠なるものに投資しているのです。寛大で奉仕の心のある人、柔和な人、辛抱強い人、ねたまない人、陰口をいわない人、自慢しない人、高慢でない人、相手に敬意を払わない人（一コリント13・4―7参照）、そんな人が、地上に天を築く人です。その人は注目されることもなく、出世することもなく、ニュースを飾ることもないでしょう。けれどもその人は、決してむなしい者とはなりません。善は決してむなしいものではなく、善は永遠にとどまるものだからです。

ですから兄弟姉妹の皆さん。考えてみましょう。わたしたちは人生を何に投資しているだろうか。お金、成功、見た目、物理的な幸福といった、過ぎ去るものにだろうか。そうしたものは、わたしたちに何ももたらしてくれません。永遠にここにとどまるかのように、地上のことがらに執着していないだろうか。若くて健康なうちはすべてが順調でも、旅立ちの時が来れば、すべてを置いて行かなければならないのです。今日、神のことばはわたしたちに警鐘を鳴らしています。この世の風景は移ろう。そして愛だけがとどまる、と。ですから、神のことばを土台とする生き方は逃避した人生ではなく、地上の現実を固いものとし、愛によって変え、そこに永遠のしるしを、神のしるしを刻むために、その現実に身を浸すということなのです。さてここで、重要な決断をするためのヒントです。どうすればよいか分からないなら、決定的な選びを、重要な決断を、イエスの愛にかかわるという決断を、いかにしたらいいか分からないなら、何をしたらいいのでしょうか。決断の前に、想像してみてください。人生の最期に、イエスの前に、愛であるかたの前に立つ自分を想像するのです。そこに立つ自分を、永遠の入り口でイエスを眼前にしているのを想像して、今日、選び取るのです。そうすれば決断できるはずです。つねに永遠を見つめ、イエスを見つめることです。簡単なことではないかもしれませんし、すぐにはできないかもしれませんが、きっと、いい方法です（聖イグナツィオ・デ・ロヨラ『霊操』187参照〔門脇佳吉訳、岩波書店、一九九五年、一七九―一八〇頁〕）。

聖母の助けによって、彼女がそうしたように、人生の重要な決断ができますように。愛に従い、神に従う人生を選ぶことです。

貧しい人の世界祈願日に当たる年間第三十三主日の十一月十四日（日）、教皇は午前十時からサンピエトロ大聖堂で、約二千人の貧しい人たちとボランティアが参加するミサをささげた。この後、教皇公邸書斎の窓から、サンピエトロ広場に集まった信者とともに行った「お告げの祈り」で、祈りの前に述べたことば（原文イタリア語）。

「お告げの祈り」の後、イタリア語で次のように述べた。

「愛する兄弟姉妹の皆さん。

今日は、いつくしみの特別聖年（訳注：二〇一五年十二月八日—二〇一六年十一月二十日）の実りとして始まった、貧しい人のための世界祈願日の第五回目です。今年のテーマは「貧しい人々はいつもあなたがたと一緒にいる」（マルコ14・7）というイエスのことばです。人類が進歩し、発展しても、貧しい人はいつもわたしたちのもとに存在し、必ず存在していること、そしてその彼らの中にキリストがおられること、貧しい人の中にキリストが現存していること、――これは事実です。一昨日アッシジで、わたしたちはあかしと祈りをさまざまと体験しました。皆さんもそれを味わうよう招きます。皆さんにも有益です。世界中の教区や小教区で企画されたさまざまな連帯の行事に、感謝しています。

貧しい人々の叫びは、地球の叫びと一つになって、グラスゴーで開催された国連気候変動サミットCOP26で、この数日の間響き渡りました。わたしは、政治的、経済的責任を担う人々に、勇気と先見の明をもってすぐさま行動するよう訴えると同時に、善意あるすべての人に、共通の家のケアのためにアクティブシチズンシップを発揮してくださるようお願いします。それをかなえるため、貧しい人のための世界祈願日の今日、インテグラルエコロジー促進のためのラウダート・シ・プラットフォームの登録が開始されます。

今日はまた、世界糖尿病デー（十一月十四日）でもあります。若年層や子どもたちも含め、多くの人が苦しんでいる慢性疾患です。この患者の皆さんと、苦労を日々ともにする人々、また彼らを支える医療従事者とボランティアのかたがたのために祈ります」。

貧しい人のための世界祈願日の取り組みの一環として、教皇は十一月十二日にアッシジを訪れ、貧しい境遇にある人々と彼らを支える支援者との集いをサンタマリア・デリ・アンジェリ聖堂でもった。集いに参加したのは、ウンブリアの諸教区やローマ教区、カリタスやその他教会組織の支援を受けている、ヨーロッパ出身の貧困状態にあるおよそ五百名と支援者、地元の信者、巡礼者ら。教皇は、路上で支援する司祭との出会いで回心した犯罪歴のある元ホームレス、足や腰に痛みを伴う慢性の消耗性疾患のため車椅子生活にあるルーマニア人女性、アフガニスタンからの避難民の体験のあかしに耳を傾け、無関心のはびこる今こそ、顔と顔を合わせて貧しい人と出会うべきであると語り、休憩した後に参加者とともに祈りをささげた。その後アッシジから車で十五分ほど南下したスペロのクララ会で、修道女らとともに昼食を取り、ヘリコプターで帰路に着いた。

王であるキリスト

愛する兄弟姉妹の皆さん、こんにちは。

典礼暦年の最後の主日である今日の典礼の福音は、「わたしが王だ」（ヨハネ18・37）というイエスの断言で頂点を迎えます。このことばは、群衆がご自分を死刑に宣告するよう叫ぶ中で、ピラトに向けていったものです。主は「わたしが王だ」といわれ、群衆はそのかたに死刑を宣告するよう叫んでいる、――見事な対比です。決定的な時が訪れたのです。かつてのイエスは、人々がご自分を王だと称賛することを望んではおられませんでした。パンと魚の増加の後のことを、イエスが独り退かれて祈っていたことを思い出してみましょう（ヨハネ6・14―15参照）。

まさしく、イエスの王位は、この世の王位とはまったく異なるものです。イエスはピラトにいわれます。「わたしの国は、この世には属していない」（ヨハネ18・36）。イエスは支配するためではなく、仕えるために来られます。権力というしるしではなく、しるしという力をもって来られます。豪華な紋章をまとうのではなく、十字架上で裸です。そしてイエスが「王」と明確にされるのは、まさに十字架につけられた罪状書きによってです（ヨハネ19・19参照）。イエスの王たる資格は、まさに人間の判断基準からは外れています。いえるのは、このかたはほかとは違う王、他者のための王なのだということです。少し考えてみましょう。キリストは、群衆がご自分に敵意を向けているときには、ピラトの前でご自分が王であるといい、群衆が付き従い、喝采を送るときには、そうした称賛から距離を置かれました。つまりイエスは、ご自分が、地上での名声や栄誉への欲からは、王たる威厳をもって、解き放たれていることを示しておられるのです。では考えてみましょう。わたしたちはどうしたら、このことについてイエスに倣うことができるでしょうか。いつも求められていたい、承認されたいという性向を抑えることができていますか。あるいは、すべての行動が、他者から尊敬を受けるためになってはいませんか。自分の行為において、とくに、キリスト者としての務めにおいて、何を大事にしているか、自分を省みてください。喝采を浴びたいのか、それとも仕えることを重視しているのか。

イエスは、この世的な偉大さを求めることをことごとく避け、かえって、ご自分に従う者の心を自由になさり、そこに主権を認めてくださいます。愛する兄弟姉妹の皆さん。このかたはわたしたちを、悪への隷属から解放してくださいます。このかたの国は解放されていて、そこには何ら強いられることはありません。このかたは、どの弟子にも臣民としてではなく、友人として接しておられます。あらゆる王より上位にありながら、ご自分と他者の間に境界線を引かれません。むしろご自分の喜びを分かち合う（ヨハネ15・11参照）、兄弟姉妹となることを望んでおられます。キリストに従うことで、自分が失われることはありません。いっさい失われないどころか、高い地位を得るのです。キリストは追従者をはべらせるのではなく、自由の身にある民を置きたいからです。ではここで考えてみましょう。イエスの自由はどこから来るのでしょうか。このかたがピラトの前で断じたことに立ち帰れば、それが分かります。「わたしが王だ……。わたしは真理についてあかしをするために生まれ、そのためにこの世に来た」（ヨハネ18・37）。

イエスの自由は真理に由来します。わたしたちを自由にしてくれるのは、このかたの真理です（ヨハネ8・32参照）。もちろんイエスの真理は、概念でも、抽象的なものでもありません。イエスの真理は現実です。イエスこそが、わたしたちの内に真理を生み出し、内側で抱える不実、偽善から、二枚舌から解放してくださるかたです。イエスとともにあれば、わたしたちは真理の者となるのです。キリスト者の生活は、自分にいちばん都合のいい仮面を着けての戯れではありません。イエスが心に君臨していれば、心は偽善から、ごまかしから、二枚舌から解放されるからです。キリストがわたしたちの王であることの最高のあかしは、生き方を汚染し、不明瞭にし、濁らせ、悲しくするものとは無縁であるということです。生き方が曖昧である、つまり、少しこうで、他方こうでもある、というのは残念なこと、とても悲しいことです。もっともわたしたちはいつも、限界や欠点と向き合うべきです。皆罪人ですから。けれどもイエスの統治の下にあるならば、だめになってしまうことはなく、真実を隠そうとする偽善者にはなりません。二枚舌での生活は送りません。いいですか、わたしたちは皆罪人です。ですが決してだめになっているのではない、そのことを忘れないでください。罪人ではありますが、決してだめになっているのではないのです。聖母の力に支えられ、万物の王、イエスの真理を、日々求めていけますように。王であるイエスは、この世の隷属から解放し、悪徳の制御を教えてくださるかたです。

年間第三十四主日、王であるキリストの祭日の十一月二十一日（日）正午に、教皇公邸書斎の窓から、サンピエトロ広場に集まった信者とともに行った「お告げの祈り」で、祈りの前に述べたことば（原文イタリア語）。

「お告げの祈り」の後、王であるキリストの祭日に移動した世界青年の日にあたり、ローマ教区の若者二人と並び、イタリア語で次のように述べた。

「愛する兄弟姉妹の皆さん。

今日は、すべての部分教会で世界青年の日《ワールドユースデー》を王であるキリストの祭日に祝う初めての日です。そのためローマの若者二人が、ローマのすべての若者の代表として、わたしの隣に来ています。わたしたちの教区の若者たちに、心を込めてごあいさついたします。また、世界中のすべての若者たちが、自分たちは教会の生きたからだの一部であると、教会の使命を担うメインキャストであると自覚するよう、心より願っています。来てくださってありがとう。ですね。治めることは仕えることです。ご一緒に声に出して。——治めることは仕えること。それと、治めるということは仕えるということだ、ということを胸に刻んでください。いいわたしたちの王であるかたが、教えてくださったようにです。では、若者たちから皆さんにあいさつがあります」（隣の若者に促す）。

（若い女性）「皆さん、よい世界青年の日を！」

（教皇は若い男性に向かって）「何か気の利いた一言を」。

（若い男性）「ぼくたちはあかしします。イエスを信じることはすばらしいと」。

（教皇）「おや！　すばらしい。ありがとう。ここに残っていてください」。

「今日はまた、世界漁業の日でもあります。すべての漁師たちにあいさつを申し上げ、苦しい環境にあるかたがた、またしばしば、悲しいことに強制労働に追い込まれているかたがとその家族への司牧活動を続けてくださるようエールを送ります。

そして今日は、世界道路交通犠牲者の日（十一月第三日曜日）でもあります。彼らのために祈りましょう。そして、事故の防止に努めましょう。

また、国連による、武器取引の監視強化の取り組みをぜひ進めてほしいということもお伝えしておきます。

昨日ポーランドのカトヴィツェで、ナチス政権下で教会に対する迫害が行われる中、一九四二年に信仰への憎悪から殺された、ヤン・フランシシェク・マハ司祭（一九一四年生）が列福されました。牢獄の闇の中で、あのカルワリオに対峙するための力と従順を神に見たのです。この殉教者が蒔《ま》いた種から、希望と平和が豊かに実りますように。新福者に拍手を送りましょう」。

世界青年の日は、第三十五回の今年から、王であるキリストの祭日に移動した。これまでは受難の主日に祝われてきたが、司牧的配慮によりこの日に移動することが、前年の十一月二十二日にささげられた同祭日のミサの終わりに、教皇の口から発表されていた。

降誕節

愛する兄弟姉妹の皆さん、こんにちは。

待降節第一主日の今日、つまりクリスマスの準備期間の最初の日曜日、典礼の福音は、終わりの日の主の再臨について語ります。イエスは荒廃した悲惨な結末の数々を告げますが、まさにそこにおいて、恐れるなと呼びかけておられるのです。なぜでしょうか。万事うまくいくということでしょうか。そうではありません。ご自分が来られるからです。イエスは再び来てくださいます。イエスは来臨されます。そう約束されたのです。このようにいっておられます。「身を起こして頭を上げなさい。あなたがたの解放の時が近いからだ」（ルカ21・28）。こうした励ましのことばを聞けるのはうれしいことです。身を起こして頭を上げなさい。すべてがおしまいになったと思えるときにこそ、主がわたしたちを救いに来てくださるのだから、苦悩の心にあるとき、生活の危機にあるとき、人生の悲劇の中にあるとき、そんなときにも、喜びをもって主を待ち望みなさい、と。主を待ち望むことです。ですがどうすれば、困難や苦悩や挫折に飲み込まれることなく、頭を上げていられるのでしょうか。イエスは強い口調で、その方法を示しておられます。「心が鈍くならないように注意しなさい。……いつも目を覚まして祈りなさい」（34、36節）。

「目を覚ましていなさい」――警戒していなさい。キリスト者の生活のこの重要な視点について考えてみたいと思います。キリストのことばから、警戒は注意力と結びついていることが分かります。注意していなさい、警戒していなさい、集中していなさい、つまり、目を覚ましていなさいと。目を覚ましているということは、心が怠惰にならないようにすること、霊的生活が生ぬるいものにならないようにすることです。「半睡のキリスト者」にならないよう注意してください。皆さんご存じですね。半分眠ったキリスト者がたくさんいます。世俗に染まった霊性で朦朧としたキリスト者、霊的にやる気がなく、祈りはぬるく、まるでオウムのように祈っていて、宣教への熱意がなく、福音に情熱を抱かないキリスト者です。足元ばかりを見て、地平線に視線を上げることのできないキリスト者です。そうなると「居眠り」状態です。物事を惰性で進め、無気力になり、気楽なこと以外にはすべて無関心な居眠り。これは悲しい人生です。それを続けるなら、幸せはありません。

毎日が単なる習慣となってしまわぬよう、イエスのいう生活の煩い（34節参照）によって鈍感になってしまわぬよう、注意を怠らずにいなければなりません。生活の煩いは、わたしたちを鈍感にさせます。ですから今日は、振り返るいい機会です。自分の心をいっぱいにして鈍くさせているものは何だろうか。自分の精神を朦朧とさせるものは何か。人をだめにするソファに連れて行ってしまうものは何か。「ソファに身を沈めた」キリスト者を見るのは、なんと悲しいことでしょう。自分を動かなくさせる生ぬるいものは何か、地面に押し倒して頭を上げさせなくする悪徳は何か。兄弟姉妹の背にある重荷に注意を向けているだろうか、無関心ではないだろうか。このような問いは、心を怠惰から守ってくれるいいものです。でも神父さん、怠惰とは何ですか。怠惰とは、霊的生活の最大の敵で、キリスト者の生活にとってもそうです。怠惰は一種の無気力で、そこからわびしさに突入し、生きる喜びや活動の意欲を奪います。後ろ向きの精神であり、魂を鈍感に閉じ込め、喜びを取り上げる悪の精神です。そうしたわびしさから始まり、どんどんと滑り落ちて、喜びが消えてしまいます。箴言はこういいます。「自分の心を守れ。そこにいのちの源がある」（箴言4・23）。心を守りなさい、――それは注意を怠るな、目を覚ましていなさい、ということです。目を覚ましていましょう、あなたの心を守りましょう。

欠かすことできないものについても申し上げます。目を覚ましているための秘訣は、祈りです。現にイエスはいっておられます。「いつも目を覚まして祈りなさい」（ルカ21・36）。心のともし火を守るものは祈りです。祈りはわたしたちを神のもとに、物事の中心へと引き戻してくれます。祈りは魂を眠りから覚まし、大切なこと、生きる目的に集中させます。忙殺される日々でも、祈りを怠ってはなりません。つい先ほど、「A sua immagine（彼の姿に）」というテレビ番組を見ていました。祈りについてのすばらしい内容でした。とてもいいものでしたから、ぜひご覧ください。短い祈りを繰り返し行う心の祈りは、とてもいいものです。待降節の間、たとえば「主イエス、来てください」と祈ってみたらいいと思います。それだけです。ただ「主イエス、来てください」というだけです。降誕祭までのこの準備期間はすばらしいものです。飼い葉桶を思い浮かべたり、降誕の場面を思い浮かべたりしながら、心から「主イエス、来てください。来てください」というのです。一日中この祈りをし続けてみましょう。魂は目覚めているはずです。「主イエス、来てください」。ご一緒にこれを三回唱えてみましょう。「主イエス、来てください」、「主イエス、来てください」、「主イエス、来てください」。

では今度は、聖母に祈りましょう。目覚めた心で主を待ち望むかた、聖母が、待降節の間わたしたちとともに歩んでくださいますように。

待降節第一主日の十一月二十八日（日）正午に、教皇公邸書斎の窓から、サンピエトロ広場に集まった信者とともに行った「お告げの祈り」で、祈りの前に述べたことば（原文イタリア語）。

「お告げの祈り」の後、イタリア語で次のように呼びかけた。

「愛する兄弟姉妹の皆さん。

わたしは昨日、支援協会や、難民グループ、兄弟愛の精神で難民たちと歩みをともにする人々と集いをもちました。大きな旗をもって、この広場にも来ておられます。ようこそいらっしゃいました。さて、いったいどれほどの難民が、いいですか、よく考えてください、どれほどの難民が、この数日だけでも、とんでもない危険を冒さなければならないでいるか、どれだけの人が、わたしたちの国境でいのちを落としているか。あまりに多くの人たちが、イギリス海峡でいのちを落とし、ベラルーシの国境でいのちを落とし、その多くは子どもたちで、地中海沖に沈んでしまう――、そうした状況の報道に胸がえぐられます。彼らを思うと、身が裂ける思いです。北アフリカに送還された人々は、人身売買業者に捕らわれて奴隷にされてしまいます。彼らは女性を売り飛ばし、男性を虐待します。今週もまた、幸せの国を夢見て地中海を渡ろうしていたのに、行き着いたのは墓――、そうした彼らを思います。

ほかにもたくさんいます。そうした危険に身を置く難民に、わたしは固く約束いたします。わたしの祈りと、わたしの心を。わたしは必ずあなたたちのそばにいると知っていてください。祈りと行動――。カトリック教会でもそうでないものも、あらゆる機関に対し、なかでも地域カリタスや、難民の負担を少しでも軽くしようと献身しているすべての人たちに、感謝します。行政当局や軍当局はじめ、この問題の解決に貢献しうるかたがたに心から、今一度訴えたいと思います。理解と対話が、あらゆるたぐいの搾取にいよいよ勝利し、この人々の人間性を大切にする解決に向けて意欲と努力を注ぐことができますように。難民のことを、彼らの苦しみのことを思い起こし、沈黙のうちに祈りましょう」（黙禱）。

教皇は前日の二十七日午前に、教皇宮殿内のクレメンス・ホールで、ジャーヴェラ・デル・モンテッロ（ヴェネト州）での異文化交流フェスティバルの準備に当たる人々の謁見を受けた。この行事は「ジャヴェーラ・フェスティバル」として知られ、二〇二一年に二十六回目を数えている。謁見時のあいさつでは、フェスティバルにかかわる団体が非常に多いことに感銘を受けたこと、またこの行事が会議や理屈からではなく、出会いと共生の経験から生み出されていることへの称賛を述べた。

キプロスとギリシャ司牧訪問を振り返って

愛する兄弟姉妹の皆さん。

一昨日、キプロスとギリシャへの司牧訪問から戻りました。この旅を主に感謝します。祈りをもってわたしと一緒におられたすべてのかたに御礼申し上げ、愛するこの二国の民と、その政治と宗教の首脳陣に、親みをもって優しく迎えてくださったことを感謝します。あらためて皆さんに申し上げます。ありがとうございます。

キプロスは地中海の真珠です。まれに見る美しい真珠ですが、有刺鉄線で傷を負い、分断する壁による痛みを負っています。キプロスでは、家族と過ごしているようでした。だれもが兄弟姉妹でした。一つ一つの出会いが、とくに、ニコシアのスタジアムでのミサが、心に残っています。正教会の愛する兄弟であるクリソストモスと、母なる教会について話したことが忘れられません。キリスト者としては異なる道を歩んでいますが、わたしたちはイエスの教会の子どもです。教会は母であり、わたしたちに寄り添い、守り、背中を押してくださいますから、わたしたちは兄弟です。キプロスに願うのは、その地がいつも兄弟愛の工房であってほしいということです。出会いが対立に勝る場、兄弟を、とくに貧しい人、見捨てられた人、移住者を、温かく迎え入れる場です。繰り返しになりますが、移住者の生を前にして、彼らの顔を前に、黙ってはいられません。背を向けることはできません。

　キプロスでは、レスボスと同じく、瞳に浮かぶその苦しみを見ることができました。どうかお願いします。自分が出会う、打ち捨てられた人に目を向けてください。子どもたちの顔に、絶望した移民の子どもの顔に、心動かされる者でいてください。無関心に対抗するために、彼らの苦しみに胸がえぐられる者でいてください。惰性のまどろみから目覚めるべく、彼らの顔をよく見てください。

　続いて、感謝しつつギリシャについて振り返りたいと思います。そこでもまた、兄弟として迎えていただきました。アテネでは、ヨーロッパの記憶となっている、偉大な歴史に浸りました。ヒューマニズム、民主性、叡智、信仰です。その地でも、ともにいるということの神秘を味わってきました。兄弟である司教や、カトリック共同体との会合で、主の日に祝った歓喜のミサで、各地から、中にははるばる遠い場所から、福音の喜びを生き、分かち合うために集まった若者たちとの会合がありました。さらに、正教会の愛する大主教イエロニモスを抱擁する恵みを得ました。初日は彼の住まいに招いていただき、翌日はわたしを訪ねてきてくださいました。この友愛を心の中で大切にしておきたいと思います。この訪問で主が蒔《ま》いてくださった出会いと希望のたくさんの種を、神の聖母にゆだねます。その種が辛抱強く芽を出し、信頼をもって花咲かせることができるよう、どうか皆さん祈り続けてください。

無原罪の聖マリアの祭日の十二月八日（水）正午、教皇公邸書斎の窓からサンピエトロ広場に集まった信者とともに行った「お告げの祈り」の後のことば（原文イタリア語）。

地中海東端に浮かぶキプロス島は、日本の四国の約半分の面積の国土に、百二十万人の住人がいる。一九六〇年の英国からのキプロス共和国としての独立後まもなく、ギリシャ系とトルコ系の住民の間での衝突が激化した。一九七四年にトルコ軍が侵略して以降、南部のキプロス共和国と、北部のトルコ系住人による実行支配地域「北キプロス・トルコ共和国」に分断されている。南部キプロス共和国の人口八十五万人のうち、カトリック信者（マロン典礼やラテン典礼）は約四・五パーセントと少数派で、大多数を東方正教会信者が占めている。キプロスはEU内で、人口一人当たりの移住者や難民、亡命希望者の受け入れがもっとも多く、その多くは国境警備のない北側（トルコ側）から入り、南北を分けるグリーンライン（国連が引いた停戦ライン）を越えて南部を目指すルートを取る。首都ニコシアもまた南北に分断され、現在世界で唯一、二か国に分断された首都となっている。なおキプロス共和国は、国連加盟国一九三か国のうち、トルコ以外の一九二か国によって承認されており、二〇〇四年にEUに加盟している。この訪問で教皇は、同国に滞在中の五〇人の亡命希望者を、イタリアに移送することを同国内務省と合意した。

ギリシャはイオニア海を挟むイタリアの隣国で、六千を超える島を有する。人口はおよそ一千万人で、二七七島に居住している。全人口の八六パーセントをギリシア正教会の信者が占め、カトリック信者は一・二二パーセントと少数派。

どうすればいいのですか

愛する兄弟姉妹の皆さん、こんにちは。

待降節第三主日の今日の典礼の福音には、さまざまな集団が登場します。群衆、徴税人、兵士です。彼らは洗礼者ヨハネの説教に心を動かされ、彼に尋ねます。「では、わたしたちはどうすればよいのですか」（ルカ3・10）。わたしたちはどうすればいいのか。彼らはこのように問いました。この質問について少し考えてみましょう。

これは、義務感からのものではありません。むしろ主に心を動かされてのこと、主が来られることに熱くなり、「わたしたちはどうすればよいのですか」といっているのです。ヨハネは「主はすぐそこにおられる」といいます。「では、わたしたちはどうすればよいのですか」。例を挙げてみます。大好きな人が自分を訪ねてくるとしましょう。喜んで、待ちきれない思いでいますね。その人を迎えるために、家をきれいにしなくてはいけないし、最高のランチを用意したり、プレゼントも必要かもしれません。

つまり、しなくてはならないことがたくさんです。それは主に対しても同じです。来てくださることの喜びゆえに、「わたしたちはどうすればいいのでしょうか」が口に上るのです。ただ神ですから、この質問は高度になります。わたしの生き方をどうすればいいのか。わたしに求められ、できることは何か。わたしは何をなし遂げたらいいのか。

この問いを示すことで福音は、大事なことを思い出させてくれます。人生には、なすべきことがあるのです。人生は無意味なものではなく、偶然に左右されるものではありません。違います。主が「あなたらしさを見つけなさい。そしてその人生で夢の実現に努めなさい」といいながら与えてくださる贈り物、それが人生です。わたしたち一人ひとりが――ここが肝心です――一人ひとりが、なし遂げられるべき使命なのです。ですから、恐れずに主に尋ねましょう。「わたしはどうすればよいのですか」。この問いを何度も繰り返しましょう。聖書にも出ています。使徒言行録には、数名の者たちが、ペトロがイエスの復活を告げるのを聞いて「大いに心を打たれ、ペトロとほかの使徒たちに、「兄弟たち、わたしたちはどうしたらよいのですか」といった」（2・36）とあります。わたしたちも心に問うてみましょう。わたしにとって、兄弟たちにとって、何をしたらいいのだろう。どうすれば、教会のため、社会のために、貢献できるだろう。待降節があるのは、降誕祭のためにどんな支度をしたらいいのか立ち止まって考えるためです。わたしたちは、プレゼントや過ぎ行くものの準備に忙殺されています。ですがイエスのために、他者のために何をしたらいいか考えるべきです。わたしたちはどうすればいいのか——。

「わたしたちはどうすればよいのですか」と問われると、福音書の洗礼者ヨハネは、それぞれの集団に対して別々の答えを挙げていきます。実際にヨハネは、下着を二枚もっている者には、一枚ももっていない者に分けてやるよう勧め、税金を取り立てる徴税人には「規定以上のものは取り立てるな」（ルカ3・13）と答え、兵士には「だれからも金をゆすり取ったり、だまし取ったりするな」（14節）といっています。それぞれに対して、その実情に応じた具体的な教えが与えられます。このことは、信仰は実際の生活の中で具体化されるという大事な教えを伝えています。抽象的な理論ではないのです。信仰は抽象的理論、一般論ではありません。違います。信仰は肉を介するもの、すべての人の生き方を変えるものです。信仰の具体性について考えてください。自分について、自分の信仰について。抽象的なのか、具体的なのか。他者のためになっているか、助けることができているか。

最後に、自分の心に尋ねてみましょう。クリスマスが迫るこの期間に、自分は具体的に何ができるだろうか。自分にできることは何だろうか。ご自分の生活環境の中で、ささやかでも、具体的なことに努めてください。それを続けて今度のクリスマスへの準備としてください。たとえば、独り暮らしの人に電話をかけたり、独居の高齢者や病気の人を訪ねたり、貧しい人、困窮者に何か奉仕したりです。ほかにも、ゆるしを請わなければならないことや、ゆるさなければならないこと、すっきりさせなければならないこと、償わなければならないことがあれば、それをするのがいいでしょう。祈ることを怠っていたら、祈ることでもいいですし、主のゆるしから長く遠ざかっているなら、それ（告解）もふさわしいでしょう。兄弟姉妹の皆さん。何か具体的なことを見つけて、それを実行してください。人となられた神を宿した聖母が、助けてくださいますように。

待降節第三主日の十二月十二日（日）正午に、教皇公邸書斎の窓から、サンピエトロ広場に集まった信者とともに行った「お告げの祈り」で、祈りの前に述べたことば（原文イタリア語）。

「お告げの祈り」の後、初めにイタリア語で、途中スペイン語を挟んで、次のように呼びかけた。

「愛する兄弟姉妹の皆さん。

愛するウクライナのために、そのすべての教会と修道会のために、その地にいるすべての人のために、祈りをささげることを約束します。かの地を包む緊張が、武器によってではなく、真剣な国際対話によって解決されるよう祈ります。先日見た統計は、最新のものですが、つらいものでした。今年は前年よりも武器の生産が増加したとのことです。武器を手段にしてはいけません。間もなく訪れる主の降誕によって、ウクライナに平和がもたらされますように。

ケンタッキーはじめ、米国各地を襲った竜巻の犠牲者のためにも祈ります。

さて、ここからスペイン語でお話しします。

アメリカ大陸全土とフィリピンの共同体に心よりごあいさついたします。ここからアメリカの国々の旗がたくさん見えます。サンピエトロ広場に集い、グアダルペの聖母をたたえてロザリオの祈りをして、聖母に奉献する皆さんです。おめでとうございます。わたしたちの生きるまことの神の母、グアダルペの聖マリアを毎年十二月十二日に祝っている、アラスカからパタゴニアに至るまでのかたがたと、この祈りの集いによって、心を合わせている皆さん、おめでとうございます。

グアダルペの聖母と、聖ホァン・ディエゴがわたしたちに、すべての人にとっての福音となるよう、周縁から中心までを、使徒たちの後継者である司教たちとの交わりをもって、ともに歩むことをいつも教えてくれますように。この経験を何度も繰り返していかなければなりません。そうすることで、交わりであられる神は、教会と社会の回心と刷新を促しておられます。教会と社会の回心と刷新、これはアメリカ大陸が強く必要としているものです。アメリカの多くの国の情勢はとても厳しいものです。そしてまた、世界にとってもそれは必要です。

本日、その信仰行為と広く示したあかしをもって、二〇三一年のグアダルペの聖年と二〇三三年のあがないの聖年の準備を始めてくださったことを、うれしく思います。聖年をずっと楽しみにしていなければなりませんね。

皆で一緒に、グアダルペの聖母万歳！

では元（イタリア語）に戻って。国際カリタス七十周年おめでとうございます。まだまだ若いです。成長し、もっとたくましくならないと。カリタスは世界中で、貧しい人、もっとも弱い立場にある人――彼らのうちにキリストがおられます――に差し出される、教会の愛の手となっています。もっとも隅に追いやられた人に手を差し伸べ、使い捨てや無関心の文化に対する解毒剤としての全人的《インテグラル》な発展を推進するために、謙虚さと創意をもって、その仕事をしてくださるようお願いします。とくに、カリタスが推進中の世界キャンペーン「トゥギャザーウィー」をわたしも奨励します。共同体の力を基盤に、被造物と貧しい人のケアを促進するものです。わたしたちがともに住む家が負った傷は、もっとも弱い立場の人に壊滅的な影響をもたらしています。けれども共同体は、欠かすことのできないエコロジカルな回心に貢献できます。ですからわたしは、国際カリタスのこのキャンペーンに皆に参加してほしいのです。愛する国際カリタスの皆さん。お金が、組織に流れるのではなく、貧しい人のもとに届くよう、組織のスリム化に努め続けてください。この事業体をよいかたちで、簡素化してください。

そしてローマ市民と巡礼者の皆さんにあいさつします。とくに、祝福してもらうためにそれぞれの赤ちゃんの人形を持参した少年少女の皆さん。最後に、赤ちゃん人形全部に祝福をしますね。チェントロ・オラトニ・ロマーニに感謝します。皆さんのおじいさんおばあさんや、愛する人すべてに、わたしからのクリスマスのあいさつをお伝えください」。

十二月初頭に民間衛星が捉えた動きとして、ロシア軍がウクライナ国境周辺に大規模に集結していることが報じられ、年明け早々に侵攻する兆候ではないかという懸念が広がっていた。

アメリカでは、十二月十日深夜から十一日未明にかけて、中部・南部を大量の竜巻が襲った。一連の竜巻は各地に大規模な被害をもたらし、六州で九十人以上の死亡が確認された。過去十年間で最悪の竜巻被害で、大統領はケンタッキー州に非常事態宣言を出すことを承認した。

アメリカ大陸とフィリピンの保護者であるグアダルペの聖母の記念日に当たるこの日の午前十時から、教皇庁ラテンアメリカ委員会主催で、ロザリオを祈る行事がサンピエトロ広場で行われた。虐げられている人、パンデミックの犠牲者のためという意向をもって、異なる文化グループごとに一連ずつ唱えた。この集いは、グアダルペで聖母が出現したとされる一五三一年から五〇〇年を記念する二〇三一年の聖年への道の幕開けとなり、また、聖ヨハネ・パウロ二世が定めた「あがないの特別聖年」（一九八三―一九八四年）から五〇年になる二〇三三年を迎える準備のしるしとなった。

国際カリタスは、一九五一年十二月の国際カリタス憲章採択から七〇年を迎えた。当時は同連合のメンバーは十三か国だったものの、現在では二〇〇の国と地域で活動する一六二の組織にまで広がっている。「トゥギャザーウィー」は、国際カリタスが二〇二一年から二〇二四年まで三年をかけて行うインテグラルエコロジーの啓発と実践のキャンペーンで、カリタスジャパンでも展開している。

チェントロ・オラトリ・ロマーニは、ローマの信徒カテキスタや、オラトリオ会の司牧を支援するボランティアの連盟。毎年この時期になると、彼らに連れられた小さな子どもたちが、自宅のプレゼピオに置く幼子イエス像を携えてサンピエトロ広場に集い、教皇から祝福を受け、励ましのことばをかけられるのが慣例となっている。

マリアのエリサベト訪問

兄弟姉妹の皆さん、こんにちは。

今日、待降節第四主日の典礼の福音は、マリアのエリサベト訪問を語ります（ルカ1・39―45参照）。天使のお告げを受けた後、おとめマリアは家にとどまって、その出来事を思い巡らしたり、もろもろの問題や、これからのことについてあれこれ考え続けたりしてはいません。もちろんそれもしてはいました。気の毒に、その知らせを、しかも当時の文化の中で、どのようにすればいいか、途方に暮れていたからです。どう受け止めればいいか分かりませんでした。しかしその一方で、マリアはすぐ、困っている人に思いを向けます。自分のことで頭をいっぱいにするのではなく、自分を必要としている人のことを考えています。高齢で身重――不思議なこと、奇跡のわざです――の親類、エリサベトのことを思っています。マリアは不便な道中にためらいはせず、そばに行って助けなければという心の声にこたえて、無私の思いで出掛けます。

何キロも何キロも、バスもない、徒歩の長旅です。助けに行って、喜びを分かち合います。マリアはエリサベトに、イエスという喜びを、その心にある喜び、その胎《たい》に宿した喜びをもたらしに行くのです。エリサベトを訪れ、その思いをことばにします。この思いをことばにしたものが、後に祈りとなり、だれもが知るマニフィカト（マリアの賛歌）となりました。そして聖書には、聖母が「立ち上がって、急いで……行った」（39節参照。教皇はここで、通常底本とするイタリア司教協議会版ではなくルッツィ版から引用している）と書かれています。

立ち上がって、行く――。待降節の旅路の最終区間は、この二つの動詞に導かれてみましょう。立ち上がること、そして急いで行くこと――、これは、マリアが取った二つの行動で、降誕が近づくときにはそうするよう、マリアがわたしたちを招く行為です。まず、立ち上がることです。天使のお告げの後、おとめにとっては厳しい時が訪れました。思いも寄らない妊娠は、無理解と、当時の文化にすれば石打ちもありえる、厳しい試練にさらされるものでした。どれほど思い悩み、心配したかを想像してみてください。それでもマリアは悲嘆に暮れず、絶望せず、立ち上がります。いろいろな問題があって下を向くのではなく、神へと顔を上げるのです。そして、助けてくれる人を探すのではなく、助けを必要とする人のことを考えます。いつも、ほかの人のことを思いやる――。マリアは、いつも他者の困り事を思いやるかたです。後に、ぶどう酒がなくなってしまうカナの婚宴でも、同じようになさいます。ほかの人たちの問題ですが、マリアはそのことを思いやり、解決してあげようとなさるのです。マリアはいつもほかの人のことを考えておられます。わたしたちのことをも考えてくださっています。

聖母から、このように反応することを学びましょう。立ち上がること、とくに、困難に飲み込まれてしまいそうなときにこそ、立ち上がることです。問題の泥沼にはまったり、自己憐憫に浸ったり、混乱させる悲しみに陥ったりしないように、立ち上がってください。でも、なぜ立ち上がるのでしょうか。神は偉大であり、わたしたちが手を伸ばせば、すぐに立ち上がらせてくださるからです。ですから、あらゆる勢いを削《そ》ぎ、前に進めなくさせる、不安や否定的な考えを、神の前に投げ出しましょう。そしてマリアのようにしましょう。周りを見回し、自分が助けになれる人を探してみましょう。知り合いのお年寄りに、わたしの助けを、支えを必要としている人はいないだろうか。一人ひとり、考えてみてください。あるいはだれかの役に立つこと、親切にするとか電話をかけるとか、ありませんか。ともかく、助けてあげられる人はいませんか。立ち上がり、助ける――。だれかを助けることで、わたしたち自身が困難から立ち上がれるようになるのです。

二つ目の動きは、急いで行くことです。不安に苛《さいな》まれ、動揺しながら進むことではありません。違います、そうではありません、喜びの足取りで、信頼をもって前を向いて日々を過ごすことが大切なのであり、泣き言をもらす奴隷のように、嫌々渋々進むのではありません。そうした泣き言は、多くの人の人生をだめにします。泣き言を言い始めると泣き言だらけで、人生は落ちていくからです。泣き言をいえば、必ずだれかを責めるようになります。マリアはエリサベトの家へ、神に満たされ、その喜びでいっぱいの心で人生を送る人の、軽やかな足取りで向かいます。ためになりますから、わたしたちも考えてみましょう。足取りはどうでしょう。力強いものですか。それとも重く沈んで、悲しみに打ちひしがれ、ぐずぐずしていますか。希望をもって進んでいますか。それとも、自己憐憫でめそめそ立ち止まってはいませんか。不平と悪口をいいながら疲れた足取りで進むなら、だれのもとにも神を伝えられず、悲嘆や暗いものしか届けられません。それに対して、聖トマス・モアや聖フィリッポ・ネリがそうだったように、健全なユーモアのセンスを磨くのはとてもよいことです。この恵みを、健全なユーモアのセンスという恵みを、わたしたちも願いましょう。とても役立ちます。隣人に対してできる最初の愛のわざは、優しく微笑んだ顔を向けることだと覚えておいてください。マリアがエリサベトにしたように、それはイエスという喜びをもたらすことになります。神の母がわたしたちの手を取り、降誕祭に向け、立ち上がって急いで行けるよう助けてくださいますように。

待降節第四主日の十二月十九日（日）正午に、教皇公邸書斎の窓から、サンピエトロ広場に集まった信者とともに行った「お告げの祈り」で、祈りの前に述べたことば（原文イタリア語）。

「お告げの祈り」の後、イタリア語で次のように述べた。

「愛する兄弟姉妹の皆さん。

多くの家屋を倒壊させた巨大台風に襲われたフィリピンの皆さんにお見舞い申し上げます。サントニーニョ（幼子イエス）が、ひどい困難の中にある家族に慰めと希望をもたらしてくださいますように。第一の具体的な支援が祈りで、それからほかの支援なのです。

イタリアからの国内巡礼者、各国からの巡礼者の皆さんにごあいさついたします。とくに、この広場に飾られているプレゼピオが由来する地、チョプカの、「ニーニョ・ヘスス・アンディーノ（アンデスの幼子イエス）」をたたえるために集まった、在ローマのペルー共同体とペルー民族のグループの皆さん、ありがとう。ソリアーノ・ネル・チミーノの音楽隊にもごあいさつします。あとで聞かせてくださいね。（ここで音楽隊が「ハッピーバースデートゥーユー」を奏でる）いい音ですね、よかったです」。

フィリピン中部を十六日から十七日にかけて襲った台風二十二号（ライ）は、各地で洪水や家屋倒壊を引き起こし、四〇九名が死亡、およそ十三万人が避難していた。

サンピエトロ広場のクリスマスツリーとプレゼピオは、毎年一つの地域共同体が選ばれて制作に協力している。この年のツリーは、イタリア北部トレンティーノの森から切り出された全長二八メートルの赤モミの木で、プレゼピオには、ペルー領アンデス高原ワンカベリカ地方のチョプカ族のアーティスト五人が作成した三十体の像が飾られた。チョプカ族という名は「共通の祖先」を示す文字に由来し、インカ人の到来前までさかのぼることのできる先住民であるといわれる。彼らの制作した等身大の像は、チョプカ族の色鮮やかな伝統衣装を身に着け、幼子イエスはベルトで縛るワンカベリカの伝統的な毛布「チュンピ」に包まれている。三博士はジャガイモやキヌアなど、現地の伝統的穀物を差し出していて、天使たちはアンデスの伝統的管楽器ワハラプコで救い主の誕生を告げ、周囲にはラマやアルパカ、ビクーニャもいる。教皇は、十月二十四日の「お告げの祈り」後のあいさつで、今年のプレゼピオはペルーに由来するものであると明かしていた。

降誕祭ミサ説教

闇の中に光が輝きます。天使が現れ、主の栄光が羊飼いを包み、ついに、何百年もの間望まれてきたことが告げられます。「今日、あなたがたのために救い主がお生まれになった。このかたこそ主メシアである」（ルカ2・11）。ですが天使は、さらなる驚きを告げます。この世に来られる神の見つけ方を、羊飼いたちに伝えるのです。「あなたがたは、布にくるまって飼い葉桶の中に寝ている乳飲み子を見つけるであろう。これがあなたがたへのしるしである」（12節）。乳飲み子、それがしるしなのです。飼い葉桶というむき出しの貧しさの中にある幼子、それだけなのです。光も、輝きも、天使の歌もありません。ただの幼子です。ほかには何もありません。イザヤが預言したとおりです。「ひとりのみどりごがわたしたちのために生まれた」（9・5）。

福音は、この対比を強調しています。イエスの誕生を、全土での人口調査を行う皇帝アウグストゥスから語り始めています。最初の偉大な皇帝を示しているのです。しかしその直後、壮大さとは無縁のベツレヘムに場面を移します。そこではただ、布にくるまれた貧しい幼子が、羊飼いに囲まれているだけです。そこに、小さな小さな姿で神がおられます。メッセージはこうです。――神は派手な輿《こし》に担がれるのではなく、小さなものの中に降《くだ》られる。小さなものこそ、神がわたしたちとご自分を結ぶため、わたしたちの心に触れるため、わたしたちを救うため、そしてわたしたちを大事なものの元に戻すために、お選びになった道なのです。

兄弟姉妹の皆さん。プレゼピオの前に立ち、中心をよく見てみましょう。きれいな電灯や飾りの奥に進み、幼子をじっと見つめてみましょう。その小ささの中に、神のすべてがあります。「幼子よ、あなたは神であられます。幼子となった神」、それに気づきましょう。この困惑至極の驚きに、しっかりと包まれましょう。万物を抱くかたが、腕に抱かれなければならないのです。太陽をお造りになったかたが、温もりを必要としています。優しさそのものであるかたが、かわいがられることを求めています。無限の愛であるかたの、かすかな鼓動を刻む小さな心臓。永遠のことばであられるかたは赤子で、話すことができません。いのちのパンであられるかたは、食べさせてもらわなければなりません。世の創造主に、家がありません。この日、すべてがひっくり返っています。神が、小さなものとしてこの世に来られるのです。その偉大さは、小ささの中に現れるのです。

さてわたしたちは、神のそうしたやり方を受け入れることができるでしょうか。考えてみましょう。神はご自分を現されるのですが、人にはそれが分からない、――このことをクリスマスは突きつけています。神はご自分をこの世から見て小さなものとなさり、わたしたちはこの世にあって、ひょっとすると神の名においてすら、偉大なものを求め続けています。神はご自分を低くされ、わたしたちは台座に登ろうとします。いと高きかたは謙虚さを表し、わたしたちは目立とうとします。神は羊飼いが探すものとなり、探さなければ見えないものとなり、わたしたちは目に留まるものであることを、見られることを求めます。イエスは仕えるためにお生まれになり、わたしたちは成功を追い求めることに年月を費やします。神は力と支配を望まず、優しさと内的謙遜を欲しておられます。

ご降誕にイエスに願うべきは、小ささの恵みです。「主よ、小ささを愛することを教えてください。それがまことの偉大さへの道であることを、理解できるようにしてください」。では、小ささを受け入れるとは、具体的にどのようなことなのでしょうか。それはまず、神はわたしたちの生活の小さなことの中に到来したいと望んでおられる、日常の中、家で、家族の中で、学校で、仕事でしている、ちょっとしたことの中に住まわれたいと願っておられる、それを信じることです。わたしたちのありふれた日常の中で、特別なことを生み出したいと願っておられます。イエスは、わたしたちが生活の中の小さなことを大事にし、あらためてその大切さに気づくよう招いておられる――それが大いなる希望のメッセージなのです。神がわたしたちのもとにおられるなら、わたしたちに欠けるものがあるでしょうか。さあ、自分たちのものではない偉大さを惜しむのはもうやめましょう。不平不満、ふくれっ面、飽くなき欲望を捨てて去りましょう。小ささ、あの幼子がもたらす驚き、それがメッセージです。

ですが、それだけではありません。イエスは、わたしたちの生活の小さなことの中に訪れることを望んでおられるだけでなく、わたしたちの小ささの中に、つまり、弱さ、脆《もろ》さ、不十分さを覚える思いの中に、過ちの中にすら、来てくださろうとしておられるのです。兄弟姉妹の皆さん。ベツレヘムでのようにあなたが夜の闇に襲われたなら、周囲の冷たい無関心を感じたなら、深く刻まれた傷が「お前は軽んじられている、お前には価値などない、お前は望むような愛を受けることはない」と叫んだら、今宵《こよい》あなたがそう感じるのなら、神はこたえてくださいます。そしてこういわれるのです。「わたしはそのままのあなたを愛している。わたしはあなたの小ささにあきれることはなく、あなたの脆さにいら立ちはしない。わたしはあなたのために、自分を小さなものとしたのだから。あなたの神となるために、わたしはあなたの兄弟となったのだ。愛する兄弟、愛する姉妹よ。わたしを恐れることはない。わたしにおいて、あなたは自身の偉大さを得なさい。わたしはあなたのそばにいて、求めることはただ一つです。わたしを信頼して心をわたしに開いてほしい」。

小ささを受け入れるということには、もう一つの意味があります。それは今日の小さき者たちの中におられるイエスを抱きしめる、ということです。イエスを愛するということは、すなわち、もっとも小さな者の中におられる、貧しい者たちの中におられる、イエスに仕えるということです。彼らは、貧しい者として生まれたイエスに、もっとも似た者です。そしてイエスは、そうした彼らにおいてこそ、栄光を帰したいと望んでおられます。この愛の夜に、わたしたちを襲う不安はただ一つです。神の愛に傷を与えること、わたしたちの無関心によって貧しい人を冷遇することで、その愛に傷を負わせてしまわないかということです。彼らこそが、イエスがいちばん目をかけておられる子らであり、いつの日かわたしたちを天に招いてくれる者たちです。ある詩人はこうつづっています。「地上で天国を見付けなかった人は／天上でもだめでしょう」（エミリ・ディキンソン、谷岡清男訳、『愛と孤独と――エミリ・ディキンソン詩集1』ニューカレントインターナショナル、一九八七年、三二八頁）。天の国を逃さないようにしましょう。今すぐに、イエスのことを大切にしましょう。困窮する人に優しく接しましょう。イエスはご自分を、その人たちと同じ者としておられるのですから。

もう一度プレゼピオを見てみましょう。生まれたてのイエスが、まさに小さき者たちに、貧しい者たちに囲まれているのをよく見てください。羊飼いたちです。とても身分が低い人たちで、主のいちばん近くにいたのです。彼らは「野宿をしながら、夜通し羊の群れの番をしていた」（ルカ2・8）から、イエスを見つけたのです。労働のためにそこにいました。それは貧しかったからで、その生活に予定表はなく、それを決めるのは羊の群れでした。好きなように、好きな場所で暮らすことはできません。世話する羊の求めに、自分たちを合わせていたのです。イエスはそこに、彼らのそばに、辺境の忘れられた者たちのそばに、お生まれになりました。人間の尊厳が揺らぐ場所に来られます。排除される人々に栄誉を与えるために来られ、だれよりも先に彼らにご自分を現されます。学や権力のある要人にではなく、労働する貧しい者たちに現されます。神は今宵、労働の苛酷さを気高さで満たすために来られます。このことは、人は労働によって尊厳を得るだけでなく、人間の労働に尊厳を付与しなければならない、そのことの大切さを思い出させてくれます。人間は労働の主体であって、労働の奴隷ではないからです。いのちであるかたの日に、もう一度いいましょう。職場での死はもうたくさんです。それを防ぐために力を尽くしましょう。

　最後に、またプレゼピオを見てみましょう。遠くに目をやると、そこには三博士がいて、主を礼拝するために旅をしています。よく見ると、イエスを取り囲んで、すべてが一つにまとまっているのが分かります。もっとも身分の低い者、羊飼いだけでなく、学のある人も、裕福な人も、博士たちもいます。ベツレヘムにおいては、貧しい人もお金持ちも一まとまりで、三博士のように礼拝する人も、羊飼いのような労働者も、皆一緒です。イエスが中央にあると、すべてのものの編成が改められます。イエスについてのわたしたちの思いではなく、生きておられるかたであるイエス自身を中心とするものです。そこで、親愛なる兄弟姉妹の皆さん。ベツレヘムに戻りましょう。旅する三博士を見て、ともに歩むシノドス流を貫く旅する教会として、ベツレヘムに向かいましょう。信仰の本質に、最初の愛に、礼拝に、愛に、戻りましょう。原点に戻りましょう。そこは、人間である神、神である人がおられる場所、主が主役となって礼拝されている場所、もっとも小さな者がイエスのもっともそばにいる場所、羊飼いと三博士が、いかなる階級づけよりも強い兄弟愛に結ばれてともに立つ場所です。神がわたしたちを、礼拝する教会、貧しい教会、友愛に満ちた教会としてくださいますように。それこそが本質です。ベツレヘムに戻りましょう。

　聖家族、羊飼い、三博士、すなわち旅するすべての民を示す降誕の福音に従って、その場所に向かったらいいのです。兄弟姉妹の皆さん、出発しましょう。人生とは旅なのですから。立ち上がりましょう。目を覚ましましょう。今宵、光が輝いたのですから。それは柔らかな光であって、わたしたちはその小ささにおいて、愛された子らであり光の子である（一テサロニケ5・5参照）ことを思い出させてくれます。兄弟姉妹の皆さん、ともに喜びましょう。この光を、イエスの光を、この夜から世界中を照らしている光を、だれも消すことはできないのですから。

十二月二十四日（金）の午後七時半から、サンピエトロ大聖堂の主祭壇（告白の祭壇）で司式した主の降誕の夜半ミサでの説教。

新型コロナ感染拡大予防措置で、参加者は二千人に制限された（イタリア全体がロックダウン中だった前年に許されたのは二百人）。主司式の教皇を除き、共同司式の聖職者、奉仕者、会衆はすべてマスク着用が義務とされた。

降誕祭メッセージ（ローマと全世界へ）

愛する兄弟姉妹の皆さん、クリスマスおめでとうございます。

世界を創造し、歴史と人類の歩みに意味を与える神のことばは、人となり、わたしたちとともに住まうために来られました。ささやくように、優しくそよぐ風のように、そっと現れました。不思議な出来事に心を開く人のそれぞれの心を、驚きで満たすためでした。

みことばは、わたしたちと対話するために人となられました。神は、独白ではなく対話を望んでおられます。父であり、子であり、聖霊である神ご自身が、対話であり、愛といのちによる永遠で無限の交わりであるからです。

受肉したみことばのペルソナでこの世に来ることで、神は出会いと対話の道を示してくださいました。わたしたちがその道を知り、信頼と希望をもってそれを歩むことができるよう、まさにそのために、ご自身においてその道を受肉されたのです。

兄弟姉妹の皆さん。「家族や共同体を一つにしてきた、多くの寛大な人の粘り強い対話がなければ、世界がどうなっていたか」（回勅『兄弟の皆さん』198）。今回のパンデミックの間、わたしたちはこのことをますます強く実感するようになりました。社会との関係に関するわたしたちの能力が真剣に試されています。引きこもり、自力でどうにかしようとする傾向、出向き、会って、ともに物事を行うことをあきらめる傾向が強まっています。国家間においても、対話を避ける危険が、対話という長い道のりよりも近道を選ぶようになる、込み入った危機があります。けれどもその長い道だけが、事実、紛争を解決し、双方にとっての永続的利益をもたらすのです。

まことの平和の源である救い主の誕生の知らせが、わたしたちと全世界を包むように響いているのに、わたしたちの前からはなおも、多くの紛争、危機、不和が消えることなく続いています。それらは決して終わらないかに見え、もはや、そうした事態に気づかずにいるほどです。おぞましい悲劇の推移を黙って見過ごすことに慣れてしまって、自分たちの兄弟姉妹であるあまりに多くの人の、苦悩と絶望の叫びを聞けなくなってしまいかねません。

十年にわたり、多くの犠牲者と数え切れぬほど膨大な難民を生み出してきた戦争下にある、シリアの人々に思いを巡らしてください。長い紛争から、ようやく立ち直ろうとしているイラクに目を向けてください。だれからも忘れられている恐ろしい悲劇が、毎日死者を出しながら、取り上げられることもなく何年も続く、イエメンからの子どもたちの叫びに耳を傾けてください。

イスラエルとパレスチナの間の緊張関係が解決の見えぬまま続き、社会的・政治的影響が深刻化していることを思い起こしてください。イエスの生誕の地であるベツレヘムが、パンデミックで聖地を訪れる巡礼者が減少したことによる経済的影響によっても困難にあり、住人の生活に影響が出ることで難しい状況にあることを心に留めてください。憂慮に堪えない経済的・社会的状況により、未曽有の危機にあるレバノンに心を向けてください。

ですが、見てください。夜のただ中に、希望のしるしです。今日、ダンテのいう「太陽と、ほかのかの星々を動かすその愛」（『神曲』天国篇第三十三歌一四五〔寿岳文章訳、集英社、一九八七年、三〇一頁参照〕）が、人となられたのです。このかたは人間の姿で来られ、わたしたちの苦境をともにされ、わたしたちの無関心の壁を砕かれました。夜の寒さの中、このかたはその小さな腕をわたしたちに伸ばしておられます。すべてを必要としているのに、わたしたちにすべてを与えるために来ておられるのです。対話へと開くかれる心の強さを、このかたに願い求めてください。今日という祝いの日に、すべての人の心に、和解への渇望、兄弟愛への渇望をたぎらせてくださるよう強く願ってください。このかたに、わたしたちの祈りをささげましょう。

幼子イエスよ。中東と全世界とに平和と和合をお与えください。祖国から逃れざるをえない人々への人道支援に当たるかたがたを支えてください。四十年以上もの間の紛争で、大勢の人が国を去らねばならないひどい苦境にあるアフガンの人々に慰めをお与えください。

すべての民の王よ。緊張と紛争で混乱する社会に平和をもたらすよう、政治当局を助けてください。ミャンマーでは、不寛容と暴力がキリスト教共同体とその礼拝所をたびたび標的とし、民の温和な顔を曇らせています。この国の人々を支えてください。

向き合い対話するために、世の流れに逆らってでも信じ働く人々にとっての、光となり支えとなってください。深刻化するウクライナの紛争が拡大することのないようにしてください。

平和の君よ。エチオピアが、国民の必要を第一とする真剣な話し合いを通して、和解と平和への道を見いだせるよう助けてください。国際テロ組織の暴力の中にある、サヘル地域の住人の叫びに耳を傾けてください。分断、失業、経済格差に苦しむ北アフリカの国々の民に、目を注いでください。スーダンと南スーダンの紛争で苦しむ大勢の兄弟姉妹を、苦しみから解放してください。

対話、相互の信頼、すべての人の権利と文化的価値の承認を通じて、アメリカ大陸の人々の心に、連帯、和解、平和的共存という価値観が浸透していきますように。

神の独り子よ。このパンデミックの間に横行する、女性への暴力の被害者を慰めてください。いじめや虐待に遭う幼い子や若者に、希望をお与えください。高齢者に、なかでも孤独にある人に、慰めと温もりを注いでください。最初の教育の場であり、社会の基盤である家庭に、安らぎと一致をお与えください。

わたしたちとともにおられる神よ。病にある人が無事であるようお守りください。そして善意あるすべての人が、健康危機とその結果に打ち勝つためのもっともふさわしい解決策を見いだせるよう力を貸してください。必要な措置が、とくにワクチンが、もっとも必要としている人々のもとに届くよう、わたしたちの心を寛大にしてください。家族、患者、もっとも脆弱《ぜいじゃく》な人を世話し献身する、すべての人に報いてください。

ベツレヘムの幼子よ。このところの紛争で捕虜となった民間人と軍人、また政治的な理由で拘束されている人々が、すぐに帰還できるようにしてください。移民、亡命者、難民の悲劇を前に、わたしたちを無関心ではいられなくしてください。彼らの目が、目を背けるなと、同じ人間だということを拒むなと、彼らの人生を自分事とせよと、彼らの悲劇を忘れるなと、そうわたしたちに訴えています（「ギリシャのレスボス島訪問時の難民施設でのあいさつ（ミティリニ、二〇二一年十二月五日）」参照）。

人となった永遠のみことばよ。わたしたちのたびたびの無関心ゆえに苦しむ、共通の家（地球）に注意を向けられるようにしてください。そして、将来世代が、生命を大事にする環境で生きることができるよう、政治当局を力づけ、効果的な合意に導いてください。

愛する兄弟姉妹の皆さん。

わたしたちの時代には数々の困難がありますが、それでも希望が勝ります。「ひとりのみどりごがわたしたちのために生まれた」（イザヤ９・６）からです。このかたは神のことばですが、ただ泣き声を上げるだけで、あらゆることに助けを必要とする、幼子となられました。ほかの赤子と同じように、話すことを覚えようとしておられたのは、父なるかたである神に耳を傾けることを、兄弟姉妹として互いに耳を傾け対話することを、わたしたちが覚えられるようにです。ああ、キリストよ。わたしたちのためにお生まれになったかた。平和の道をあなたとともに歩むことを教えてください。

すべての人に、幸せなクリスマスが訪れますように。

主の降誕の祭日の十二月二十五日（土）正午に、サンピエトロ大聖堂のバルコニーから発表した降誕祭のメッセージ（原文イタリア語）。これに引き続き、「ウルビ・エト・オルビ」の使徒的祝福を与えた。

聖家族

愛する兄弟姉妹の皆さん、こんにちは。

今日は聖家族の祝日です。神は、わたしたちの中においでになるのに、この慎ましい、身分の高くない家庭をお選びになりました。この神秘の美を見つめながら、わたしたちの家庭にとってもヒントとなる、二つの具体的なことを掘り下げてみたいと思います。

一つ目は、家庭は始まりの物語だということです。わたしたちには、それぞれ固有の物語があります。魔法の杖《つえ》によって、不思議な方法で生まれてきた人はいません。だれにでも物語があり、家庭が、その始まりである物語です。今日の典礼の福音は、イエスもまた家庭という物語をもった子だということを思い出させてくれます。描かれているのは、過越祭のためにマリアとヨセフとともにエルサレムへ向かうイエスです。そして、はぐれてしまって父と母を心配させ、見つかって一緒に家に帰る、という場面です（ルカ2・41―52参照）。イエスが両親の抱擁と世話に包まれて生まれ育ち、家族の愛情に結ばれているのはすてきなことです。そうしたことは、わたしたちにとっても大切です。愛のきずなで織りなされた物語から生まれ、今日の自分があるのは、物理的に活用してきたものよりも、受けた愛が、家族に囲まれての愛があったからです。問題のない、稀有な家庭に生まれたわけではないでしょう。でもそれがわたしたちの物語です。だれしも思いをはせるはずです。ああ、これがわたしの物語か、わたしたちのルーツかと。それを切り離せば、人生は枯れてしまいます。神はわたしたちを、一匹狼として造られたのではなく、ともに歩むよう造られました。神に感謝し、家族のために祈りましょう。神はわたしたちのことを思い、わたしたちにはともにいることを望んでおられます。感謝し、結ばれて、ルーツを大切に守って――。そしてわたしたちはそれについて、自分自身の物語について、考えなければなりません。

二つ目のことは、日々、家族となることを学ぶということです。福音書を見れば、聖家族ですら完璧であったわけではないことが分かります。予期せぬ問題、悩み、苦労があります。御絵のような聖家族は存在しません。マリアとヨセフはイエスとはぐれ、心配して捜し回り、ようやく三日後に見つけます。そして、神殿で教師たちに混ざって座り、自分の御父のことに一生懸命なのは当たり前だといわれ、二人はそれを理解できません。彼らには、わが子を知るための時間が必要なのです。同じことはわたしたちにもいえます。日々、家庭においても、互いに耳を傾けて理解すること、ともに歩むこと、衝突や反発にも向き合うことを覚えなければなりません。それは日々の課題であり、かかわりの中の機微に配慮しながら、正しい姿勢で、細やかな心遣いをもって、さりげなくなすべきものです。家族とのおしゃべり、食卓での会話、親子の対話、兄弟姉妹での会話もまた、とてもよいものです。祖父母世代から続く家族のルーツをつなぐ助けとなります。おじいさん、おばあさんと対話しましょう。

　ではそれを、どのようにするのでしょうか。今日の福音のマリアに注目してみましょう。イエスにこういいます。「（あなたの）お父さんもわたしも心配して捜していたのです」（48節）。（あなたの）お父さんとわたし、——わたしと（あなたの）お父さん、とはいいません。わたしより先に、あなたがあるのです。いいですか。「わたし」よりもまず「あなた」、このことを忘れないでください。わたしの言語では、先に「わたし」を出して、それから「あなた」を出す際の形容があります。「わたし、わたしの、わたしに、わたしが」です（訳注：イタリア語やスペイン語では動詞が人称で変化するため、動詞を見て明確な場合は人称代名詞は省略されることが多い。ただし、その人称をとりわけ強調する場合は省略しない）。そういう人はとくにかくまず「わたし」を主張してから、「あなた」なのです。いけません。聖家族ではまず「あなた」があって「わたし」と続けています。家庭の和を大切にするには、「わたし」が膨張するとき、「わたし」の独裁と戦わなければなりません。危険なのは、耳を傾け合うよりも、過ちを責め合うようになるとき、気遣い合うよりも、自分の要求に固執するとき、おしゃべりするよりも、スマホの世界に引きこもるときです。食事のとき、それぞれがスマホを手元に置いて、何もしゃべらず、おのおのスマホのやりとりをしているのは悲しい光景です。それから、互いに相手を責め立て、いつも同じフレーズばかりを繰り返し、それぞれ自分が正しいことが証明されるよう芝居がかった演出をして、最後は冷たい沈黙で終わるときです。家族喧嘩の後の、あの刺すような冷たい沈黙です。あれはひどい、本当にひどいものです。あらためてアドバイスします。何はともあれ、夜には必ず仲直りをすることです。仲直りをしないまま寝てはだめです。そんなことをすれば、翌日は「冷戦」です。そうなるとまた、文句の言い合いが続き、恨みつらみの始まりとなり、とても危険です。長い間口をきかないでいたり、自分の利己心と向き合わずにいることから、残念ながら衝突が生まれたり、それが悪化することが大変多いのです。時にはDVやモラハラにさえなります。それが和を壊し、家庭崩壊につながります。「わたし」から「あなた」へと転換しましょう。家庭内でいちばん大切にしなければならないのは、「あなた」です。ですから毎日、少しでも家族で一緒に祈るようにしてください。できれば、家族の平和のたまものを神に祈るようにしてください。そして親も、子も、教会も、市民社会も、皆で、宝である家庭を支え、守り、大事にするよう努めていきましょう。

ヨセフの伴侶であり、イエスの母であるおとめマリアが、わたしたちの家庭を守ってくださいますように。

十二月二十六日（日）正午に、教皇公邸書斎の窓から、サンピエトロ広場に集まった信者とともに行った「お告げの祈り」で、祈りの前に述べたことば（原文イタリア語）。「お告げの祈り」の後、イタリア語で次のように呼びかけた。

「愛する兄弟姉妹の皆さん。

聖家族の祝日の今日、皆さんを思ってしたためた書簡が公布されます。結婚している皆さんにあてた、わたしからのクリスマスプレゼントです。励ましであり、そばにいるしるしであり、そしてまた黙想の機会となるものです。父のみ手で、夫婦の歩みをよい道に導いてくださる神のいつくしみと優しさを考察し、味わうのは大切なことです。主が、すべての夫婦に、歩みを続ける力と喜びを与えてくださいますように。また、世界家庭大会が近づいてきていることを思い出してほしいと思います。とくに祈りをもってこの行事の準備をし、ほかの家庭と一緒に、ご自分の教区でこの行事を体験するよう皆さんに呼びかけます。

家庭について、本当に心配していることがあります。少なくともここイタリアでは、人口統計学的な冬が懸念されます。多くの人が子をもちたいという意欲を失い、子をもたない、あるいは一人だけでいいと考える夫婦が多くなっているようです。これについてはよく考えてください。悲劇です。先ほど「A sua immagine（彼の姿に）」というテレビ番組で、この深刻な問題、人口統計学的な冬について話されているのを聞きました。自覚を取り戻すために、わたしたちの家族、祖国、未来までにも及ぶこの人口統計学的な冬を乗り越えるために、できることをやっていきましょう。

イタリア国内から、またさまざまな国からの巡礼者の皆さんに、ごあいさついたします。ポーランド、ブラジル、コロンビアの国旗も見えます。家族で来たかた、小教区の仲間や、諸団体で来られたかたがたにもあいさついたします。クリスマス休暇の中心であり核である幼子イエスを見つめることで、家庭と共同体に兄弟愛と分かち合いの心が生まれてほしいという願いをあらためてお伝えします。ご降誕をもう少し祝うためにも、この広場にあるプレゼピオや、柱廊で展示中の「一〇〇体のプレゼピオ展」をご覧になるといいでしょう。得るものがあると思います。

ここ数日、ローマや世界各地からたくさんのクリスマスメッセージが届いています。残念ながらすべてに返事を書くことはできませんが、皆さんお一人おひとりのことを思って祈ります。祈りますと約束してくださったことを、とくにありがたく思っています。わたしのために祈ってください。どうかそれを忘れないでください」。

愛のよろこびの特別年（使徒的勧告『愛のよろこび』公布五周年を記念する、二〇二一年の聖ヨハネの祝日の三月十九日から、ローマで開催する第十回世界家庭大会閉会日である二〇二二年六月二十六日までの期間）にあたり、「夫婦である者たちへの手紙」が、この日公布された。

「一〇〇体のプレゼピオ展」は一九七六年から始まるもので、二〇一八年からバチカンに主催が引き継がれて、本年で四回目を迎える。各地のプレゼピオが、サンピエトロ広場を囲むベルニーニの柱廊に展示されている。ドイツ、ハンガリー、スロベニア、スロバキア、クロアチアなどのヨーロッパ諸国と、カザフスタン、ペルー、インドネシア、ウルグアイ、コロンビア、アメリカなど世界各国から、一二六のプレゼピオが集まり披露されている。一〇〇キロのチョコレートだけを使って作られた作品や、例年参加しているラツィオ州の三〇の小学校で制作したものなどもある。

あとがき

本書は、教皇フランシスコが在位九年目となる二〇二一年中に行った講話のうち、カトリック中央協議会ウェブサイトに訳出・掲載されたものを中心に五十七編をまとめたものです。書籍化にあたり、ウェブサイト掲載訳は全面的に見直しています。

本書収録の講話には、二〇二〇年五月から二〇二一年六月にかけての「キリスト者の祈り」に関する連続講話（『キリスト者の祈り――教皇講話集』として刊行済み）と、二〇二一年六月から十一月までの「ガラテヤ書」、続く十一月から翌二〇二二年二月までの「聖ヨセフ」の連続講話は含まれていません。

新型コロナ（COVID-19）のパンデミック二年目の二〇二一年は、前年末から敷かれた厳しいロックダウンの中で始まります。しかし二〇一九年十一月のタイと日本への訪問を最後に行われていなかった教皇の国外司牧訪問が再開され、三つの旅で五か国を訪れています。すなわち、ローマ教皇初訪問となったイラク共和国（三月五日―八日）、聖体大会の行われたスロバキアとブダペスト（九月十二日―十五日）、キプロスとギリシャ（十二月二日―六日）です。

世界を巡る一方で、十一月十二日には、自身の名である聖人の故郷アッシジを私的に訪れます。貧しい人のための世界祈願日を前に、欧州各地の貧困者五百人が集う場で彼らの肉声に耳を傾けたこの機会が、この年の唯一のイタリア国内訪問であったこともまた、教皇が一貫して訴える「辺境へと出向くこと」を象徴しているように思えます。

就任以来力を注いできた改革への取り組みは、八つの自発教令に結実します。

まず、年が改まってすぐに、朗読奉仕者と祭壇奉仕者の奉仕職に女性を加えることに関し、教会法第二三〇条第一項を修正することを定めた「スピリトゥス・ドミニ」（一月十日、*Spiritus Domini*）が公布されます。

そして、二月八日の自発教令では、バチカンの刑事司法規定の改定が指示されます。後日、使徒憲章「パシーテ・グレジェム・デイ」（五月二十三日、*Pascite gregem Dei*）をもって現行教会法第六集の改定は公布されました。

三月二十三日には、長年赤字続きであった聖座とバチカン市国の運営状況がパンデミックで悪化したことを考慮し、職員である枢機卿、上級役職者、修道者の給与を四月一日から引き下げることが決定されました。四月二十六日付の汚職防止のための取り締まりを導入する決定では、上級管理職には前科のないこと、テロ、マネーロンダリング、脱税の捜査を受けていないことに関しての署名が求められ、タックスヘイブンでの資産保有を禁じることが規定されます。四月三十日には、枢機卿と司教の刑事裁判も、バチカン法廷が管轄することが決定されました。

五月十日には「アンティクウム・ミニステリウム」（*Antiquum ministerium*）を公布し、信徒のカテキスタが奉仕職として正式に制定されます。信徒カテキスタの導入は現代世界の福音宣教への緊急要請にかなうものであり、洗礼を受けた各人にふさわしい宣教の務めに光を当て、「聖職者主義を避けるために」、「世俗的」（同書7）なしかたで行われるべきであると定められています。

夏を迎え、一九七〇年版以前の『ローマ・ミサ典礼書』を使用するミサについての規制手続きを定める「トラディティオーニス・クストーデス」（七月十六日、*Traditionis custodes*）が公布されます。これは前任の教皇ベネディクト十六世による「スンモールム・ポンティフィクム（二〇〇七年）」（*Summorum pontificum*）からの変更で、その使用の判断権を再び司教の権限のもとに置くことが定められました。

最後の自発教令（十一月二十六日）は、婚姻無効の手続きの簡素化を定めた『寛容な裁判官、主イエス（二〇一五年）』（*Mitis iudex Dominus Iesus*）から六年を経て、イタリアの教会における検証と適応を行う委員会を教皇庁内に設置することを定めたものでした。

自発教令以外の唯一の使徒的書簡は『カンドール・ルチス・エテルネ』（*Candor lucis aeternae*）でした。『神曲』を著したイタリア最大の詩人ダンテ・アリギエーリ（一二六五―一三二一年）の没後七百年を記念してのもので、イタリアでの「ダンテの日」に当たる三月二十五日に公布されました。

十月、三年にわたるシノドス第十六回通常総会（テーマは「ともに歩む（シノドス的）教会のため――交わり、参加、そして宣教」）が、三日のミサをもって開幕しました。全教会は今、二〇一九年に公布されたシノドスの規約の「聖職者ばかりではなく、信徒の意見を確認すべき」という精神から、地方レベルでの聞き取りと対話を重視し、教会がもつ深いシノドス的性質を再発見できるよう、かつてないしかたで準備に当たっています。教皇は「シノドスが教会大会、研究会、政治集会、議会と化すことなく、むしろ恵みの出来事に、聖霊の働きによる回復の歩み」（シノドス開会ミサ説教）になるよう、信者一人ひとりに対し、教会の全成員で霊的識別を歩むという自覚が生まれることを願っているはずです。

コロナ禍で、死者の大多数を占め、隔離による孤独の犠牲を強いられたのは高齢者です。いっそうの世代間交流を促すために「祖父母と高齢者のための世界祈願日」が制定され、第一回目が七月二十五日に祝われました。そこには、十二月に八十五歳を迎えた教皇の、記憶という宝を次世代に継ぐのだという、熱い使命を感じます。

最後になりましたが、本来、二〇二二年中であるはずの本書の刊行が、このように大幅に遅れてしまいましたことを、深くお詫び申し上げます。

二〇二三年三月

カトリック中央協議会出版部

ペトロ文庫

教皇フランシスコ講話集 9

定価はカバーに表示してあります

2023年4月21日　第1刷発行　　日本カトリック司教協議会認可

著　者　教皇フランシスコ

編訳者　カトリック中央協議会事務局

発　行　カトリック中央協議会

〒135-8585 東京都江東区潮見 2-10-10 日本カトリック会館内

☎03-5632-4411(代表)、03-5632-4429(出版部)

https://www.cbcj.catholic.jp/

印刷　株式会社精興社　　ISBN978-4-87750-242-3 C0116

乱丁本・落丁本は、弊協議会出版部あてにお送りください
弊協議会送料負担にてお取り替えいたします

ペトロ文庫発刊にあたって

カトリック中央協議会事務局長　酒井俊雄

カトリック中央協議会の主要な任務の一つは、カトリック教会の教義をひろめ、信者を教化育成し、布教の推進を円滑にするための業務および事業を行うことにあります。とくに、教皇および教皇庁、また日本カトリック司教協議会の公文書を日本のカトリック教会と社会に向けて提供し続けることは、当協議会の重要課題であると自覚しています。

この使命を遂行するため、ここにペトロ文庫を発刊することとなりました。ペトロは、十二使徒のかしらであり、ローマの初代司教であり、カトリック教会の初代教皇です。使徒たちの後継者である司教は、ペトロの後継者である教皇との交わりのうちに、人々に奉仕します。とりわけ、信仰と道徳に関して教えるとき、つまり教導職を果たすとき、この交わりは不可欠です。そこで、カトリック中央協議会が新たに発刊する文庫に、初代教皇の名をいただくこととしました。皆さまが教会公文書により親しむための一助となれば、望外の幸せです。

二〇〇五年十月

❖❖❖　ペトロ文庫既刊　❖❖❖

教皇フランシスコ

キリスト者の祈り——教皇講話集

『カトリック教会のカテキズム』に沿った、祈りについての講話。旧約の父祖の祈り、御父との対話であるイエスの祈り、従順で謙虚な聖母マリアの祈りなどから学ぶとともに、教会の伝統的な祈りの真価を説く。

256 頁
定価（本体 900 円＋税）
ISBN978-4-87750-239-3

定価は 2023 年 3 月現在。予告なく変更になる場合があります。

❖❖❖　ペトロ文庫既刊　❖❖❖

教皇フランシスコ

使徒言行録・世をいやす——教皇講話集

宣教活動の真の主役は聖霊だと説く「使徒言行録」、キリスト者にとっての〝身分証〟を示す「真福八端」、そして、パンデミックで傷ついた社会をいやすために何をなすべきかの導きである「世をいやす」の三題。

224 頁
定価（本体 800 円＋税）
ISBN978-4-87750-236-2

定価は 2023 年 3 月現在。予告なく変更になる場合があります。

❖❖❖　ペトロ文庫既刊　❖❖❖

教皇フランシスコ

十戒・主の祈り——教皇講話集

十戒は神との対話、隷属からの解放である自由への道だと説き、キリスト者の祈りは「アッバ」の一言を心に抱くだけで深められるのだと教える。愛である神と人間の関係についての、優しさに満ちたカテケージス。

224 頁
定価（本体 800 円＋税）
ISBN978-4-87750-226-3

定価は 2023 年 3 月現在。予告なく変更になる場合があります。

❖❖❖　ペトロ文庫既刊　❖❖❖

教皇フランシスコ

ミサ・洗礼・堅信——教皇講話集

キリスト者にとって生の根源であり、わたしたちのいのちに完全な意味を与えるものである秘跡と典礼についての、コンパクトで親しみやすく、心温まる解説。聖霊の導きを信じて歩むようにと、力強く励ます。

160頁
定価（本体700円＋税）
ISBN978-4-87750-218-8

定価は2023年3月現在。予告なく変更になる場合があります。

❖❖❖ ペトロ文庫既刊 ❖❖❖

教皇フランシスコ

キリスト者の希望――教皇講話集

人生の旅路において、神がともにいてくださることへの確信によってキリスト者が得る希望について、旧約、新約両聖書を通して考察し、孤独や苦しみに満ちた荒れ野を神への信頼をもって力強く歩むすべを語る。

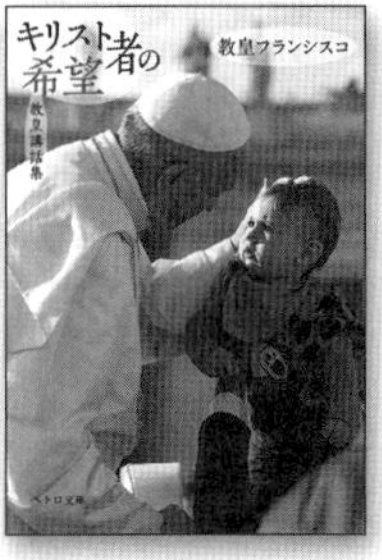

224 頁
定価（本体 800 円＋税）
ISBN978-4-87750-212-6

定価は 2023 年 3 月現在。予告なく変更になる場合があります。